영원한 복음
천국 복음

"또 보니 다른 천사가 공중에 날아가는데 땅에 거주하는 자들 곧 모든 민족과
종족과 방언과 백성에게 전할 **"영원한 복음"** 을 가졌더라." **계14:6**

영원한 복음
천국 복음

김승준 지음

"회개하라 천국이 가까이 왔느니라." **마4:17**

"이 **천국 복음** 이 모든 민족에게 증언되기 위하여 온 세상에 전파되리니
그제야 끝이 오리라" **마24:14**

"천국의 비밀을 아는 것이 너희에게는 허락되었으나 그들에게는 아니되었나니" **마13:11**
"광야에서 외치는 자의 소리가 있어 이르되 너희는 주의 길을 준비하라
그가 오실 길을 곧게 하라" **사40:3**

좋은땅

지난 추운 겨울 어느 날 새벽기도를 마치고 집으로 돌아가 전기장판 온도를 최대한 높이고 몸을 녹이다 잠시 눈을 감았습니다. 그런데 꿈인지 환상인지 모르는 가운데 저의 몸은 저가 사는 지역 아주 높은 곳에 가 있었습니다. 순간 주변에 화려하고 웅장한 카톨릭 성당 모습을 한 수많은 교회들이 눈에 들어왔습니다. 그리고 어느 순간 모든 교회들이 하나같이 제 앞에 가까이 다가와 보였습니다.

그런데 수많은 교회들이 하나같이 가장 높은 교회 옥탑에서부터 아래로 3분의 1가량이 마치 폭탄 맞은 것처럼 무너져 있었습니다. 단 하나도 성한 교회가 없었습니다. 그래서 이것을 두고 여러 날 기도 가운데 묵상했습니다. 그러자 어느 날 성령 안에서 깨달음이 왔습니다. 그것은 교회들마다 진리가 무너진 것을 보여 준 것이었습니다. 복음은 사라지고 이방 종교처럼 도덕과 윤리와 율법만 남은 이 시대 교회 모습을 보여 준 것이었습니다.

그리고 수년이 지난 지금에도 이것이 마치 어제 일처럼 기억이 또렷한 것은 이는 분명 하나님이 보여 주신 것이었습니다. 그러나 이것은 하나님이 저에게만 보여 주신 것이 아니라, 이미 구약의 아모스 선지자를 통하여서도 말씀해 주셨습니다.

암8:11-13 11. 주 여호와의 말씀이니라 보라 날이 이를지라 내가 기근을 땅에 보내리니 양식이 없어 주림이 아니며 물이 없어 갈함이 아니요, 여호와의 말씀을 듣지 못한 기갈이라 12. 사람이 이 바다에서 저 바다까지, 북쪽에서 동쪽까지 비틀거리며 여호와의 말씀을 구하려고 돌아다녀도 얻지 못하리니 13. 그날에 아름다운 처녀와 젊은 남자가 다 갈하여 쓰러지리라

그렇습니다. 모두가 동의하는 대로 오늘날 우리는 설교 홍수 시대에 살고 있습니다. 기독교 방송, 인터넷 방송, 유튜브, 각종 설교 사이트 등과 수많은 설교 서적 등 그야말로 설교 말씀이 넘쳐 나는 시대를 살고 있습니다. 그런데 왜 여호와의 말씀을 듣지 못하는 기근과 기갈에 비틀거리며, 말씀을 구하여도 얻지 못하는 것입니까? 그것은 이 시대 교회들마다 세례 요한을 비롯한 주님과 12제자들과 70인과 사도 바울과 사복음서가 복음으로 정의한 하나님 나라 천국 복음을 전하지 않고, 반쪽짜리 복음인 십자가 복음 안에서만 이방 종교처럼 도덕과 윤리, 율법과 이스라엘 역사 이야기만을 가르치기 때문입니다.

주님과 제자들이 전한 복음은 회개하고 성령으로 예수 안에서 자신 안에 이루어진 심령 천국을 날마다 의식하고 선포하며 결국, 이 땅에서 새 언약인 예수 안에 있는 하나님 생명의 성령의 법으로 죄와 사망의 법인 율법을 이루며 천국 백성으로 살아갈 것을 가르쳤습니다.

그런데 오늘날 교회들의 복음이란, 예수 십자가 안에서 회개하고 자신

영원한 복음 천국 복음

의 힘과 능력으로 착하고 선하게 살다 결국 천국은 죽어서 가는 곳으로 가르치므로, 회개를 한 성도들이 이 땅에서 어떻게 살아야 하는지 삶의 방향을 잃어 결국 하늘이 아닌 땅만 바라보며, 천국이 아닌 세상만 바라보며, 먼저 그의 나라와 그의 의가 아닌, 무엇을 먹고 마시고 입는 것에만 열을 올리며 주님 명령에 역행하며 세상 사람과 구분 없이 사는 것입니다. 마6:33

그래서 CS 루이스는 오늘날 교회가 이처럼 무기력해진 이유는 저들이 내세(천국)의 생각을 중단했기 때문이라고 했습니다. 성도는 위의 것을(천국과 영의 일) 생각하고 소망하며 살아야 하는데 골3:2 그러나 천국 복음을 전하지 않는데 어떻게 들을 수 있으며, 들을 수 없는데 어떻게 알 수 있으며, 알 수 없는데 어떻게 천국을 믿고 누리고 소망할 수가 있겠습니까? 천국 백성에 대한 자의식이 없는데 어떻게 세상 사람과 구분된 삶이 나오겠습니까? 들은 대로 반응하는 것입니다. 그래서 교회가 신앙인들을 길러내지 못하고 종교인들만 양산하고 있습니다.

오늘날 하루 종일 기독교 방송을 들어도 천국이란 단어 한번 듣기 힘들며, 설령 듣는다 하여도 이미 이 땅에 임한 천국이 아니라 죽어서 가는 천국만 말할 뿐입니다. 하나님 나라인 천국이 예수 안에서 이미 이 땅에 임하였는데도, 그렇게 천국을 외면하고 부인하면서도 입만 열면 주님 나라 임하소서! 임하소서! 하며 찬양하며 기도합니다.

그렇습니다. 분명한 것은 바른 복음에서 바른 신앙이 나옵니다. 이것은 진리입니다. 그래서 성도들이 먼저 바른 복음을 바르게 받지 못하면, 그에게서는 신앙이 아니라 이방 종교 같은 종교 생활이 나오는 것입니다. 그러므로 천국 복음이 외면당하는 이 시대 교회들마다 윤리와 도덕과 율법과 이스라엘 역사 이야기만을 가르칠 것이 아니라, 바른 복음! 즉 세례 요한과 주님이 공생애 가장 먼저 외치고 선포하신 천국 복음! 마3:2, 4:17 12제자와 마10:7, 눅9:2 70인이 전하신 천국 복음! 눅10:9 사도 바울이 전하신 천국 복음! 행28:23, 31 사복음서가 복음으로 정의한 하나님 나라 천국 복음을 먼저 바르게 전하고 가르쳐야 합니다.

기독교는 2천 년 전 십자가에 죽은 예수만을 믿는 것이 아닙니다. 그 예수님이 죽으시고 부활 승천하시어 하늘과 땅의 모든 권세를 가지시고 왕으로서 성령으로 지금 우리 안에 내주하시어 날마다 교제 가운데서 나를 다스리시며 함께하시는 그 예수를 믿는 것입니다. 마16:28, 요18:37 그래서 기독교가 믿는 하나님 역시도 구약 백성들처럼 몸 밖의 하나님이 아니라 성령으로 예수 안에서 나와 함께 임마누엘하시는 삼위일체 하나님, 성령으로 예수 안에서 나를 다스리시는 삼위일체 그 하나님을 믿는 것이 기독교입니다. 빌1:6, 2:13 이것이 천국 복음입니다.

그러므로 천국 복음은 행위보다도 항상 먼저 주님과의 바른 관계를 중요시합니다. 그래서 거기서 바른 신앙이 나오는 것입니다. 그럴 때 성도는 이 땅이 아니라 하늘을 소망하고, 노후대책이 아닌 사후대책을 날마다 먼저 고민하고, 또한 먹고 마시고 입는 것이 아닌 먼저 그의 나라와 그의 의를 구하는 기도를 하게 되는 것입니다. 그래서 주님은 이러한 천국 복음

이 온 세상 모든 민족에게 전파될 때 강림하신다고 하셨습니다. 마4:23, 9:35

> **마24:14** <u>이 천국 복음이</u> 모든 민족에게 증언되기 위하여 온 세상에 전파
> 되리니 그제야 끝이 오리라

그러므로 천국 복음 없는 십자가 복음은 처음부터 거짓된 복음이며, 반대로 십자가 복음 없는 천국 복음 역시도 거짓된 복음입니다. 십자가 복음은 천국 복음의 중심 주제이기 때문입니다. 마4:17 그래서 성경에는 두 개의 복음이 있는 것이 아니라 하나님 나라 천국 복음 하나만 존재합니다.

아무쪼록 부족한 저의 글이 주님 강림의 길을 예비하는 의에 도구, 영광의 도구로 쓰임받기를 소망하며, 또한 이 천국 복음을 대면하는 모든 성도님들에게 성령으로 주님 안에서 의와 평강과 희락 같은 하나님 나라 천국의 기쁨이 글을 대하는 모든 시간에 항상 함께하기를 축원합니다.

> **마13:11** …천국의 비밀을 아는 것이 <u>너희에게는 허락되었으나 그들에게</u>
> <u>는 아니되었나니</u>

PS
원고를 오래전에 쓰고 편집하지 못한 채 여러 해가 지났습니다. 그러나 이제 여러 사정으로 목회를 잠시 내려놓고 자연인으로 돌아가는 길목에서 그동안 공부하고 연구한 것을 주님 앞에 결산하는 심정으로 이렇게 책

으로 용기를 내어 봅니다.

  한 가지 양해를 구한다면, 사정상 <u>기독교 전문 편집부가</u> 있는 기독 출판사가 아닌, 일반 출판사를 통하여 책이 출간됨으로 한없이 부족한 저가 직접 편집을 하느라 글의 어휘력이나 문장이 다소 많이 부족함과 또한 접속어 사용이 조금 무분별합니다. 그럼에도 많은 양해 부탁드립니다. 8월의 동해안 태풍이 지나간 어느 자리에서….

인간은 생각하는 대로 말하고 말한 대로 행동하고 행동이 습관 되고 습관이 곧 인격이 되고 성품이 됩니다. 그래서 특히 성령 안에서 새 피조물로 거듭난 성도는 항상 하늘의 것, 위의 것을 생각하며 살아가야 합니다. **골3:2** 성령 안에서의 생각이 우리의 육체를 지배하게 해야 합니다. 영이 죽은 세상 사람은 저들의 정신이 그 육체를 지배하지만, 그러나 성령으로 거듭난 성도들의 정신은 날마다 그리스도의 말씀과 찬송과 기도로써 주님의 다스림을 받으며 살아가야 합니다.

그래서 성도는 사회서나 교회서나 세상 어느 영역에서든지 항상 질문을 갖고 살아가야 합니다. 그래야 성령 안에서의 깨달음이 옵니다. 하나님은 사람을 생각하며 사는 존재로 만드셨습니다. 그래서 사람은 생각하는 대로 말하고 말한 대로 행동하며 살아갑니다. 그러므로 생각하며 살지 않으면 사는 대로 생각하며 살게 됩니다. 짐승은 본능대로 삽니다. 생각 없이 삽니다. 그래서 먹고 싸고 자고를 반복합니다.

에덴에서 우리보다 먼저 지음 받은 까치는 6천 년이 지났지만 지금도 여전히 나무 위에 집을 짓고 삽니다. 그러나 사람은 까치보다 늦게 지음 받고도 지금 우주에 집을 지으려고 합니다. 무슨 차이입니까? 그냥 생각 없이 살아 있는 존재와, 생각하며 살아가는 존재의 차이입니다. 살아 있는 존재와 살아가는 존재의 차이입니다.

오늘날 원수마귀의 지배를 받는 세상의 과학은 사람을 점점 살아가는 존재가 아니라 그냥 살아 있는 존재로 만들어 가고 있습니다. 지금 자신과 주변을 한번 둘러보세요. 세상은 사람의 생각이 점점 필요 없는 시대로 되어 가고 있습니다. 사람 생각의 자리를 스마트폰이 점령한 지 이미 오래되었습니다. 그래서 표현이 좀 거칠지만 사람은 점점 생각 없이 그냥 살아 움직이는 좀비화되어 가고 있습니다.

그러므로 항상 생각에서 나오는 물음표가 있어야 느낌표가 따라옵니다. 물음표가 없는 곳에는 느낌표도 없습니다. 그래서 결국 물음표의 질문이, 나란 사람을 만듭니다. 나는 질문을 만들지만 질문은 나란 사람을 만듭니다. 그래서 오늘의 질문이 내일의 나를 만듭니다. 우리의 신앙도 마찬가지입니다.

성도들이 설교 말씀을 일일이 받아 적지 않는 이상, 그 말씀은 예배 끝나고 점심 드시기 전에 이미 기억에서 모두 사라질 것입니다. 그래서 말씀을 들을 때는 항상 마음속으로 질문을 던져야 합니다. 그리고 질문을 메모하고 질문에 답을 얻어야 합니다. 성령 안에서 답을 얻든지 아니면 목사님이나 성령의 사람에게 물어서라도 또는 책을 읽어서라도 답을 얻어야 합니다.

그리고 답을 얻었으면 반드시 함께 나누어야 합니다. 그 대상이 배우자이건 자녀이건 성도이건 그 누구든 반드시 함께 나누어야 합니다. 서로 피드백을 해야 합니다. 그럴 때 그 지식이 마음의 심비에 새겨져 완전한 나의 지식이 됩니다. 그래서 그 지식이 나의 입술을 통하여 다시 흘러나올 때 그 말씀이 나의 완전한 능력의 말씀이 되는 것입니다. 히4:2

그러므로 성도는 배우든지, 배웠으면 가르치든지, 또는 전하든지 항상 이 3가지 범주에 속하며 살아가야 합니다. 그래야 그날에 주님의 책망을 안 듣습니다. 우리가 정말로 바로 알아야 할 것은 그것이 세상의 지식이건 교회의 복음이건 그 무엇이든 우리 스스로가 말로 설명할 수 없다면, 그것은 우리가 아는 것이 아니며, 믿는 것도 아니란 것을 알아야 합니다.

그래서 복음을 안다, 믿는다 하면서도 그것을 스스로 설명할 수 없다면 그것은 아는 것도 믿는 것도 아니란 것입니다. 그것은 자신 스스로를 속이는 것입니다. 그래서 자신이 마치 복음을 아는 것으로, 믿는 것으로 자신에게 스스로 속이고 속고 착각하는 것입니다. 마치 좋은 설교를 들으면 내가 좋은 사람이 된 것으로 착각하는 것과 같은 것입니다.

그러므로 무엇이든 우리가 정말로 안다면 그것을 설명할 수 있어야 하며, 설명할 수 없다면 그것은 모르는 것입니다. 모르기 때문에 그것은 아는 것도 믿는 것도 아무것도 아니란 것입니다. 그래서 우리는 항상 복음에 대하여 바른 질문을 갖고 또한 그 지식을 취득했으면 반드시 함께 나누어야 합니다.

그래야 그 과정에서 그것이 참인지 거짓인지 검증도 받는 것입니다. 그럴 때 그것이 주님 앞에서는 일만 마디의 방언보다 더 귀한 것으로 드려집니다. **고전14:19** 그러므로 말씀을 들으면 항상 바른 질문을 가져야 합니다. 2천 년 전에 십자가에서 죽은 예수를 믿으면 나의 모든 죄가 어떻게 사함을 받는지, 내가 의롭다 함을 받는다는 것은 무엇인지, 거듭남이 무엇인지, 구원받았다는 것이 무엇에서 구원받은 것인지, 예수님은 어떻게 참 하나님이시자 참 사람인지, 우리는 언제 부활이 이루어지는지, 천국이 정말 있는지, 있다면 무엇이 천국이고 어디가 천국인지, 성경이 말하는 죄란 무엇인지, 성령 충만이 무엇인지 등 항상 이 같은 질문을 가져야 합니다. **(본 서의 목차 같은 주제들…)**

그런데 설교를 들어도 궁금한 것이나 질문이 없다면 그것은 참으로 두려운 것입니다. 어쩌면 그것은 지금 나는 목사님 설교에 세뇌당하고 있다는 증거입니다. 세뇌는 결국 하나님이 가장 싫어하시는 맹종과 맹신을 낳습니다. 그래서 묻지도 따지지도 않고 '믿습니다. 믿습니다.'를 연발합니다. 그러므로 성도가 진리에 무지하면 목사님을 맹종 맹신하고 신격화 우상화합니다. 뿐만 아니라 벽돌로 된 교회 건물을 아주 신성시합니다.

이것은 세상 나라도 마찬가지입니다. 국민이 무지하면 그 나라에 독재자가 나옵니다. 그래서 가난하고 배우지 못한 문맹률이 높은 나라일수록 독재자가 많이 나옵니다. 그러므로 성도는 먼저 알아야 합니다. **요17:3** 알아야 믿어집니다. 모르면 믿을 수 없습니다. 그래서 알려면 매사에 질문을 갖고 신앙을 해야 합니다. 세상 그 어느 나라보다 우리나라에 기독교 이단이 가장 많은 걸로 알고 있습니다. 우리나라에 자칭 재림 예수라는 자들이 50명이나 된다는 뉴스가 얼마 전에 있었습니다.

그런데 놀라운 것은 그들 중에 포섭된 다수의 사람들이 기존에 교회 다니던 사람들이라는 것입니다. 지금까지 수십 수백만 명이 이단으로 넘어갔습니다. 그런데 그들이 이단에 찬양이 뜨거워서 기도가 뜨거워서 사랑이 많아서 세상 지식이 부족해서 넘어간 것이 아닙니다. 어이없게도 성경 말씀 몇 구절에 미혹되어 넘어갔습니다. 평소에 목사님이 그렇게 성경 보라고 말해도 안 듣던 사람들이 성경 말씀 몇 구절에 넘어가 본인과 가족들의 일생을 망치는 일들이 지금도 비일비재합니다.

　그런데 중요한 것은 이것이 남의 이야기가 아니라 진리에 바로 서서 신앙하지 않으면 이것은 여러분의 이야기도 될 수 있다는 것입니다. 죄성을 가진 인간의 뇌는 참으로 위험하고도 무섭습니다. 그래서 판사, 검사, 변호사, 대학교수, 국회의원, 의사 등 신분을 가리지 않습니다. 세뇌당하는 것은 순식간에 일어납니다. 그래서 자신을 너무 신뢰하지 말고 성도로서 늘 바른 질문에 목말라하고 진리와 복음에 갈증을 느끼며 사시기 바랍니다.

> **골3:2** 위의 것을 생각하고 땅의 것을 생각하지 말라
> **롬8:6** 육신의 생각은 사망이요 영의 생각은 생명과 평안이니라

　그러므로 우리는 신앙의 입문에서 이 땅에 오신 예수님이 누구신지와 그분이 이 땅에 왜 오셨는지, 그분이 하나님과 우리를 위해서 무엇을 하셨는지, 성경이 말하는 복음이 무엇인지를 정확히(스스로 설명할 정도) 먼저 알아야 거기에서 참 신앙이 나오는 것입니다. 복음이 신앙보다 앞서야

합니다. 그래야 바른 복음에서 바른 신앙이 나옵니다.

복음을 바로 알지 못하면 참 신앙이 아니라 종교 생활이 나옵니다. 그럼 신앙은 무엇이며 종교는 무엇입니까? 종교란 나를 위해 하는 것이고, 신앙이란 예수를 위해 하는 것입니다. 그래서 교회 안의 종교인들은 나의 힘과 능력으로 선하게 살면서 사람들 앞에서나 하나님 앞에서 나를 인정받으려고 합니다. 세상 종교인 역시도 하나같이 자신들을 위해서 그렇게 합니다.

누가 귀신을 사랑해서 굿을 하고 점을 봅니까? 누가 부처를 사랑해서 108배나 1008배, 3000배를 합니까? 아닙니다. 오직 자기 자신을 위해서 하는 것입니다. 그런데 오늘의 기독교 안에도 이러한 종교인들이 너무나 많습니다. 그래서 교회를 다녀도 오직 자기 자신만을 위해서 다니고 **(선교와 전도에 관심 없는 모든 사람들이 여기에 해당합니다.)** 기도를 해도 자기와 자기 가족들 위주로만 합니다. 또한 남을 위한 중보기도는 건성으로 하고 본인의 기도는 땀 흘리며 간절히 기도합니다.

이런 사람들은 앞서 말한 대로 자신의 힘과 능력으로 선한 일을 이루어 사람 앞에서나 하나님 앞에서 인정받는 것을 좋아합니다. 왜 그렇습니까? 이들은 아직 복음이 무엇인지 몰라서 그렇습니다. 그래서 이 땅에 성도로 부름 받은 모든 사람은 먼저 교회 안에서 무엇을 할까 이거 할까 저거 할까를 고민하기 전에 먼저 복음이 무엇인지를 정확히 알아야 거기에서 참 신앙이 나오는 것입니다.

영원한 복음 천국 복음

바른 복음을 먼저 알아야 거기에서 바른 신앙이 나오는 것입니다. 그래서 먼저 바른 질문에서 바른 복음이 나오고 바른 복음에서 바른 신앙이 나오는 것입니다. 그러므로 교회서나 직장에서나 그 어디서나 무엇이 되었든지 늘 질문을 갖고 살아가시기 바랍니다. 그래야 깨달음이 옵니다. 그 깨달음이 결국은 나란 사람을 만드는 것입니다.

그래서 오늘의 이 글이 바른 복음에서 바른 신앙이 나온다는 단순한 진리 안에서 그동안 성령께 밤낮 새벽으로 수많은 질문을 던져 여러 경로로 답을 얻어낸 글입니다. 그리고 이제 그 답을 함께 나누고 전하고자 이렇게 책으로 나온 것입니다. 이제 이 글이 복음에 대하여 참으로 많은 생각과 질문들을 하게 할 것입니다. 그래서 복음의 깊이와 넓이로 우리를 안내할 것입니다. 그럼 목차의 순서대로 잘 따라 오시기 바랍니다.

요1서2:27 너희는 주께 받은 바 기름 부음이 너희 안에 거하나니 아무도 너희를 가르칠 필요가 없고 오직 그의 기름 부음이 모든 것을 너희에게 가르치며 또 참되고 거짓이 없으니 너희를 가르치신 그대로 주 안에 거하라

주님 이곳에 임하옵소서. 주님 제단에 좌정하소서.
주님 영광을 받아주시고 주님 저들을 다스리소서.
위대하신 주 전능하신 주 거룩하신 주 신실하신 주
나의 구원자 나의 인도자 나의 창조자 어린양 예수
경배합니다. 찬양합니다. 온 마음 다해 사랑합니다.
- 김승준-

목차

창조주 신앙을 회복하라

전12:1 너는 청년의 때에 너의 창조주를 기억하라…

지난날 교회를 개척하고 첫 설교로 무엇을 전할까 기도 가운데 주님의 뜻을 구했습니다. 그러자 창조주 신앙을 회복하라는 마음의 확신을 받았습니다. 그래서 이 책의 시작도 창조주 신앙을 회복하라는 것으로 시작을 합니다.

기독교의 복음과 신앙, 믿음의 출발은 창조주 하나님을 믿는 것으로 시작합니다. 우리가 믿는 하나님은 주 예수 그리스도의 아버지이신 창조주 하나님이십니다. 엡1:3 천상천하에 창조주 하나님을 아버지라 부를 수 있는 분은 오직 예수님 한 분이십니다. 하나님의 아들이 몇 분 되는 것 아닙니다. 오직 예수님 한 분이십니다.

그러므로 우리가 하나님을 아버지라 부르는 것은 오직 예수 그리스도 안에서만 가능합니다. 오직 예수님만이 하나님 아버지께 나아가는 길이요 하나님 아버지의 진리의 말씀이며 하나님 아버지의 영원한 생명이십니다. 요14:6 그런데 이 고백이 왜 그렇게 중요합니까? 그것은 우리가 믿는 하나님이 만약에 창조주가 아니라면, 우리의 구원도 영생도 천국도 신앙도 믿음도 모두 위선이고 거짓이기 때문입니다.

창조주 신앙이 무너지면 인간 창조와 타락과 구속과 재창조 같은 하나님 경륜의 구속사를 비롯한 우리 신앙 전체가 무너지기 때문입니다. 그래서 성경 첫 장 첫 줄과 우리의 신앙고백도 가장 먼저 천지창조와, 창조주 하나님을 마음으로 믿어 입술로 고백하는 것으로 시작합니다. **롬10:10**

> **창1:1** 태초에 하나님이 천지를 창조하시니라
> **사도신경** 나는 전능하신 아버지 하나님 천지의 창조주를 믿습니다…

그러므로 원수마귀는 지금도 세상의 온갖 것들을 동원하여 성도로부터 예수가 우리의 구세주라는 사실보다, 우리가 믿는 하나님이 창조주라는 사실이 부인되기를 더욱 강력히 원하는 것입니다. 그래서 마귀의 종노릇 하는 인간들이 일평생 하는 일이라고는 하나님의 천지창조와 또한 그 창조주를 부인하는 새로운 증거들과 이론과 가설을 만들어 내는 것입니다.

뿐만 아니라, 그래서 오늘날 많은 교회들 역시도 교회 머리 되신 예수의 영향이 아닌, 세상의 영향을 받아 하나님의 천지창조와 예수 그리스도는 소극적으로 외치고, 마치 지금도 예수를 거부하는 유대인들처럼 입만 열면 하나님! 하나님! 하며 "하라, 하지 마라"의 율법과 도덕과 윤리만을 적극적으로 외치는 안타까운 현실을 마주하고 있습니다.

그래서 거듭 말하지만, 창조주 하나님의 신앙은 우리 신앙의 가장 근본적인 신앙입니다. 창조의 근원, 생명의 근원, 만복의 근원이 하나님이듯이 우리 신앙의 근원이자 근본 역시도 지금도 살아 역사하시는 창조주 하나님을 믿음으로 고백하는 신앙입니다. 성도들에게 이보다 더 중요하고 근본이 되는 신앙고백은 없습니다. 우리가 아무리 예수 십자가의 도를 깨닫고 믿음으로 받아들여도 창조주 하나님의 신앙이 바로 서지 않으면 그것은 뜬구름 잡는 것입니다.

특히 오랫동안 빅뱅 이론이나 진화 이론을 배운 젊은 친구들에게 가장 먼저 창조주 하나님의 신앙고백이 믿음으로 바로 서지 않으면 그들에게 구세주와 주님 되시는 예수 그리스도의 이야기는 하나의 허구요, 도덕적인 이야기요, 신화적인 이야기일 뿐입니다. 그러므로 천지창조 신앙은 믿어야 하는 것이 아니라 믿어져야 하는 것입니다.

흔히들 기독교를 믿음의 종교라고 합니다. 그러나 기독교는 믿음의 종교가 아니라 믿어지는 종교입니다. 신앙의 모든 믿음의 근원이 나에게서 나오는 것이 아니라 성령 하나님으로부터 나오는 것이기 때문입니다. 그래서 우리의 자력으로 믿는 것이 아니라 성령 안에서 믿어져야 하는 것입니다. 엡2:8

그러므로 예수는 믿어지는데 천지창조가 잘 안 믿어진다면, 이는 위선이자 자기기만입니다. 성경 66권 전체를 믿고도 창세기 1장 1절이 안 믿어지면 그것은 거짓된 신앙 그 자체입니다. 하나님의 천지창조는 안 믿

영원한 복음 천국 복음

어지는데 예수는 믿어진다는 것은 거짓된 신앙입니다. 예수님이 창조주 하나님이시기 때문입니다. 예수님이 창조주 하나님의 아들이시기 때문입니다. 요1:3, 히1:2

오늘날 교회 안에 이런 사람들이 너무나 많습니다. 학교에서나 사회에서나 세상 사람들과의 자리에서는 빅뱅론이나 진화론의 신봉자 역할을 하면서도 교회에 와서는 믿어지지도 않는, 그래서 마음에도 없는 창조주 하나님을 마치 앵무새처럼 믿습니다. 믿습니다. 하면서 신앙고백을 합니다.

빅뱅론이나 진화론은 인류가 본 적이 없습니다. 그래서 그것은 법칙이 아니라 하나의 이론입니다. 하나의 이론을 바탕으로 그렇게 오랜 세월 세뇌당하며 배운 지식이 어느 날 교회 와서 하루아침에 '믿습니다. 믿습니다.' 한다고 하나님의 천지창조가 믿어지는 것이 아닙니다. 그래서 안 믿어지면 반드시 기도로써 성령님께 믿음을 구해야만 합니다. 그러므로 먼저 천지창조의 믿음이 회복된 가운데 예수를 믿어야 그 믿음이 온전한 믿음이 되는 것이 됩니다. 그래서 사도신경의 순서가 중요합니다.

지금 세상에 코로나로 인하여 얼마나 많은 거짓된 종교와 거짓된 신앙이 수면 위로 올라왔습니까? 그래서 종교다원주의로 세상이 이렇게 혼탁할수록 가장 근본적인 신앙의 기준과 가치관을 바로 세우는 것이 참으로 중요합니다. 2007년 세계 문화재로 등재된 합천 해인사에 있는 팔만대장경에는 참으로 방대한 양의 경전들이 있습니다.

금강경, 반야심경, 법화경, 천수경 같은 수많은 경전들 중에 그 어디에도 "내가 태초에 천지를 창조했다."는 글은 없는 것으로 들었습니다. 뿐만 아니라 세상에 수많은 거짓 신들의 이야기를 기록한 책들이 있지만, 그 어디에도 거짓된 신 스스로 "내가 세상을 창조했다."는 말은 없는 것으로 압니다. 그러나 "태초에 내가 세상을 창조했다."는 말씀은 오직 기독교 경전이자 하나님 말씀인 성경에만 있습니다.

그것도 사람들 눈에 잘 안 띄는 신구약 어느 중간이나 뒤편 어딘가에 슬쩍 끼워 넣은 것이 아니라 창조주 신앙이 얼마나 중요하고 비중이 컸으면 성경, 그것도 가장 첫 장 첫 줄에 태초에 하나님이 천지를 창조하신 것으로 시작하고, 그리고 마지막에 가서는 다시 한번 새 하늘 새 땅을 창조하시고 "보라 내가 만물을 새롭게 하노라." 하시며 "이 말은 신실하고 참되니 기록하라."는 것으로 성경을 마무리합니다.

창1:1 태초에 하나님이 천지를 창조하시니라

계21:1, 5 1. 또 내가 새 하늘과 새 땅을 보니, 처음 하늘과 처음 땅이 없어졌고 바다도 다시 있지 않더라… 5. 보좌에 앉으신 이가 이르시되 보라 내가 만물을 새롭게 하노라… 이 말은 신실하고 참되니 기록하라…

그러므로 창조주 하나님의 신앙고백은 가장 중요하고 가장 우선되어야 하며 가장 근본적이며 신앙의 가장 기준이 되는 신앙고백입니다. 저는 인간의 고백 가운데 가장 위대한 고백이 사도 신앙고백이라는 데 조금도 의심하지 않습니다.

온전한 마음과 진실한 믿음에서 나오는 주 예수 그리스도의 아버지 되신 창조주 하나님을 향한 우리의 신앙고백은 육체를 입은 인간으로서 할 수 있는 가장 위대한 경배이자 기도이며 순종이자 사랑이며 예배 그 자체가 되기 때문입니다. 진실한 믿음에서 나오는 신앙고백이야 말로 진정한 우리의 구원이고 천국이고 영생이기 때문입니다. 행2:21

예수는 그리스도이시며 우리의 구세주 되시자 왕이신 주님 되시며 지금도 살아 역사하시는 창조주 하나님의 아들이시며 어제나 오늘이나 영원토록 동일하신 분입니다. 아멘!

천지창조

창1:1 태초에 하나님이 천지를 창조하시니라

태초에 하나님이 천지를 창조하셨습니다. 여기서 천지는 하늘과 땅이며, 즉 보이지 않는 세상과**(하늘)** 보이는 세상을**(땅)** 말씀합니다. 영적 세계와 물리적 세계를 말씀합니다.

골1:16 만물이 그에게서 창조되되 하늘과 땅에서 보이는 것들과 보이지 않는 것들과… 만물이 다 그로 말미암고 그를 위하여 창조되었고…

그러므로 우리가 사는 세상은 마치 어항 속의 물과 고기와 같습니다. 여기서 물이 영적 세계라면 고기는 물리적 세계입니다.

또한 어항의 물이 고기보다 더 크듯이 영적인 세계가 물리적 세계보다 훨씬 크고 실제적인 세계입니다. 그것은 창조주 하나님이 영이시기 때문입니다. 그렇게 태초에 천지를 창조하신 하나님께서 하늘은 하나님이 다스리시고 땅은 사람을 통하여 다스리시기로 작정하셨습니다. 만약에 하나님이 세상을 직접 다스린다면 지금처럼 세상엔 죄악과 살인과 기근과 심각한 환경파괴 같은 것들은 없었을 것입니다.

창1:26-28, 시115:16 하늘은 여호와의 하늘이라도 <u>땅은 사람에게 주셨</u>
<u>도다</u>

그래서 이것은 하나님의 영원한 작정이십니다. 이것은 변할 수도 없습니다. 그러므로 복음이란 바로 여기서부터 출발해야 합니다. 아무리 아담의 반역과 사단이 방해를 하더라도 이것은 변함없습니다. 그래서 이 땅의 통치권을 맡긴 사람이 아담에서 둘째 아담 그리스도로 바뀐 것이 결국 성경이 말하는 복음의 핵심입니다. **계11:15** 그래서 인류는 아담 안에 있는 사람과 둘째아담 그리스도 안에 있는 사람들로 지옥과 천국으로 나누어지고 구분되어지는 것입니다. **롬5:19, 고전15:45**

그러므로 하나님 구속의 모든 역사는 창1-3장이 예수 그리스도 안에서 다시 재창조되어 새롭게 회복되는 역사입니다. **계21:1-5** 그래서 창조와 타락 구속과 재창조입니다. 이것이 구속사입니다. 그러므로 참된 복음을 알려면 먼저 창1-3장을 깊고 넓게 바로 볼 줄 알아야 합니다.

하늘과 땅을 통일하신 예수 그리스도 안에서 창1:1의 처음 하늘과 처음 땅의 모든 만물이 계21:1-8에서 다시 새롭게 재창조되는 것이 복음이자 성경의 역사입니다. 우리가 살고 있는 이 땅이 다시 새롭게 리셋 되는 것입니다. 그러므로 우리 신앙의 궁극적인 목적과 소망은 왕 되신 예수님의 강림으로 이 땅에 임하는 하나님의 나라 새 하늘 새 땅인 영원 천국입니다.

엡1:10 하늘에 있는 것이나 땅에 있는 것이 다 그리스도 안에서 통일되게 하려 하심이라

계21:1, 5 1. 또 내가 새 하늘과 새 땅을 보니 처음 하늘과 처음 땅이(창1:1) 없어졌고 바다도 다시 있지 않더라… 5. 보좌에 앉으신 이가 이르시되 보라 내가 만물을 새롭게 하노라…이 말은 신실하고 참되니 기록하라…

· 이 부분은 뒤에 천국 복음에 가서 깊고 넓게 함께 나누겠습니다.

창조주 하나님은 그렇게 하늘과 땅, 천하 만상을 짝으로 지으시고 그 짝들이 서로를 반영하며 서로 하나 되게 하셨습니다. 하늘을 통하여 땅을 보고 땅을 통하여 하늘을 봄으로 하늘과 땅이 통일 이루게 하십니다. 하늘 아버지를 통하여 땅의 아들을 보고 땅의 아들을 통하여 하늘 아버지를 보는 것입니다. 마5:48

그래서 아버지와 아들이 서로 하나를 이루어 하나 되게 하시는 것입니다. 요17:21-22 성경에서 하나님을 사랑의 하나님이라 하실 때 그 사랑은 다름 아닌 하나를 이루는 본질이기 때문입니다. 엡4:3 그러므로 서로 하나 되지 않는 것은 사랑이 아닙니다.

그래서 성부와 성자가 성령 안에서 하나이듯이 요10:30 영혼과 육체가 신경을 통하여 하나이듯이, 땅의 흙으로 지음 받은 육체는 하늘로 지음 받은 영혼을 반영하고, 영혼은 육체를 반영합니다. 영혼이 기쁘고 슬플 때 육체는 웃음과 눈물로 반영하고, 반대로 육체가 아플 때 영혼은 그 아

품을 함께 느끼는 것입니다. 그래서 하늘은 땅을 반영하고 땅은 하늘을 반영합니다.

이처럼 하나님은 하늘과 땅 영적 세계와 물리적 세계 하나님과 영광의 형상, 아버지와 아들 그리스도와 교회 영혼과 육체 남자와 여자 신랑과 신부 왕과 백성 빛과 어둠 등 천하 만상을 짝으로 지으시고 그 짝들이 서로가 서로를 위하는 가운데 조화를 이루고 서로 하나 되어 창조주 하나님을 의존하는 가운데서 나오는 자원으로 하나님의 영광을 나타내며 존재하도록 지으셨습니다.

사43:7 내 이름으로 불려지는 모든 자 곧 내가 내 영광을 위하여 창조한 자를 오게 하라 그를 내가 지었고 그를 내가 만들었느니라

우주에 나타난 삼위일체 하나님의 영광 1

시19:1 하늘이 하나님의 영광을 선포하고 궁창이 그의 손으로 하신 일을 나타내는도다

한의학에서는 사람의 몸을 소우주라고 합니다. 우주에는 약 60조 개의 별들이 있다고 합니다. 사람의 몸도 약 60조 개의 세포로 구성되어 있다고 합니다. 지구의 약 75%가 물로 이루어졌듯이 사람 몸도 약 75%가 물로 구성되어 있습니다. 지구는 오대양 육대주로 구분되듯이 사람의 몸도 오장육부로 구분됩니다. 지구에 강의 길이가 약 11만 2천 킬로이듯이 사

람 몸의 혈관의 길이도 약 11만 2천 킬로라고 합니다.

지구에 음양의 기운이 있듯이 사람의 몸에도 음양의 기운이 있으며, 지구에 양극과 음극의 전류가 흐르듯이 사람의 몸에도 양극과 음극의 미세한 전류가 흐릅니다. 지구에 빛과 어둠이 있듯이 사람의 몸에도 실체와 그림자가 있습니다. 땅속 지구 중심에서 뜨거운 핵의 온기가 올라와 땅에 식물이 자라듯이, 사람의 몸 중심에도 심장의 뜨거운 기운으로 36.5도라는 온기가 흐르므로 땅의 흙으로 지음 받은 몸이 자랍니다. 또한 사람 몸의 온도가 2~3도 높고 낮음으로 생명의 위협을 느끼듯이, 지구의 온도 역시도 2~3도의 높고 낮음으로 생존의 위협을 느낍니다. 그래서 사람의 몸은 지구의 축소판입니다. 그러나 이것이 전부는 아닙니다.

지구에 1년이 12개월이듯이 사람 몸의 갈비뼈 역시도 12개씩 양쪽으로 24개가 존재합니다. 지구의 탄소를 산소로 바꾸어 주는 지구의 폐라 불리는 아마존이 있듯이 사람 몸의 폐 역시도 산소와 탄소의 배출을 담당합니다. 이처럼 한의학에서는 사람 몸을 소우주로 말합니다. 그럼 이쯤에서 여러분은 무슨 생각을 하십니까? 그냥 지구와 사람 몸의 구조가 우연히 비슷하다는 정도로만 생각합니까? 아직도 이것을 창조주의 섭리가 아니라 빅뱅이나 진화론의 결과라고 생각하십니까?

어쩌면 사람의 몸은 성경대로 지구의 흙으로 지음 받은 것이라는 생각은 안 해 보십니까? 그래서 사람의 몸은 귀소본능에 의하여 죽으면 흙으로 돌아간다는 생각은 안 해 보십니까? 이제 사람의 육은 땅에서 나서 땅에서 나는 소산물을 먹어야 살고 사람의 영혼은 하늘의 하나님으로부터 와서 하나님의 말씀을 먹어야 산다는 말씀이 조금은 이해되십니까?

> **마4:4** 예수께서 대답하여 이르시되 기록되었으되 사람이 떡으로만 살 것이 아니요(육체) 하나님의 입으로부터 나오는 모든 말씀으로 살 것이라(영혼) 하였느니라…

뿐만 아니라 어쩌면 지구를 창조하신 이와 사람을 창조하신 이가 동일한 인격에 의한 동일한 모티브로 창조된 것이라 생각해 보지는 않습니까? 어떤 동일한 인격과 지성을 가지신분이 지구도 만들고 사람도 만들었다는 생각을 해 보지는 않습니까? 이제 천지 창조가 조금은 믿어지십니까?

> **창1:1** 태초에 하나님이 천지를 창조하시니라
> **창2:7** 여호와 하나님이 땅의 흙으로 사람을 지으시고 생기를 그 코에 불어넣으시니 사람이 생령이 되니라

그렇습니다. 그렇게 소우주로 지음 받은 사람은 구조적으로는 영혼과 육체로 되어 있고 기능적으로는 영과 혼과 육으로 되어 있습니다. **살전 5:23** 그래서 사람의 영은 영이신 하나님과 교제함으로 하나님을 아는 기관이고 혼은 자아로 인한 나를 아는 기관이며 육은 세상과 소통하며 세상을 아는 기관입니다. 그래서 사람의 자아인 혼은 세상과 소통하는 육체를 영에게 순복시키는 일을 합니다.

즉 영은 혼을 통하여 하늘 하나님의 뜻을 육으로 이 땅에 타나내고 드러내는 일을 합니다. 이것이 하나님의 영광입니다. 하늘의 뜻이 땅에 이루어지게 하는 경로입니다. **(이것이 에덴의 타락에서 하늘과 땅을 통일 이루신 그리스도 안에서 다시 회복된 것입니다. 엡1:10)**

그러므로 아담 안에서 죄인되기 전, 사람의 영은, 창조주하나님의 말씀을 마음에 담습니다. 그리고 사람의 영을 반영하는 자유의지가 있는 혼에 의하여 사람의 육체는 결국 영의 말씀을 땅에서 순종하며 살도록 지은 바 된 것입니다. 거듭 말하지만 이것이 하늘의 하나님 말씀이 땅의 아들들로 인하여 이 땅에 이루어지는 경로입니다. 에덴의 선악과 사건이 지금까지 없었다면 모든 인류는 하나님의 아들들입니다. 눅3:38 그러나 독생자 예수와는 차원이 다른 아들들입니다. 그래서 밤에는 하늘에 수많은 별들이 땅을 비추며 창조주의 영광을 나타내듯이 반대로 낮에는 땅에서도 수많은 빛의 자녀들이 순종의 삶으로 다시 하늘의 하나님의 영광을 반영하는 것입니다.

마5:16 이같이 너희 빛이 사람 앞에 비치게 하여 그들로 너희 착한 행실을 보고 하늘에 계신 너희 아버지께 영광을 돌리게 하라

우주에 나타난 삼위일체 하나님의 영광 2

시19:1 하늘이 하나님의 영광을 선포하고 궁창이 그의 손으로 하신 일을 나타내는도다

영원한 복음 천국 복음

하늘에는 스스로 빛을 발하는 항성인 태양이 있습니다. 그리고 그 빛을 반사하는 행성인 지구와 위성인 달이 있습니다. 여기서 삼위일체 하나님 각각의 자리를 성경에 나타난 범위 안에서 천지창조와 구속사 경륜 안에서만 설명하자면, 스스로 빛을 발하는 항성은 성부의 자리입니다. 사람으로는 영의 자리입니다.

또한 그 빛을 반사하는 행성은 이 땅에 사람 몸을 입고 오신 성자 예수님의 자리입니다. 사람으로는 영을 반영하는 혼의 자리입니다. 또한 그 빛을 반사하는 위성은 성부와 성자로부터 이 땅에 보내심을 받은 성령의 자리입니다. 사람으로는 영과 혼을 반사하는 육의 자리입니다. 그래서 성부와 성자로부터 보냄을 받은 성령은 이 땅에 성부 하나님과 성자 예수의 영광을 드러내십니다. **요16:14**

그러므로 스스로 빛을 발하는 항성은 성부의 자리이자 사람으로는 영의 자리입니다. 또한 그 빛을 반사하는 행성은 이 땅에 사람 몸을 입고오신 성자의 자리이자 사람으로는 혼의 자리입니다. 또한 그 빛을 반사하는 위성은 성령의 자리이자 사람으로는 육체의 자리입니다. 그래서 사람은 하늘의 영이신 하나님→땅의 사람의 영→혼→육체 순으로 하늘의 뜻이 이 땅에서 이루어지는 경로입니다.

뿐만 아니라 이 땅에 작은 천국이라 불리는, 남녀가 결혼하여 이루는 가정의 구성원들조차도 구속사 안에서의 삼위일체 하나님의 영광들로 이루어진 것입니다. 아빠는 성부의 자리이고 엄마는 성자의 자리이고 자녀들은 성령의 자리입니다. 아빠는 태양의 자리이고 엄마는 지구의 자리이고 자녀들은 별들의 자리입니다. 그래서 여자의 머리는 남자이며 엄마와 자녀들은 아빠의 정신을 세상에 반영하는 영광의 광체들이자 아빠 본체의 형상들입니다. **창5:3 (이것은 어디까지나 인류가 타락하기 전입니다.)**

결국 아빠의 머리는 그리스도이고 그리스도의 머리는 하나님이십니다. 그래서 하나님의 그 어떠함이 그리스도를 통하여 아빠에게, 아빠의 그 어떠함이 엄마를 통하여 자녀들을 통하여 세상에 영광으로 나타나고 드러나는 것입니다. 이것이 창조의 질서이자. 인간이 타락하기 전에 하나님이 세우신 가정의 질서입니다. 이것이 무너진 것입니다. 그래서 구원받은 자녀들은 이것을 다시 회복해야 합니다.

> **고전11:3** 그러나 나는 너희가 알기를 원하노니 각 남자의 머리는 그리스도요 여자의 머리는 남자요 그리스도의 머리는 하나님이시라

그래서 가정이 작은 천국이라는 말은 바로 천국의 실제 되신 삼위일체 하나님의 영광의 질서들로 채워진 것이기 때문입니다. 하나님은 질서의 하나님이십니다. **고전14:33** 그리고 그리스도 안에 거하는 천국 백성의 공동체인 교회도 이와 같습니다. 그리스도(진리) 목사(진리 전달자) 성도(진리를 받아 세상에 전하는 자) 순서가 하나님이 세우신 영광의 교회 질서입니다.

예수 그리스도를 교회의 머리로 함께 세워 가는 세상 모든 교회의 질서는 주님의 다스리심으로 하나님이 세우신 질서입니다. **엡1:23, 마16:18** 그

영원한 복음 천국 복음

래서 교회 공동체 역시도 진리 안에서 삼위일체 하나님의 영광을 나타내는 천국입니다. 그러므로 우주, 지구, 사람, 교회 공동체, 가정 천국은 이와 같습니다. 이들 모두는 삼위일체 창조주 하나님의 영광을 나타내고 선포하는 것입니다. 그래서 하나님이 창조하시고 질서 가운데 세우신 것입니다.

새 찬송 78장 2절 해지고 황혼 깃들 때 동편에 달이 떠올라 밤마다 귀한 소식을 이 땅에 두루 전하네 행성과 항성 모든 별 저마다 제 길로 돌면서 창조의 기쁜 소식을 온 세상에 널리 전하네

여기서 설명한 삼위일체는 우주가 삼위일체 하나님의 영광이라는 관점에서만 설명한 것이므로 저자의 삼위일체론에 대한 오해가 없으시기 바랍니다. 성부 성자 성령 삼위는 한 하나님이시며 본질이 동일하시고 모든 영광과 권능이 동등하신 창조주 하나님이십니다.

그렇습니다. 앞서 말한 대로 지구와 사람을 창조하신 분만이 동일한 분이 아니라, 우주와 가정과 교회 공동체의 모든 제도와 질서를 창조하시고 만드신 분 역시도 동일한 한 분의 하나님이십니다. 동일한 인격과 지성을 가지신 분이 우주도 지구의 하늘도 땅도 사람도 영적 물리적 모든 세계를 창조하셨습니다. 우리는 그분을 삼위일체 창조주 하나님이라고 합니다.

창1:1 태초에 하나님이 천지를 창조하시니라

그러므로 기독교가 창조주와 삼위일체 하나님의 선언을 외면하거나 부인하면 그것은 하나의 사기꾼 집단입니다. 사람들의 주머니만 노리는 강도 집단입니다. 만약에 우리가 믿는 하나님이 삼위일체가 아니시라면, 아마도 그분은 지금 이 땅에 내려오지 못하고 우주 어딘가에서 추위에 떨고 계실 것입니다.

그래서 성경 안에서 계시된 천지창조를 보면 성부는 예정하시고 **창1:1** 성자는 말씀하시고 **창1:3** 성령은 이루십니다. **창1:2** 또한 구속사를 보면 성부는 예정하시고 **엡1:4** 성자는 이루시고 **요19:30** 성령은 성자께서 이루신 구원을 성도들에게 적용하십니다. **엡2:8, 고전12:3**

그러므로 성부께서 아무리 예정하셔도 성자께서 사람의 몸을 입으시고 이 땅에 오셔야 구원이 이뤄지는 것이며 **빌2:6-11** 또한 성자께서 십자가 위에서 아무리 다 이루시어도 성령께서 그것을 사람에게 적용하시는 믿음을 주셔야 믿어지는 것입니다. 그래서 에덴에서 지금까지 성령님의 사역이 일체 없으셨다면 아마도 인류 가운데 단 한 사람도 구원받지 못했을 것입니다.

그러므로 기독교는 삼위일체 하나님의 그 위대함을 온 맘으로 찬양하고 경배 드려야만 합니다. 이처럼 영이신 하나님은 수많은 인간이 하나님을 직접 볼 수 없기에 하나님을 느끼고 알 수 있도록 천하 만물에 그분의 신비로운 질서와 법칙을 담아 놓으셨습니다. **롬1:20** 이 같은 창조의 신비를 지면의 사정으로 더 길게 설명할 수 없지만 그러나 이제 더 나아가

영원한 복음 천국 복음

서 꽃과 나무, 들, 산, 생물의 구조, 동물의 습성, 하늘에서 내리는 비 등 모든 것이 우연히 발생한 결과라고 말할 수 없을 것입니다. 그러므로 지금까지 말한 천지창조는 여러분의 이해를 조금 돕고자 한 것에 지나지 않으며, 그러나 분명한 것은 이 같은 천지창조가 믿어지려면 기도로 먼저 성령님의 도우심을 구하는 것이 우선이라는 것입니다.

그래서 예수 십자가의 도를 믿는 것보다 더욱 급한 것이 하나님의 천지창조가 믿어져야 합니다. 이것이 아니면 신앙은 사상누각, 모래 위에 집을 짓는 것에 불과합니다. 그러므로 먼저 천지창조가 믿어지는 가운데서 창조주 하나님을 고백하는 그 고백이 온전하고 진실한 믿음 위에서 나오는 고백이 되기를 축원합니다. 새 찬송 63장을 꼭 찾아서 불러봅니다.

예수는 그리스도이시며 우리의 구세주 되시자 왕이신 주님 되시며 지금도 살아 역사하시는 창조주 하나님의 아들이시며 어제나 오늘이나 영원토록 동일하신 분입니다. 아멘!

전적타락

사43:7 내 이름으로 불려지는 모든 자 곧 내가 내 영광을 위하여 창조한
자를 오게 하라 그를 내가 지었고 그를 내가 만들었느니라

그러나 인류의 전적타락 후…

롬3:23 모든 사람이 죄를 범하였으매 하나님의 영광에 (사43:7의 영광) 이
르지 못하더니

롬6:23 …죄의 삯은 사망이라…

죄의 삯은 사망이라… 누구의 말입니까? 사람으로는 도저히 할 수 없는
말입니다. 사람이 죄에 대하여 할 수 있는 말은 "죄를 지으면 저주를 받는
다거나 또는 감옥 간다거나 또는 변상해 주어야 한다."는 말이 전부일 것
입니다. 세상 누구든지 죄를 지으면 반드시 죽는다는 말을 할 수 있는 사
람은 없습니다.

이 말씀은 오직 사람을 지으신 창조주만이 하실 수 있는 말씀입니다.
그래서 창조주의 이 같은 공의의 말씀 한마디에 모든 인류는 아담 안에서
죄인이 되고 그 죄의 삯으로 인하여 사망이 찾아온 것입니다.

영원한 복음 천국 복음

그러므로 세상 모든 사람은 날 때부터 하나님이 아닌 마귀에게 순종한 아담 안에서 마귀의 자녀이자 종이자 본질상 하나님 진노의 자녀가 된 것입니다. **요8:44, 엡2:3** 그래서 모든 사람은 태어나는 순간부터 죽음을 향해 달려갑니다. 또한 모든 사람이 죽는다는 것은 "앞으로"가 아니라 "이미" 죄책이 전가된 상태를 말합니다.

여기서 죄책이란 <u>죄의 삯은 사망</u>이라는 죄를 지은 책임을 말합니다. 그 책임 때문에 모든 사람은 나면 죽습니다.

그런데 죄를 끈질기게 따라 다니는 두 가지가 있습니다. 하나는 지금 말한 죄책이고, 다른 하나는 죄 오염, 즉 죄성입니다. 그래서 모든 사람은 자신의 의지와는 전혀 상관없이 날 때부터 죄책과 죄 오염된 상태로 태어납니다. 사랑의 하나님이 당신의 형상으로 사람을 지으시고 "나는 영원히 살 테니 너희는 백 년만 살다 죽어라!"고 하시지 않으셨습니다.

그러므로 사람이 나면서 죽음을 향해 달려간다는 것은 아담 안에서 이미 죄에 대한 책임이 모든 인류에게 전가된 상태를 말합니다. 그래서 오늘 태어나 아직 죄가 무엇인지도 모르는 갓난아이조차도 죄책과 죄 오염이 이미 전가된 상태로 태어나 죽음을 향해 나아가는 것이며, 심지어 지금 엄마 배 속에 아직 세상에 나오지 않은 어린 생명조차도 유산이라는 죽음을 맞이할 수 있다는 것은 그 생명조차도 이미 죄책과 죄 오염이 전가된 상태라는 것입니다.

그래서 아이를 임신한 엄마 역시도 죄악 중에 임신한 것이며 또한 죄악 중에 출생하는 것입니다.

> **시51:5** 내가 죄악 중에서 출생하였음이여 어머니가 죄 중에서 나를 잉태하였나이다

그러므로 모든 인류가 태어나서 죽는다는 것은 "앞으로"가 아닌 "이미" 죄책이 전가되었다는 가장 확실한 증거이며, 그 후에는 반드시 심판이 있다는 것이 성경이 말씀하는 진리입니다.

> **히9:27** 한 번 죽는 것은 사람에게 정해진 것이요 그 후에는 심판이 있으리니…

그러므로 모든 사람은 자신의 의지와는 전혀 상관없이 나면서 죄책과 죄의 바이러스에 감염된 상태로 태어납니다. 그래서 죄가 전혀 없는 거

영원한 복음 천국 복음

룩한 예수 피라는 백신을 맞아야만 합니다. **벧전3:18** 이처럼 모든 사람이 나서 죽는다는 것은 인간의 타락을 말하는 것입니다. 의인은 단 한 사람도 없습니다. **롬3:10** 남녀의 생물학적인 방법으로 여자의 몸에서 난 사람 중에는 단 한 사람도 의인이 없다는 것입니다.

> **욥15:14** 사람이 어찌 깨끗하겠느냐 여인에게서 난 자가 어찌 의롭겠느냐

그래서 예수는 성령으로 잉태하신 분이십니다. **마1:18** 그러므로 인간은 전적으로 타락하고 부패하며 자기 자신을 스스로 구원할 수 없을 정도로 전적으로 무능한 존재입니다. 죄를 지어서 죄인이 아니라 죄인이기 때문에 죄를 짓는 것입니다. 죄의 나무에서는 죄의 열매만 열리는 것입니다. 그래서 세상 모든 사람은 소는 송아지를 개는 강아지를 말은 망아지를 낳는 창조 섭리에 따라 죄인 된 아담 안에서 죄인으로 낳아진 것입니다.

그래서 인간에 남아 있는 자유의지는 선을 내 마음대로 행할 수 있는 자유의지가 아니라, 죄를 내 마음대로 지을 수 있는 자유의지만이 남아 있는 것입니다. 여기서 선이란 오직 선하신 하나님과 관련된 일만을 말합니다.

> **마19:17** 예수께서 이르시되 어찌하여 선한 일을 내게 묻느냐 선한 이는 오직 한 분이시니라…

하나님이 동물은 눈을 하향식으로 지으시고 유독 인간만 눈을 상향식

으로 만드셨습니다. 그래서 동물은 땅만 바라보고 본능대로 살아가지만 그러나 인간은 하늘을 바라보며 삼위일체 하나님의 영광으로 살아가도록 지은 바 된 것입니다. 그런데 아담 안에서 인간은 죄악으로 하나님의 분리에서 오는 영적 죽음으로 인하여 하늘을 바라보고 사는 자가 아니라 땅만 바라보고 사는 자들이 되었습니다.

그래서 인간이 일평생 땅에서 하는 가장 비중이 큰일이라고는 땅속에 것을 파내어 땅위로 끄집어 올려 그것을 녹이고 가공하여 물건을 만들고 또한 그 물건에 값을 매기고 그 값 때문에 울고 웃고 죽이고 살리고를 반복하며 살다 결국 죽음으로 다시 땅의 흙으로 돌아가는 인생이 된 것입니다. 지금도 전적으로 타락한 세상에서는 이러한 일들이 반복적으로 일어납니다.

그래서 사람의 DNA는 영적 물리적으로 내려옵니다. 아버지가 바람둥이고 엄마가 술이나 도박 중독자이면 그 자녀는 난봉꾼의 기질을 가지고 태어납니다. 영적으로는 부모의 기질, 정신, 습관 등의 정신적인 면을 닮고, 물리적으로는 외모를 닮습니다. 그래서 세상 사람들은 말하기를 "부정모혈"이라고 합니다.

즉 아버지로부터 정수와 어머니로부터 피 즉 부모에게서 몸과 피를 물려받는다는 것입니다. 인류의 조상이 물고기라는 말은 얼토당토 않는 말입니다. 그러므로 모든 인간은 나면서 부모로부터 죄책과 죄 오염까지도 물려받았습니다. 그래서 모든 인류는 죄의 바이러스에 감염된 상태로 태

영원한 복음 천국 복음

어나서 거룩한 예수의 피라는 백신을 맞아야만 합니다.

그러므로 우리 주변에 흉악범들은 우리와 본질적으로 다른 이들이 아니라 우리와 동일한 죄 성을 가진 이들입니다. 정도의 차이만 있을 뿐 우리의 또 다른 모습입니다. 우리 모두 그러한 흉악한 범죄를 저지를 수 있는 잠재력을 가지고 살아갑니다. 우리 역시도 그러한 환경과 조건이 주어진다면 오히려 그들보다 더 흉악하고 난폭할 수 있는 가능성이 충분히 있습니다. 세상의 범죄가 날이 갈수록 사악하고 잔인하고 난폭한 것을 돌아본다면 이것을 부인할 사람은 아무도 없을 것입니다. 그래서 모든 인간은 안에서는 시체가 썩지만 밖으로는 회칠한 무덤 같습니다. **마23:27** 모두가 안으로는 언제 폭발할지 모르는 화약을 지니고 살면서도 다를 외부의 다양한 힘을 빌려 절제하고 사는 것뿐입니다. 하나같이 가면을 쓰고 나의 본성을 숨기며 살아갑니다. 그래서 종교 모임은 또 다른 가면 무도회장입니다.

그러므로 하나님의 관점에서 볼 때 세상 모든 사람은 정신병자입니다. 다만 정도의 차이만 있을 뿐입니다. 만약에 여러분이 자녀를 낳았는데 그가 부모를 사랑하지도 않으며 찾지도 알려 하지도 않고 공경하지도 순종하지도 않으며 각자 떨어져 니 팔 내 팔 따로 흔들며 살아간다면 여러분은 그러한 자녀를 정상으로 보십니까? 정신병자입니다.

지금 하나님 앞에서 예수를 만나기 전 저를 비롯한 세상 모든 사람이 그러합니다. 자신을 지으신 창조주 하나님을 사랑하지도 않으며 찾지도 않으며 알려 하지도 예배하지도 순종하지도 않으며 니 팔 내 팔 따로 흔들며 살아온 것입니다. 이것은 정상이 아닙니다.

> **롬1:21** 하나님을 알되 하나님을 영화롭게도 아니하며 감사하지도 아니하고 오히려 그 생각이 허망하여지며 미련한 마음이 어두워졌나니
> **롬3:10-12** 10. 기록된 바 의인은 없나니 하나도 없으며 11. 깨닫는 자도 없고 하나님을 찾는 자도 없고 12. 다 치우쳐 함께 무익하게 되고 선을 행하는 자는 없나니 하나도 없도다

그러므로 아담 안에서 모든 인류는 날 때부터 죄인으로 태어납니다. 그 죄로 인하여 사람은 나면서 죽음을 향해 달려갑니다. **롬5:12** 그래서 모든 인간은 날 때부터 전적으로 타락하고 부패하고 무능한 것입니다. 그가 아무리 착하고 선해 보이는 좋은 사람이라 할지라도 그 속에는 죄가 있고, 날마다 죄를 안으로(마음) 밖으로(행동) 지으며 살고 있다는 것을 부정할 사람은 없을 것입니다. 그래서 사람은 믿음의 대상이 아니라 사랑의 대상입니다.

잠시 생각을 돌리면… 어느 유명한 전도 왕께서 자신의 친구를 전도하는 자리에서 이런 질문을 받았다고 합니다. 이순신 장군은 구원받았냐! 유관순 열사는 구원받았냐! 하는 질문에 답이 금방 나오지 않아 그냥 이렇게 말했다고 합니다. "그래도 예수를 믿어야 돼!" 그렇습니다. 세상 사람들은 이순신 장군이나 유관순 열사나 또는 얼마 전 불을 끄다 순직한 소방관 같은 선한 사람들은 죽으면 천국에 갔을 거라 생각들을 합니다.

그러나 성경을 조금만 더 깊이 들여다보시면 왜 모든 인간이 하나님 앞에 "이미" 진노의 대상인지를 알 것입니다. 성경학자들의 말에 따르면 노아 홍수 당시 지구에 약 10억 명의 사람들이 살았다고 합니다. 그런데 그 중에 노아 가족 8명만 구원받고 나머지는 모두 죽었습니다.

그런데 그들이 어떻게 죽었습니까? 모두 물에 산 채로 잔인하게 수장되었습니다. 그런데 10억 명에 가까운 사람들 중에 이순신 장군이나 유관순 열사 같은 분이 없었다고 보십니까? 또한 엄마 배 속에서 세상에 나올 날만 기다린 어린 생명은 없었다고 보십니까? 소처럼 맑은 눈망울을 가진 어린아이들, 심지어 죄가 무엇인지조차도 모르는 수많은 영혼들이 그것도 산 채로 모두 물에 수장되어 죽었습니다.

그런데 성경은 그럼에도 하나님은 사랑의 하나님이시라고 합니다.

요1서4:8 사랑하지 아니하는 자는 하나님을 알지 못하나니 <u>이는 하나님</u>
<u>은 사랑이심이라</u>

그렇게 수많은 사람들을 그것도 산 채로 잔인하게 수장시킨 하나님을 그럼에도 성경은 사랑의 하나님이시라고 합니다. 무슨 말입니까? 하나님이 범죄했습니까? 아닙니다. 하나님은 공의를 집행한 것입니다. 무슨 말입니까? 세상 나라 정의는 판사가 흉악범을 사형 선고하고 담당관이 집행하듯이 공의의 하나님 역시도 "이미" 아담 안에서 진노 아래 놓인 죄인들을 심판하신 것입니다. **엡2:3** 하나님은 세상에 사랑과 정의와 공의를 행

하시기를 기뻐하시는 사랑의 하나님이십니다.

그래서 하나님은 창세전에도 후에도 앞으로도 영원히 세상을 사랑과 정의와 공의로 다스리십니다. 이것은 하나님의 본질과도 같은 것입니다. 절대적인 것입니다. 그래서 하나님 보좌 두 기둥은 공평과 정의입니다.

> **렘9:24** 자랑하는 자는 이것으로 자랑할지니 곧 명철하여 나를 아는 것과 나 여호와는 사랑과 정의와 공의를 땅에 행하는 자인 줄 깨닫는 것이라 나는 이 일을 기뻐하노라 여호와의 말씀이니라
> **시편89:14** 의와 공의가 주의 보좌의 기초라…
> **시편97:2** …의와 공평이 그의 보좌의 기초로다

그래서 하나님이 인류들에게 원하시는 것은 이것입니다.

> **미6:8** …여호와께서 네게 구하시는 것은 오직 정의를 행하며 인자를 사랑하며 겸손하게 네 하나님과 함께 행하는 것이 아니냐
> **잠21:3** 공의와 정의를 행하는 것은 제사 드리는 것보다 여호와께서 기쁘게 여기시느니라

그러므로 롬 5장 12절의 한 사람 아담 안에서 죄인 되어 죽음의 위기를 맞은 "모든 사람"이란 단어 안에는 이순신도 유관순도 교황도 마리아도 세례 요한도 저와 여러분 역시도 혈통으로나 육정으로나 사람의 뜻으로 여자의 몸에서 난 세상 모든 사람들이 포함되는 것입니다. **요1:12** 모든 사

람이 죄를 범하였으매 하나님의 영광에 이르지 못한다는 것입니다.

하나님의 영광으로 지음 받은 것에서 전적으로 타락하여 하나님의 영광에 이르지 못한다는 것입니다. 하나님의 형상으로 아들로써 이 땅에 하나님을 반영하며 영광으로 사는 삶이 불가능하다는 것입니다.

그런데 원수마귀의 지배를 받는 세상 종교가 이것을 철저히 부정합니다. 그래서 세상 종교에서 가르치는 것이 하나같이 착하게 살아라! 선하게 살아라! 서로 사랑하라며, 마치 인간이 그렇게 살 수 있는 것처럼 인간의 가치를 엄청 높여서 말합니다. 그러나 그 안에는 원수마귀의 이러한 계략이 들어 있습니다.

그것은 "하나님 없이 인간 스스로도 얼마든지 착하고 선하게 살 수 있다는 것을 증명하고 나타내라"는 것입니다. 그래서 결국 죄인의 구세주 되시는 예수를 거부하게 하여 하나님과 함께하지 **(임마누엘)** 못하게 합니다.

그래서 원수마귀의 종노릇하는 세상 종교가 한사코 가르치는 것이 착하고 선하게 서로 사랑하며 살라고 가르치는 것입니다. 그럼 세상 종교는 어떻게 하면 착하고 선하게 산다고 가르칩니까? 그것은 마음을 잘 다스려서 그렇게 살라고 합니다. 그럼 어떻게 하면 마음을 잘 다스린다고 합니까?

그것은 절에 가서 설법을 듣든지 좋은 책을 읽든지 명상이나 참선을 하든지 또는 고행 등을 통하여 욕심을 비우고 마음을 잘 다스려 결과적으로 하나님 없이 인간 스스로도 얼마든지 착하고 선하게 살 수 있다는 것을 스스로 증명하라는 것입니다.

그런데 하나님의 말씀인 성경은 무엇이라 말씀합니까? 성경은 인간의 마음을 한마디로 쓰레기라고 합니다. 그래서 폐기하라고 합니다. 만물보다 심히도 부패한 것이 사람의 마음이라고 합니다. 즉 인간의 문제는 육체에 있는 것이 아니라 먼저 마음에 있다는 것입니다.

렘17:9 만물보다 거짓되고 심히 부패한 것은 마음이라 누가 능히 이를 알리요마는…

그 마음 상태로는 예수를 떠나서 창조주 하나님과 관련된 선한 그 아무것도 할 수 없다는 것입니다.

> 요15:5 …나를 떠나서는 너희가 아무것도 할 수 없음이라

그래서 먼저 날마다 십자가를 바라보고 부인하고 죽으라는 것이 성경의 가르침입니다.

> 갈2:20 내가 그리스도와 함께 십자가에 못 박혔나니…
> 고전15:31 …너희에 대한 나의 자랑을 두고 단언하노니 나는 날마다 죽노라

그래서 하나님이 우리에게 성령 안에서 새 마음을 주시어 하나님의 말씀인 사랑의 계명에 순종하며 살게 하시겠다는 것이 구약에 나타난 새 언약입니다. 렘31:31-34, 겔11:19-20, 36:25-28
(이 부분은 천국 복음에서 중요한 부분이라서 반복하려 합니다.)

> 겔36:25-28 25. 맑은 물을 너희에게 뿌려서 너희로 정결하게 하되 곧 너희 모든 더러운 것에서와 모든 우상 숭배에서 너희를 정결하게 할 것이며 26. 또 새 영을 너희 속에 두고 새 마음을 너희에게 주되 너희 육신에서 굳은 마음을 제거하고 부드러운 마음을 줄 것이며 27. 또 내 영을 너희 속에 두어 너희로 내 율례를 행하게 하리니 너희가 내 규례를 지켜 행할지라 28. 내가 너희 조상들에게 준 땅에서 너희가 거주하면서 내 백성이 되고 나는 너희 하나님이 되리라

새 언약은 장차 십자가의 예수 안에서 먼저 우리를 정결하게 하시고 우

리 속에 새 영과 새 마음을 주시어 하나님의 법을(계명) 우리 마음에 기록하여 하나님의 율례와 규례를 지켜 행할 수 있도록 해 주시고 그로 인하여 하나님은 우리의 하나님이 되시고 우리는 하나님의 백성이 되게 하시겠다는 약속입니다. (뒤 롬8:2 생명의 성령의 법에서 자세히…)

다시 말해 하나님께서 새 영과(성령) 새 마음을(예수 마음) 주셔서, 날마다 부인되어야 하는 우리의 돌 같은 굳은 마음을 제거하고 살같이 부드러운 마음을 주셔서 하나님의 계명에 순종하며 살게 해 주시겠다는 약속입니다. 그럴 때 우리는 하나님의 백성이 되고 하나님은 우리의 하나님이 되어 주신다는 것입니다. 그래서 그 약속으로 우리가 예수를 믿을 때 성령 안에서 예수의 새 마음을 우리가 받은 것입니다.

> 빌2:5 너희 안에 이 마음을 품으라 곧 그리스도 예수의 마음이니
> 고전2:16 누가 주의 마음을 알아서 주를 가르치겠느냐 그러나 우리가 그리스도의 마음을 가졌느니라

그리고 그 결과로 하나님은 우리의 아버지와 하나님으로 이렇게 나타납니다.

> 요20:17 …너는 형제들에게 가서 이르되 내가 내 아버지 곧 너희 아버지, 내 하나님 곧 너희 하나님께로 올라간다 하라…

그러므로 세상에 존재하는 수많은 경전들은 한마디로 사람의 마음을

다스리는 책입니다. 뿐만 아니라 성경 역시도 어떤 면으로는 사람의 마음을 다스리는 책입니다. 그 중심에는 하나님의 형상으로 지음 받은 사람의 마음을 누가 다스리는가의 문제입니다. 사람의 주권을 누가 가질 것인가의 문제입니다. 내가 가질 것인가, 원수마귀가 가질 것인가 아니면 성령으로 예수 안에서 하나님이 가질 것인가의 문제입니다.

그래서 우리의 구원이란 한마디로 에덴의 조상들이 창조주로부터 찬탈한 내 인생은 나의 것이라는 우리의 주권을 다시 성령으로 성자 예수 안에서 창조주 하나님께 돌려드리는 것이 구원이고 영생이고 천국인 것입니다.

구약에서 이스라엘 백성들이 하나님이 주신 계명을 잘 지키면 구원과 영생을 얻습니다. 그런데 하나님이 정말로 이스라엘 백성들이 잘 지킬 것으로 생각하고 판단하고 주신 것이 아닙니다. 그들이 계명을 지키지 못하므로 그들 스스로가 죄인 됨을 바로 알고, 죄인의 구세주이신 예수를 믿게 하시려고 율법을 주신 것입니다. 그래서 율법을 주신 것은 모든 사람을 죄 아래 가두려는 것입니다.

롬3:19-20 19. 우리가 알거니와 무릇 율법이 말하는 바는 율법 아래에 있는 자들에게 말하는 것이니 이는 모든 입을 막고 온 세상으로 하나님의 심판 아래에 있게 하려 함이라 20. 그러므로 율법의 행위로 그의 앞에 의롭다 하심을 얻을 육체가 없나니 율법으로는 죄를 깨달음이니라 그런데 이것은 이스라엘 백성들만이 아닙니다. 세상 모든 사람들 역시도 하나님의 섭리 안에서 죄 아래 가둔 것입니다. 그래서 우리나라 헌법은 일본 법에서 일본은 독일 법에서 독일은 영미 법인 대륙 법에서 대륙 법은 로마 법을 벤치마킹한 것입니다. 그리고 로마 법은 구약성경의 율법을 벤치마킹한 것입니다.

율법에서 하나님과 인관의 관계법은 모두 제거하고 오직 사람과 사람과의 율법을 구약에서 벤치마킹한 것이 로마 법이자 오늘날 세상 법의 토대가 된 것입니다. 그러므로 하나님 나라 보좌 두 기둥은 공평과 정의이듯이 세상 나라 최고의 가치 역시도 공평과 정의입니다. 그래서 대법원이나 경찰서 정문에는 공평과 정의, 또는 정의로운 사회구현이라는 현판이 있는 것입니다.

이처럼 하나님은 저들이 알든 모르든 직접이든 간접이든 하나님 나라 백성들과 세상 나라 모든 사람들을 당신의 법으로 지금도 다스고 계십니다. 그래서 사람이 죄를 지으면 먼저 하나님 앞에 죄를 짓는 것입니다. 하나님만이 세상 모든 법의 창시자이시기 때문입니다. **약2:10-11** 그렇게 하나님은 세상 모든 사람들을 죄 아래 가둡니다. 그것은 구세주 되신 예수를 믿게 하시려는 것입니다.

갈3:22 그러나 성경이 모든 것을 죄 아래에 가두었으니 이는 예수 그리스도를 믿음으로 말미암는 약속을 믿는 자들에게 주려 함이라

영원한 복음 천국 복음

그래서 예수를 믿든 안 믿든 모든 사람이 죄를 지으면 먼저 그 법의 창시자이신 하나님 앞에 죄를 먼저 범하는 것입니다.

> **눅15:18** 내가 일어나 아버지께 가서 이르기를 아버지 내가 하늘과(하나님) 아버지께 죄를 지었사오니

그리고 그 죄값이 바로 영원한 죄값입니다. 만약에 사람에게 죄를 지었으면 그 사람이 죽으면 그 사람과 나 사이의 죄는 사라집니다. 그 사람이 살아 있을 때까지만 나는 그 사람 앞에서 죄인입니다. **롬7:1-2** 그러나 먼저 영원한 생명의 하나님 앞에 죄를 지었으므로 그 죄값을 영원히 받아야 하는 것입니다.

그래서 예수를 안 믿는 모든 사람도 반드시 육으로 부활하여 영원히 죄값을 치러야 합니다. 그것은 육으로 죄를 지었기 때문입니다. 이것이 하나님의 공의입니다.

> **요5:29** 선한 일을 행한 자는 생명의 부활로, 악한 일을 행한 자는 심판의 부활로 나오리라

영원히 살아 계시는 하나님 앞에서 영원한 죄값 때문에 영원히 불 가운데 고통을 받는 것입니다. 지옥불은 사람의 육체를 소멸하여 재로 만드는 불이 아니라 뜨거움만 있고 타지도 소멸되지도 않는 불입니다. 그래서 영원히 죄값을 치르는 것입니다.

출3:2 여호와의 사자가 떨기나무 가운데로부터 나오는 불꽃 안에서 그에게 나타나시니라 그가 보니 떨기나무에 불이 붙었으나 그 떨기나무가 사라지지 아니하는지라

결국 창1:2에서 물과 성령으로 세상을 지으신 하나님이 먼저는 노아 홍수의 물로 세상을 심판하시고 그리고 마지막에는 성령의 불로 세상을 심판하십니다. 그러므로 예수를 믿든 안 믿든 모든 사람은 영원히 살며 부활도 모두가 합니다. 문제는 무슨 부활로 어디서 누구랑 사는가의 문제입니다. 그렇습니다. 성경에서 지옥에 대한 말씀이 약 12번 정도 나옵니다. 그런데 12번 중에 누가 가장 많이 지옥에 대하여 말씀하신 것 같습니까? 13권의 성경을 쓰신 사도 바울 같습니까? 아닙니다.

예수님이십니다. 예수님이 12번 중에 11번을 지옥에 대한 말씀을 하셨습니다. 그분이 누구십니까? 세상의 심판주이십니다. 그러므로 심판주가 지옥을 말씀하셨다면 지옥은 반드시 존재합니다. 우리 주변에 귀신의 지배를 받는 무속인이 있다는 것은 어둠의 영인 타락한 천사가 있다는 증거입니다.

또한 타락한 천사가 있다는 것은, 타락하지 않은 천사도 존재한다는 증거이며, 타락하지 않은 천사가 존재한다면, 그들의 섬김을 받는 히1:14 성령도 성자 예수도 성부 하나님도 존재한다는 증거이며, 삼위의 하나님이 존재하신다면, 우리의 구원도 영생도 실제적인 것이며 천국도 지옥도 실제로 존재한다는 증거입니다.

그러므로 지금 우리 주변에 귀신의 지배를 받는 무속인이 있는가를 확인하는 것이 지옥의 존재를 직접 확인하는 것보다 훨씬 빠를 것입니다. 그래서 예수 믿기 전 사람의 마음은 귀신의 놀이터입니다. 복음을 다른 각도에서 보면 귀신의 처소, 귀신의 놀이터가 된 우리 마음에 귀신보다 더 강한 자 되시는 창조주 하나님이 귀신을 쫓아내시고 우리의 마음을 당신의 성전 삼으시는 사건입니다. 눅11:20-22

> 눅11:20 그러나 내가 만일 하나님의 손을 힘입어 귀신을 쫓아낸다면 하나님의 나라가 이미 너희에게 임하였느니라…
>
> 고전3:16-17 16. 너희는 너희가 하나님의 성전인 것과 하나님의 성령이 너희 안에 계시는 것을 알지 못하느냐 17. …하나님의 성전은 거룩하니 너희도 그러하니라

그러므로 기독교는 철저하게 자신의 전적타락과 부패와 전적무능을 인정하는 고백 위에(회개) 세워진 신앙공동체입니다. 자신이 병자라는 것을 알아야 의사의 필요를 느끼듯이 자신이 죄인 됨을 알아야 구세주 예수의 필요를 느끼고 바라고 소망하기 때문입니다.

> 눅5:31-32 31. 예수께서 대답하여 이르시되 건강한 자에게는 의사가 쓸데 없고 병든 자에게라야 쓸 데 있나니 32. 내가 의인을 부르러 온 것이 아니요 죄인을 불러 회개시키러 왔노라

그래서 이 죄인 됨을 알게 하시려고 하나님은 모세를 통하여 율법을 주

신 것입니다. 그래서 지금 세상의 모든 법이나 하나님의 율법은 사람들을 그리스도께로 인도하는 초등교사입니다.

> **갈3:24** 이같이 율법이 우리를 그리스도께로 인도하는 초등교사가 되어 우리로 하여금 믿음으로 말미암아 의롭다 함을 얻게 하려 함이라

그리고 율법의 행위로는 절대 천국에 들어갈 수 없다는 것을 알게 하시려고 구약의 선지자 모세는 천국의 그림자인 가나안 땅을 바라만 볼 뿐 들어가지는 못했습니다. **민20:12 (그러나 하나님의 섭리 안에서 모세는 천국에 들어갔습니다. 신약의 변화산에 나타난 모세가 바로 증거입니다. 마17:3)**

그러므로 천국은 오직 하나님의 은혜로 믿음으로만 들어가는 것입니다. 우리가 성령받는다는 것은 하나님의 천국 백성임을 인친 사건입니다. 하나님의 천국 백성임을 보증하는 것입니다. 그런데 우리가 성령받을 때 믿음으로 받았습니까? 행함으로 받았습니까? 믿음으로 받았습니다. **갈3:5** 그래서 율법은 모세로부터 은혜와 진리는 예수 그리스도로 말미암는 것입니다. **요1:17** 그러므로 우리의 구원은 하나님의 은혜로 성령 안에서 진리 되신 예수 그리스도를 믿는 그 믿음으로만 구원받습니다.

1. 십자가에 흘린 보혈 주님의 사랑, 어린양의 흘린 보혈 하나님 은혜
보혈 보혈 존귀한 보혈, 보혈 보혈 거룩한 보혈
거룩하다 주 보혈 존귀한 보혈, 존귀하다 주 보혈 능력의 보혈

영원한 복음 천국 복음

보혈 보혈 십자가 보혈, 보혈 보혈 어린양 보혈

2. 사망권세 깨트리신 주님의 이름, 나의 죄를 대속하신 영원한
이름
예수 예수 존귀한 이름, 예수 예수 거룩한 이름
거룩하다 주 예수 존귀한 이름, 존귀하다 주 예수 능력의 이름
예수 예수 영원한 이름, 예수 예수 어린양 예수
- 김승준 -

십자가 복음 1

벧전3:18 그리스도께서도 단번에 죄를 위하여 죽으사 **"의인으로서 불의한 자를 대신하셨으니"** 이는 우리를 하나님 앞으로 인도하려 하심이라…

앞에서 말한 대로 아담 안에서 모든 인간은 전적타락과 부패와 무능으로 자신의 의지와는 전혀 상관없이 날 때부터 죄책과 죄 오염이 전가된 상태로 태어납니다. **롬5:12** 그래서 결론부터 말하자면 예수님의 십자가, 피 흘려 죽으심은 우리의 죄책을 위한 죽음입니다. **롬6:10, 히9:22** 예수님의 죽으심만을 단순하게 보자면 그 죽음은 우리의 죄책만을 제거하시는 죽음입니다.

십자가 복음을 바르게 이해하려면 무죄하다는 것과 의롭다는 것의 차이를 바로 알아야 합니다. 우리가 예수를 믿을 때 믿음 그 자체로는 죄 사함 받아 무죄한 상태가 된 것이지 의롭다 함을 받은 상태는 아닙니다. 에덴의 선악과 먹기 전의 아담은 무죄한 상태였지 의로운 상태는 아니었습니다. 의로운 상태는 반드시 의로운 행동이 따라야 합니다.

아담의 의로운 상태는 선악과를 먹지 않음으로 순종하여 하나님과 날마다 동행하는 상태여야 합니다. **창6:9** 그러므로 예수님의 십자가 피 흘려 죽으심은 우리의 죄책을 제거하시는 사건이고 성령이 우리 안에 내주하신 사건에서 우리가 의롭다 함을 받는 것입니다.

> **고전6:11** …주 예수 그리스도의 이름과 우리 하나님의 성령 안에서 씻음과 거룩함과 의롭다 하심을 받았느니라…

실질적으로 구원은 성령이 우리 안으로 내주하실 때 우리 죄가 예수께 전가되고 반대로 이 땅에서 예수께서 참 사람으로서 행하신 모든 의로운 행함이 우리 안에 전가되어 마치 우리가 예수님처럼 그렇게 의로운 삶을 **(율법을 이룬 삶)** 산 것으로 하나님 앞에서 인정받는 것입니다. 성령 안에서 머리 되신 예수와 신비한 유기적 연합으로 머리의 그러함이 곧 몸의 그러함이 되는 것입니다. **롬6장, 요14-16장**

한 걸음 더 들어가면, 예수님이 오시기 전 구약의 이스라엘 백성들이 아브라함 안에서 하나님을 믿음으로 받은 것은 이신칭의이며 신약에 성도들이 성령 안에서 받는 의는 실제적인 예수께서 이루신 예수의 의를 전가 받음으로 이신득의가 되는 것입니다. 물론 둘 다 믿음으로 받는 것은 사실입니다. 전자는 의의 법정선언이며 후자는 실제적인 의의 획득의 차이입니다.

> **고후5:21** 하나님이 죄를 알지도 못하신 이를 우리를 대신하여 죄로 삼으신 것은 우리로 하여금 그 안에서 **(성령 안에서 예수와 연합)** 하나님의 의가

그러므로 성령이 우리 안으로 내주하신 사건은 예수와 연합 안에서 우리 죄가 예수께 전가되고 (**죄책 제거**) 예수께서 공생에 이루신 그 의가 우리에게 전가되는 사건이며 (**의를 획득**) 나아가서는 성령의 인도를 받음으로 우리의 죄 오염이 점진적으로 제거되어 성화로 나아가는 (**순종의 삶으로 죄 오염 제거**) 하나님 구속사의 섭리입니다.

그래서 앞서 말한 죄책과 죄 오염이 예수를 믿음으로 성령 안에서 죄책은 즉각적으로, 죄 오염은 점진적으로 제거되는 것입니다. **롬6:10-11** 성부의 모든 것은 성자 안에서만, 성자의 모든 것은 성령 안에서만 누리는 것입니다. 그래서 성령은 성자께 나가는 길이요 진리요 생명이시며, 성자는 성부께 나가는 길이자 진리이자 생명이신 것입니다. **요14:6**

그러므로 성령을 구하지도 받지도 않은 상태에서 그냥 예수 믿는다고 죄 사함 받고 의롭다 함 받았다거나 천국 백성 되었다는 것은 모두 거짓된 신앙입니다. 반드시 성령을 구하고 받아야 거듭난 하나님 나라 천국 백성 되는 것입니다. **요3:5, 눅11:13**

요20:22 그들을 향하여 숨을 내쉬며 이르시되 성령을 받으라

위에서 이 말씀은 "이미" 예수를 믿고 있는 제자들에게 하신 말씀입니다. 성령은 하나님의 인치심이자 우리 구원의 보증입니다. **엡1:13** 하나님

이 성령 안에서 성자 예수와 짝 지어 주신 성도는 그 어떤 피조물도 갈라 놓지 못합니다. **요6:44, 막10:9, 롬8:38-39**

그러므로 인류는 예수를 믿는 자와 안 믿는 자로 구분되는 것이 아니라 성령받은 자와 안 받은 자, 영으로 사는 자와 육으로 사는 자로 구분됩니다. 세상에는 거짓된 믿음, 세뇌당한 믿음으로 예수를 믿는 자들이 너무나 많기 때문입니다.

> **롬8:14** 무릇 하나님의 영으로 인도함을 받는 그들은 곧 하나님의 아들 이라

오늘날 교회 안에 성령을 간절히 구하지도 않았으면서 마치 자신이 당연히 성령받은 것으로 착각하는 사람들이 너무나 많습니다. 물세례 받으면 당연히 성령받은 것으로 착각합니다. 그러나 아닙니다. 반드시 구해야 합니다. 그것도 간절히 구해야 합니다. 교회를 수십 년 다니고도 성화를 이루지 못하고 여전히 이기적인 사람들이 바로 여기에 해당합니다.

성령받은 사람이라면 그가 비록 더디더라도 반드시 사랑과 공평과 정의를 추구하며 성화되어 갑니다. **렘9:24** 성령을 받고도 성화가 안 이루어진다면 이것은 성령을 모독하는 것입니다. 그래서 교회 안에 성령받지 않은 무리들이 무려 50%가 되는 것입니다.

성경적으로 교회 안에 구원받을 확률은 50%입니다. 교회 공동체 안에

는 알곡과 가라지와 쭉정이가 심판 때까지 함께 공존합니다. **마13:30** 복음서에 기름 없이 등을 든 다섯 처녀가 바로 교회 안에 성령받지 않은 사람들입니다. 왜 그렇습니까? 성령은 하나님의 인 치심이자 구원의 보증이기 때문입니다. 그래서 등만 있고 기름이 없다는 것은, 등처럼 외적으로는 성도처럼 보이지만 그러나 기름처럼 내적으로 성령 안에서 신랑 되신 주님과의 교제가 없다는 것을 말하기 때문입니다. 그래서 기름이란 곧 우리 안으로 내주하신 성령을 말합니다.

> **엡1:13-14** 13. 그 안에서 너희도 진리의 말씀 곧 너희의 구원의 복음을 듣고 그 안에서 또한 믿어 약속의 성령으로 인치심을 받았으니 14. 이는 우리 기업의 보증이 되사 그 얻으신 것을 속량하시고 그의 영광을 찬송하게 하려 하심이라

그래서 교회 안에 구원의 확률이 50%라는 것은 성령을 받지 못한 자들이 50%라는 것입니다. 하나님은 진실한 믿음으로 예수를 믿고 성령을 구하는 자들에게 성령을 주시고 **눅11:13** 그 성령 안에서 예수의 새 마음을 주시는 것, 이것은 이미 구약에서 새 언약으로 약속하신 것입니다. 성령 안에서 새 마음을 주시어 하나님의 말씀에 순종하며 살게 하시겠다는 것이 구약에 나타난 새 언약입니다. **렘31:33-33, 겔11:19-20**

> **겔36:25-28** 25. 맑은 물을 너희에게 뿌려서 너희로 정결하게 하되 곧 너희 모든 더러운 것에서와 모든 우상 숭배에서 너희를 정결하게 할 것이며 26. 또 새 영을 너희 속에 두고 새 마음을 너희에게 주되 너희 육신

에서 굳은 마음을 제거하고 부드러운 마음을 줄 것이며 27. 또 내 영을 너희 속에 두어 너희로 내 율례를 행하게 하리니 너희가 내 규례를 지켜 행할지라 28. 내가 너희 조상들에게 준 땅에서 너희가 거주하면서 내 백성이 되고 나는 너희 하나님이 되리라

그래서 하나님은 스스로 맹세하신 새 언약을 이루시기 위해서 예수 그리스도를 새 언약의 중보자로 이 땅에 보내신 것입니다.

히9:15 이로 말미암아 그는 새 언약의 중보자시니 이는 첫 언약 때에 범한 죄에서 속량하시려고 죽으사 부르심을 입은 자로 하여금 영원한 기업의 약속을 얻게 하려 하심이라

그러므로 새 언약은 십자가의 예수 안에서 먼저 우리를 정결하게 하시고 우리 속에 새 영과 새 마음을 주시고 하나님의 법을 우리 마음에 기록하여 하나님의 율례와 규례를(계명) 지켜 행할 수 있도록 해 주시고(성화를 이룸) 그로 인하여 하나님은 우리의 하나님이 되시고 우리는 그의 백성이 되게 하시겠다는 약속입니다. (옛 언약은, 인간스스로 하나님의 율법을 지키면 천국의 그림자 가나안 땅에서 날이 길고 의롭다 하시겠다는 약속입니다. 신5:22, 27, 32-33, 6:25)

다시 말해 하나님께서 새 영과(성령) 새 마음을(예수 마음) 주셔서, 날마다 부인되어야 하는 우리의 돌 같은 굳은 마음을 제거하시고 살같이 부드러운 마음을 주셔서 하나님의 새 계명에 요13:34 순종하며 살게 해 주시겠다

는 약속입니다. 그럴 때 우리는 하나님의 백성이 되고 하나님은 우리의 하나님이 되어 주신다는 것입니다.

그래서 그 약속으로 우리가 예수를 믿을 때 성령 안에서 예수의 마음을 받은 것입니다.

> **빌2:5** 너희 안에 이 마음을 품으라 곧 그리스도 예수의 마음이니
> **고전2:16** 누가 주의 마음을 알아서 주를 가르치겠느냐 그러나 우리가 그리스도의 마음을 가졌느니라

그러므로 성령 내주하심은 예수께서 이루신 죄책 제거를 우리에게 적용하시는 것이며, 또한 예수께서 공생에 이루신 의를 우리에게 전가하여 적용하시는 것이며, 또한 우리 안에 죄 오염을 점진적으로 제거하는 것이며**(성화를 이룸)**, 또한 하나님 백성으로서 성령의 인치심으로 우리의 구원을 보증받는 것입니다. **엡1:13-14** 그러므로 성령받은 성도라면 반드시 이 기적에서 이타적으로 성화되어 가는 것입니다. **엡2:22, 4:16** 이것이 진리입니다. 그리고 이제 이것을 이루시려고, 창세전에 하나님께서 얼마나 고뇌하셨는지를 잠시 나누어 봅니다.

하나님의 본체(本體)에 세 위(位)가 계시니 이는 성부 성자 성령이신데 이 세 위는 한 하나님이십니다. 본체는 하나요, 권능과 영광은 동등하십니다. 인류의 구속사를 위하여 창세전에 삼위의 하나님이 깊은 시름에 잠깁니다. **(인간의 표현을 잠시 빌리자면… 하나님은 고민과 시름과 번뇌가 없습니**

다.) 그렇게 삼위의 하나님은 아래의 창1:26에서처럼 "천상회의" 가운데 깊은 시름에 잠깁니다.

> **창1:26** 하나님이 이르시되 우리의 형상을 따라 우리의 모양대로 우리가
> 사람을 만들고 그들로 바다의 물고기와 하늘의 새와 가축과 온 땅과 땅에
> 기는 모든 것을 다스리게 하자 하시고

그것은 "죄의 삯은 사망이요 피 흘림이 없이는 사함이 없다"는 하나님의 공의와 또한 하나를 이루는 본질인 하나님의 사랑 때문입니다. 공의하신 하나님으로서는 죄인을 반드시 죽음으로 심판해야 하고, 사랑의 하나님으로서는 죄인을 용서하고 사랑으로 하나를 이루어야 하기 때문입니다. 그래서 하나님의 사랑과 공의의 갈등입니다.

> **렘9:24** 자랑하는 자는 이것으로 자랑할지니 곧 명철하여 나를 아는 것과
> 나 여호와는 사랑과 정의와 공의를 땅에 행하는 자인 줄 깨닫는 것이라
> 나는 이 일을 기뻐하노라 여호와의 말씀이니라

하나님은 세상을 사랑과 정의와 공의로 다스리시기로 창세전에 작정하셨기 때문입니다. 성경에 나타난 하나님의 영원한 작정은 모두가 창세전에 이루어진 일입니다. 그러므로 우리가 십자가의 도를 바르게 알려면 창세전에 하나님의 이러한 고뇌는 함께해야 합니다. 그래서 창세전에 하나님의 깊은 시름이 있었습니다.

인류의 죄를 창세전에 미리 아신 하나님의 공의하심으로는 죄인을 반드시 죽음으로 심판해야 하고 그러나 사랑으로서는 죄인을 용서하고 생명을 주어 사랑으로 하나를 이루어야 하는 하나님의 깊은 시름입니다. 요 17:21-23 그래서 이것은 하나님의 공의와 사랑이 잠시지만 서로 충돌하는 장면입니다.

공의하신 하나님은 죄인을 절대로 그냥 두지 못합니다. 만약 공의를 만족하지 않은 상태에서 죄인을 그냥 용서해 주신다면 그것은 하나님 스스로가 하나님 되심을 포기하는 것입니다. 법정에 선 판사가 죄인에게 형벌을 내리지 않고 심판하지 않는다면 그것은 자신 스스로가 난 판사가 아니라고 선언하는 것이나 마찬가지입니다.

굳이 사람으로서는 죄인을 용서해 준다면 아무런 조건 없이 그냥 용서해 줄 수도 있는데 그러나 하나님의 공의는 이것이 안 되는 것입니다. 그래서 그가 아무리 잘났든 못났든 착하든 악하든 모두가 하나같이 죄의 삯은 사망이며 피 흘림이 없이는 사함이 없는 것입니다. 그리고 죄 사함을 부르는 피는 오직 죄가 없는 참 사람의 피라야 합니다.

구약에서 흠도 점도 없는 어린양의 피로 제사를 드림같이, 전전으로 타락한 그 어떤 인류의 피도 하나님 공의를 충족하는 어린양 제물의 피로는 부적합한 것입니다. 만약에 그냥 피 흘림과 죽음으로 죄 사함이 된다면 우리 각자 모두는 자기 죄값은 스스로 죽을 때 본인이 치르고 죽는다는 이단 교리가 나오기 때문입니다.

그래서 하나님은 죄 있는 자를 그냥 두실 수 없으며, 또한 죄 없는 자를 심판하실 수도 없으십니다. 그래서 하나님이 시름하는 것입니다. 공의의 하나님만 행하시면 사랑이라는 하나님이 침해를 당하시고 반대로 사랑의 하나님만 행하자니 공의의 하나님이 침해를 당하시는 것입니다. 하나님으로서는 죄인 된 인간을 죽이기도 하셔야 하고 또한 생명 주고 살리시어 임마누엘 함께 하나를 이루어야 하기 때문입니다.

그래서 사랑의 하나님 입장에서는 먼저는 죄인의 죄책을 제거해야 하고, 죄 오염을 제거해야 하며 또한 죄인을 의롭다 해 주셔야 거룩하신 하나님과 함께할 수 있기 때문입니다. 하나님의 사랑은 하나를 이루는 본질이기 때문입니다. 죄인으로는 거룩하신 하나님과 절대로 함께할 수 없습니다. **사59:1-2**

그래서 창세전에 창1:26처럼 하늘에서 천상회의가 열린 것입니다. 서로 다른 인격의 삼위 하나님께서 깊은 시름 끝에 결국 성부께서 성자께 이렇게 말씀하십니다.

"내 사랑하고 기뻐하는 성자야! 네가 세상에 내려가라! 네가 죄인의 형상인 사람의 몸을 입고 세상에 내려가서 나의 백성, 곧 너의 백성들을 그들의 죄에서 구원하라 말씀하십니다." 그러자 성자께서 단번에 순종하신 사건입니다. **마1:21, 빌2:6-11**

요7:28 ···내가 스스로 온 것이 아니라 나를 보내신 이는(성부 하나님) 참

<u>되시니</u> 너희는 그를 알지 못하나… 요12:44-45, 13:20, 17:23

그렇습니다. 성자는 스스로 세상에 오신 분이 아니라 성부로부터 아버지의 이름으로 보내심을 받아 오신 분이십니다. 요5:43 17:11, 12, 21 태초의 말씀이신 성자께서 육신을 입고 예수라는 아버지의 이름으로 이 땅에 오신 사건이 바로 성육신 사건입니다. 요1:14 그러므로 인류 구속사 복음의 출발은 창세후가 아니라 창세전입니다. 엡1:3-6

> **롬16:25** 나의 복음과 예수 그리스도를 전파함은 영세 전부터 감추어졌다가 이제는 나타내신 바 되었으며…
>
> **고전2:7** 오직 은밀한 가운데 있는 하나님의 지혜를(예수 십자가의 도) 말하는 것으로서 곧 감추어졌던 것인데 하나님이 우리의 영광을 위하여 만세 전에 미리 정하신 것이라

그래서 이것을 빌2:6 이하에서 이렇게 말씀합니다.

> <u>그는(예수)</u> 근본 하나님의 본체시나 하나님과 동등 됨을 취할 것으로 여기지 아니하시고 오히려 자기를 비워 종의 형체를 가지사 사람들과 같이 되셨고 <u>사람의 모양으로 나타나사</u> 자기를 낮추시고 죽기까지 복종하셨으니 곧 십자가에 죽으심이라…

그러므로 예수 그리스도는 창세전에 성부 하나님께서 그리스도 안에서 택하신 자기 백성들을 그들의 죄에서 구원하시어 하나님 나라 천국 백

영원한 복음 천국 복음

성 삼으시려고 사람 몸을 입으시고 이 땅에 오신 독생 성자 하나님이십니다. 세상 모든 만물이 그로 말미암고, 그를 위하여 지은 바 되었으며, 뿐만 아니라 그 안에서 유지가 되어가며, 지은 것이 하나도 그가 없이는 된 것이 없으신, 창조주 하나님의 아들이십니다. 골1:15-16

창1:3의 태초에 빛이 있으라! "발설하지 아니하신 말씀이신" 성자 하나님이 이 땅에 "발설하실 하나님의 말씀으로" 사람의 몸을 입고 오신 분이 바로 성자 예수 그리스도이십니다. 요1:14, 요14:10 그래서 찬송가 32장은 이렇게 말합니다. '만유의 주재 존귀하신 예수, 사람이 되신 하나님…' 그래서 그분이 이 땅에 사람의 몸을 입고 오신 것을 시편에서는 이렇게 설명합니다. 이것은 구속사의 관점에서만 묵상한 것입니다.

> 시편85:10-11 인애와 (사람을 사랑하는 하나님의 인애) 진리가 (진리 되신 성자 예수) 같이 만나고, 의와 (예수의 의) 화평이 (죄인이 예수의 의 안에서 하나님과 화평) 서로 입맞추었으며 진리는 땅에서 솟아나고 (이 땅에 사람의 몸을 입고 십자가 지신 진리 되신 예수) 의는 하늘에서 굽어보도다 (성자 예수를 이 땅에 보내시고 하늘에서 예수의 순종하심을 굽어보시는 성부 하나님)

그렇습니다. 그렇게 창세전 하나님의 깊은 시름은 성자 예수의 단번에 즉각적인 순종으로 인하여 아름답게 완성되었습니다. 에덴의 아담은 선악과를 먹음으로 하나님처럼 되려고 반역하지만 창3:5 둘째 아담 예수는 반대로, 그는 근본 하나님의 본체이시면서도 하나님처럼 되려는 것을 취할 것으로 여기지 아니하시고 자기를 비워 사단의 시험에 승리하심과 십

자가에 죽으심과 부활하심으로 하나님 아버지를 영화롭게 하신 분이십니다. 요17:1

그렇게 죄는 사람이 하나님처럼 되려는 것에서 비롯되고, 구원은 반대로 하나님이 사람이 되신 것에서 비롯된 것입니다. 그러므로 이제 삼위일체 하나님 천상회의 결론은 앞에서 말한 3가지의 장애를 단번에 또는 점진적으로 모두 완벽하게 제거하는 것이 바로 죄 없으신 당신의 아들을 죄인을 대신해서 십자가에 세우시는 것입니다.

> 마20:28 인자가 온 것은 섬김을 받으려 함이 아니라 도리어 섬기려 하고 자기 목숨을 많은 사람의 대속물로 주려 함이니라

그러므로 예수를 십자가에 먼저 세우신분은 하나님이십니다. 우리가 아니라 하나님이십니다. 하나님의 사랑이 세우셨습니다. 그래야 모든 영광이 하나님 앞으로 돌려집니다. 우리가 예수를 십자가에 먼저 세우셨다는 것은 속담처럼 하나님이 떡본 김에 제사를 지낸 격입니다.

> 롬3:25-26 25. 이 예수를 하나님이 그의 피로써 믿음으로 말미암는 화목제물로 세우셨으니 이는 하나님께서 길이 참으시는 중에 전에 지은 죄를 간과하심으로(건너뜀) 자기의 의로우심을 나타내려 하심이니 26. 곧 이 때에 (예수 십자가 죽으실 때) 자기의 (성부 하나님) 의로우심을 나타내사 자기도 의로우시며 (죄인을 심판하시는 하나님의 공의) 또한 예수 믿는 자를 의롭다 (죄인을 긍휼히 여기시는 하나님 사랑의 의) 하려 하심이라

그래서 먼저는 1. 예수님의 십자가 죽으심으로 죄인의 죄책이 제거되고 2. 죄인이 성령 안에서 의롭다 함을 받아 예수 안에서 거룩하신 하나님과 임마누엘 함께하며 3. 성령으로 예수 안에서 죄 오염이 점진적으로 제거되는 것입니다. **(성화)**

> **벧전3:18** 그리스도께서도 단번에 죄를 위하여 죽으사 <u>의인으로서</u> 불의한 자를 대신하셨으니 이는 <u>우리를 하나님 앞으로 인도하려 하심이라</u> 육체로는 죽임을 당하시고 영으로는 살리심을 받으셨으니

그러므로 예수님을 십자가에 세우신 분은 인간이 먼저가 아니라 먼저 하나님 당신의 사랑이 예수를 십자가에 세우셨습니다.

그래서 인류 구원의 출발은 오직 하나님의 사랑입니다. 하나님의 공의보다 사랑이 먼저입니다. 왜 그렇습니까? 사랑은 하나를 이루는 본질이기 때문입니다. 그래서 죄인으로 예수 안에서 사함 받아 하나님과 함께 하나를 이루시려는 것이 하나님 사랑의 본질이기 때문입니다. **요17:21-23, 마1:23**

그래서 성령으로 성자 안에서 성부 하나, 즉 삼위일체 하나님과 하나를 이루는 사랑이 곧 예배에 대한 기본 이해입니다. 그러므로 하나님이 우리에게 "마음 다해 목숨 다해 뜻 다해 주 너의 하나님을 사랑하라" 요구하시는 것은 하나님이 먼저 우리를 그렇게 사랑하셨기 때문입니다. 하나님이 먼저 예수 안에서 우리를 마음 다해 목숨 다해 뜻 다해 사랑하셨습니다. 그리고 이제 우리에게 그 사랑을 요구하시는 것입니다. **마22:37**

그래서 하나님을 향한 그 사랑을 예수 안에서 예수의 몸 된 지체인 형제들에게 하나님을 사랑하듯이 서로 사랑하라는 것이 새 계명입니다. 요13:34-35 하나님은 영이시고 육체가 없으므로 하나님을 향한 사랑을 예수 안에서 주님의 몸 된 자체들과 이웃들에게 나타내고 드러내라는 것입니다. 그래서 그의 계명을 지키는 것이 결국 예수 안에서 하나님을 사랑하는 것입니다.

> 요1서5:3 하나님을 사랑하는 것은 이것이니 우리가 그의 계명들을(사랑의 새 계명) 지키는 것이라···

그래서 하나님이 먼저 우리를 목숨 다해 그렇게 사랑하시고 이제 다시 예수 안에서 그의 몸 된 교회들에게 그 사랑을 요구하시는 것, 이 또한 하나님의 공의입니다. 하나님의 공의는 선을 먼저 행하는 것입니다. 마7:12 그래서 사랑은 입으로만 하는 것이 아니라 나타내고 드러내야 하는 것입니다.

성경 66권 전체에서 아무리 하나님은 사랑이라 말씀해도 그 사랑이 예수 안에서 나타나거나 드러나지 않았다면 과연 누가 하나님은 사랑이라고 말할 수 있겠습니까? 그래서 성경은 이렇게 말씀합니다. 요1서4:9-10

> 롬5:8 우리가 아직 죄인 되었을 때에 그리스도께서 우리를 위하여 죽으심으로 하나님께서 우리에 대한 자기의 사랑을 확증하셨느니라

영원한 복음 천국 복음

그러므로 이제 공의하신 하나님은 십자가 위의 예수님께 죄로 인한 인류의 모든 사망과 저주와 형벌을 쏟아부으시므로 "죄의 삯은 사망과 피 흘림이 없이는 사함이 없느니라."는 하나님의 공의를 만족하신 것입니다. **롬6:23, 히9:22** 그리고 그런 예수를 믿는 자들을 또한 긍휼히 여기시어 예수 안에서 사랑으로 하나님과 함께 하나 되기를 원하십니다.

> **요17:21** 아버지여, 아버지께서 내 안에, 내가 아버지 안에 있는 것 같이 그들도 다 하나가 되어 우리 안에 있게 하사 세상으로 아버지께서 나를 보내신 것을 믿게 하옵소서

그래서 공의하신 하나님은 당신의 공의를 충족하시고자 우리의 모든 죄악을 십자가 나무 위의 예수님께 모두 쏟아부으신 것입니다.

> **신21:23** …나무에 달린 자는 하나님께 저주를 받았음이니라

예수님은 우리가 받을 저주를 대신 담당하시려고 십자가 나무에 달려 죽으신 것입니다. 아담은 나무 위에서 난 것을 먹음으로 죄로 인한 저주를 받은 것에서 예수 그리스도는 나무 위에서(**십자가**) 그 죄 때문에 저주를 받아 피 흘려 죽으신 것입니다.

> **사53:4-6** 4. 그는(예수님) 실로 우리의 질고를 지고 우리의 슬픔을 당하였거늘 우리는 생각하기를 그는(예수님) 징벌을 받아 하나님께 맞으며 고난을 당한다 하였노라

5. 그가(예수님) 찔림은 우리의 허물 때문이요, 그가(예수님) 상함은 우리의 죄악 때문이라, 그가(예수님) 징계를 받으므로 우리는 평화를 누리고, 그가(예수님) 채찍에 맞으므로 우리는 나음을 받았도다

6. 우리는 다 양 같아서 그릇 행하여 각기 제 길로 갔거늘 (죄의 본질인 하나님을 떠나 스스로 사는 것) 여호와께서는 우리 모두의 죄악을 그에게(십자가 위의 예수님) 담당시키셨도다

그러므로 하나님의 의는 두 가지 의미입니다. 하나는 죄인을 심판하시는 공의와, 다른 하나는 죄인을 긍휼히 여기시는 사랑의 의입니다. 그래서 예수 십자가는 하나님의 사랑과 공의가 만나는 곳입니다. 십자가의 수직이 사랑이라면 수평은 공의입니다. 하나님께서 우리를 대신해서 십자가 위의 예수를 공의로 심판하시고 그를 믿는 죄인을 긍휼히 여기심으로 십자가 위의 예수 안에서 사랑으로 함께 하시는 것입니다. 요3:16, 마1:23

또한 앞서 말한 대로 우리가 예수 안에서 의롭다 함을 얻은 그 의는 예수께서 하나님의 율법을 순종의 삶으로 완전하게 이루시고 획득하신 예수님의 의입니다. 이는 곧 그리스도 안에서 하나님의 의입니다. 예수님도 아담처럼 얼마든지 반역하고 불순종하실 수 있는 연약함 가운데 사람으로 나신 분입니다. 마26:39 그래서 아담과 공평한 조건에서 성령에 이끌리어 광야에서 사단의 시험을 받으신 것입니다. 마4:1

그러므로 예수 그리스도의 그 의가 성령 안에서 우리에게 전가되어 우리가 예수님처럼 예수님만큼 하나님 앞에 의롭다 여김을 받는 것입니다.

이 말은 곧 우리가 하나님 아버지 앞에 하나님의 사랑과 기쁨의 제1 근원이신 예수님처럼 예수님만큼 사랑받고 기쁨 받는 자가 되었다는 것입니다. 하나님 사랑과 기쁨의 제1 근원은 오직 성자 예수님이십니다.

그러므로 하나님 앞에서는 성령으로 예수와 연합 안에서 머리 되신 예수의 그러하심같이 그의 몸 된 지체들도 그러한 것입니다.

> **요17:23** 곧 내가 그들 안에 있고 아버지께서 내 안에 계시어 그들로 온전함을 이루어 <u>하나가 되게 하려 함은</u> 아버지께서 나를 보내신 것과 <u>또 나를 사랑하심 같이, 그들도 사랑하신 것을 세상으로 알게 하려 함이로소이다</u>
>
> **엡1:4** 곧 창세전에 그리스도 안에서 우리를 택하사 <u>우리로 사랑 안에서 (하나님 사랑의 근원인 예수 안에서)</u> 그 앞에 거룩하고 흠이 없게 하시려고

그리고 앞의 23절의 그 사랑이 이제 예수를 믿는 모든 자들에게 예수 안에서 이렇게 나타난 것입니다.

> **습3:17** 너의 하나님 여호와가 너의 가운데에 계시니 <u>그는 구원을 베푸실 전능자이시라</u> 그가 너로 말미암아 <u>기쁨을 이기지 못하시며 너를 잠잠히 사랑하시며 너로 말미암아 즐거이 부르며(노래) 기뻐하시리라</u> 하리라

하나님이나 사람이나 동일한 것이 하나 있습니다. 그것은 자신이 하는 일을 스스로 기뻐하고 즐거워한다는 것입니다. 그래서 하나님은 우리의

죄를 용서하시는 것을 우리가 상상할 수 없을 정도로 기뻐하십니다. 그것은 당신이 예수 안에서 우리의 죄를 용서하시고 우리를 독생자처럼 사랑하시기로 작정하셨기 때문입니다.

그래서 죄인 한 사람이 회개하고 예수 안으로 돌아오면 하나님은 노래 부르실 정도로 기뻐하십니다. 스3:17, 눅5:10 이제 무슨 말이 더 필요합니까? 예수 안에서 성도들이 창조주 하나님의 사랑과 기쁨의 대상으로, 심지어 하나님이 우리로 인하여 노래를 부르신다는데 무슨 말이 더 필요합니까? 여기에서 성도들의 자존감이 안 올라가면 어디에서 올라갑니까?

머리가 철수면 몸도 철수요 머리가 영희면 몸도 영희이듯이 머리가 예수이면 몸도 작은 예수이며 머리가 의로우면 몸도 의로우며 머리가 죄 없으신 분이시라면 몸도 머리 되신 예수 안에 거하면 죄가 없고 거룩하고 흠이 없고 책망할 것이 없는 자들로 여김 받는 것입니다.

> 골1:22 이제는 그의 육체의 죽음으로 말미암아 화목하게 하사 너희를 거룩하고 흠 없고 책망할 것이 없는 자로 그 앞에 세우고자 하셨으니

그래서 성도는 예수 안에서 작은 예수 즉 하나님의 이름으로 불려지는 자들입니다. 요5:43, 17:12

> 사43:7 내 이름으로 불려지는 모든 자 곧 내가 내 영광을 위하여 창조한 자를 오게 하라 그를 내가 지었고 그를 내가 만들었느니라

영원한 복음 천국 복음

좀 부족하면 어떻습니까 주님 날 사랑하는데
좀 아쉬우면 어떻습니까 주님 날 사랑하는데
좀 못났으면 어떻습니까 주님 날 사랑하는데
좀 힘이 들면 어떻습니까 주님 날 사랑하는데

우리가 연약하고 부족하면 부족할수록
하나님의 완전함이 우리 삶에 드러나는 것처럼
오늘도 변함없이 사랑하는 하나님께서
우리를 그냥 그렇게 외면하지 않으실 것 알기에

사랑 많은 하나님께서 신실하신 하나님께서 우리를~~~
좀 가난하면 어떻습니까 주님 날 사랑하는데
좀 연약하면 어떻습니까 주님 날 사랑하는데…
- 김승준 -

**예수는 그리스도이시며 우리의 구세주 되시자 왕이신 주님 되시며 지
금도 살아 역사하시는 창조주 하나님의 아들이시며 어제나 오늘이나
영원토록 동일하신 분입니다. 아멘!**

십자가 복음 2

롬5:19 한 사람이 순종하지 아니함으로 많은 사람이 죄인 된 것 같이 한 사람이 순종하심으로 많은 사람이 의인이 되리라

하나님 앞에는 회개 안 해도 되는 작은 죄도 없으며, 또한 용서 안 되는 큰 죄도 없습니다. 지구의 약 80억 명의 인구가 동시에 죄를 짓는다 하여도 하나님 어린양 예수님 한 분의 보혈만으로 충분하고도 남습니다. 뿐만 아니라 지구의 80억 명이 동시에 죽는 날까지 영원히 죄를 짓는다 하여도 그럼에도 오직 하나님 어린양 예수님 한 분의 보혈만으로도 영원히 죄 사함을 받습니다.

예수님은 그분의 인성의**(참 사람 되심)** 죽으심으로 인류의 모든 죄의 죄책을 제거하시며, 그분의 신성의**(참 하나님 되심)** 영원성으로 태초 에덴에서부터 마지막 심판 날까지의 모든 죄를 영원히 사하실 수 있는 영원한 능력이 있으십니다. 심지어 우리가 사는 지구뿐만이 아니라 우주의 약 60조 개에 해당하는 모든 별들에 지구의 인간이 가서 살면서 지은 모든 죄까지도 영원히 사하실 수 있습니다.

예수를 믿음으로 그분의 인성과 신성으로 아담 안에서 혈통으로나 육

정으로나 사람의 뜻으로 여자의 몸에서 난 모든 인류의 모든 죄가 그분의 인성 안에서 먼저 용서받고, 그리고 그분의 신성 안에서 모든 죄가 영원히 사함 받는 것입니다. **롬5:19**

또한 성경의 역사는 산의 역사입니다. 하늘의 하나님이 인류의 역사를 산에서 아담과 함께 시작하시고 그의 반역으로 타락한 인류 가운데 모세를 다시 산에서 만나시고, 산에서 다시 땅의 성막과 성전의 지성소 안으로 강림하시고, 다시 이 땅 사람 되신 예수 안에서 함께하시고 그리고 이 땅 예수를 믿는 모든 사람들 안으로 내주하시어 함께하시는 역사입니다.

말씀을 정리하면… 하늘의 하나님이 에덴의 타락 후 하늘에서 산으로 산에서 다시 땅의 성막과 성전으로 땅의 성전에서 다시 땅의 사람 되신 예수 안으로 그리고 예수 안에서 다시 물과 성령으로 거듭나 예수 안에 거하는 모든 자들 안으로 내주하시는 것입니다.

그래서 아담의 에덴동산에서 죄가 시작하여, 노아의 아라랏산, 아브라함의 모리아산, 모세의 시내 산을 비롯하여 신구약에서 대략 19개의 여러 산들을 거쳐 결국 20번째 산인 예수님의 갈보리 산에서 죄 짐이 풀리고 결국 21번째의 새 하늘 새 땅 새 에덴동산으로 하나님의 인류구속사는 그렇게 마무리됩니다. **계21:1-5**

(결국 이것은 사람들 앞에서 하나님처럼 되려는 것을 최고의 가치로 삼는 사단의 종들이 우리나라 주요 명산에서 신 내림을 받는 원인이 되기도 합니다. 우리나라 사찰들

이 산을 점령하고 무속 인들이 우리나라 주요 명산을 기도처로 삼는 기원이 바로 여기에서 비롯된 것입니다. 사단의 목적은 하나님의 형상들인 사람들에게 하나님처럼 하나님 노릇 하는 것입니다.)

그러므로 죄는 산에서 비롯되고 구원역시도 산에서 이루어집니다. 죄는 에덴동산에서 비롯되고 구원은 갈보리 산에서 이루어집니다. 죄는 산 위의 선악과나무 앞에 선 하와라는 여자로부터 비롯되고, 구원은 산 위의 십자가 나무 앞에 선 마리아라는 여자의 몸에서 구원자가 나왔습니다. **창 3:15, 요19:25**

죄는 산 위의 나무에 달린 것을 먹음으로 죄가 들어오고, 구원은 산 위의 나무에 달리신 예수의 살과 피를 먹음으로 구원을 얻습니다.

> 요6:53 예수께서 이르시되 내가 진실로 진실로 너희에게 이르노니 인자의 살을 먹지 아니하고 인자의 피를 마시지 아니하면 너희 속에 생명이 없느니라

뿐만 아니라 죄는 사람이 하나님처럼 되려는 것에서 비롯되고 **창3:5** 구원은 반대로 하나님이 사람이 되신 것에서 비롯된 것입니다. **빌2:6**

반복학습 들어갑니다. 앞에서 말한 대로 인간은 전적으로 타락하고 부패합니다. 그래서 신으로부터 지음 받은 인간이 이제는 스스로 신을 만드는 탁월한 재주를 갖게 된 것입니다.

영원한 복음 천국 복음

모든 인간은 보편적 종교성을 갖고 있는데 그것이 바로 신을 만드는 신 공장입니다. 예수를 믿든 안 믿든 모든 인간의 마음 안에는 신을 만드는 신 공장이 오늘도 변함없이 가동되고 있습니다. 이러한 신 공장은 우리가 육체의 죽음을 맞이하거나 또는 주님이 세상을 심판한 후에야 비로소 가동이 멈춥니다. 그래서 모든 피조물 가운데 인간은 신을 만드는 가장 탁월한 재주를 갖고 있습니다.

그런 죄인에게 내려진 하나님의 공의는 히9:22와 롬6:23의 피 흘림의 사망입니다. 그것도 죄가 전혀 없는 몸으로 말입니다. 그래서 예수님은 하나님 어린양 대속의 제물로서 죄책과 죄 오염으로부터 자유하시려고 요셉과 마리아 몸으로써의 생물학적인 방법이 아닌 성령으로 잉태하신 것입니다. **마1:18, 요1:13**

만약에 예수님이 요셉의 정자와 마리아의 난자를 빌려서 출생한 분이시라면 예수님 역시도 결국 우리와 동일한 죄인의 몸으로 죄책과 죄에 오염된 상태로 태어나심으로 결국은 하나님 공의가 원하시는 어린양 제물에는 자격 미달이 되었을 것입니다. 그래서 성령으로 잉태하신 예수님은 출생부터 하나님의 대속 제물인 어린양으로서 하나님의 공의를 충족시키는 충분한 자격을 갖추신 것입니다.

> **요1:29** …세상 죄를 지고 가는 하나님의 어린양이로다
> **막10:35** 인자가 온 것은… 자기 목숨을 많은 사람의 대속물로 주려 함이니라

뿐만 아니라 예수님은 공생애를 사시면서도 죄가 전혀 없으신 분입니다.

벧전3:18 그리스도께서 단번에 죄를 위하여 죽으사 <u>의인으로서 불의한</u>
<u>자를 대신하셨으니</u>…

만약에 그분의 삶에서 죄가 발견되었다면 이 또한 대속 제물로서는 자격 미달입니다. 그래서 이것을 증명하는 것이 바로 예수님의 부활 사건입니다. 부활 사건은 예수님의 피 흘려 죽으심만으로 죄의 삯은 사망이라는 하나님의 공의에 충분히 만족하셨다는 하나님의 공의로우신 행위의 선언입니다. 만약에 하나님이 만족하지 않으셨다면 예수님은 지금도 사망의 자리에 계셨을 것입니다.

인류의 죄가 십자가 위의 예수께 전가될 때 예수님은 죄인이 되신 것이 아니라, 죄의 짐을 지신 것입니다. **요1:29** 구약의 어린양 제물에 이스라엘 백성의 죄를 전가할 때 어린양의 짐승이 죄인이 된 것이 아니라 죄의 짐을 진 것처럼, 예수님도 세례 요한의 말씀처럼 세상 죄의 짐을 지신 것입니다. 그러한 죄 짐을 십자가에서 피 흘려 죽으심으로 사망의 자리에 내려가셨을 때는 예수님의 영혼은 이미 죄 짐을 모두 벗은 무죄한 상태였습니다.

십자가 위에서 예수님이 "나의 하나님 나의 하나님 어찌하여 나를 버리셨나이까?" 외치는 순간은 인류의 죄가 전가된 상태입니다. **마27:46** 예수님은 공생애 때에 땅에서는 당신 스스로 죄인들의 죄를 사해 주셨습니다. **막2:5, 10** 그러나 당신의 발이 땅에서 십자가 위로 들리는 순간부터는 로마 군병들의 죄를 사해 주실 것을 하나님 아버지께 부탁합니다.

> **눅23:34** 이에 예수께서 이르시되 아버지 저들을 사하여 주옵소서 자기들이 하는 것을 알지 못함이니이다 하시더라 그들이 그의 옷을 나눠 제비 뽑을새

왜 그렇습니까? 십자가 위에서 인류의 죄가 전가된 상태에서는 다른 사람의 죄를 사해 주실 수 없으셨습니다. 죄 짐을 지신 몸으로는 죄인들의 죄를 사해 주실 수가 없으신 것입니다. 그래서 참 빛 되신 하나님이 죄와 함께하실 수 없으셔서 예수를 떠나셨습니다. 그리고 참 빛이 떠난 온 땅에 어둠이 3시간가량 임한 것입니다.

> **눅23:44-46** 44. 때가 제육시쯤 되어 해가 빛을 잃고 온 땅에 어둠이 임하여 제구시까지 계속하며 45. 성소의 휘장이 한가운데가 찢어지더라 46. 예수께서 큰 소리로 불러 이르시되 아버지 내 영혼을 아버지 손에 부탁하나이다 하고 이 말씀을 하신 후 숨지시니라

그리고 예수는 피 흘려 죽으심으로 지게의 등짐을 내리듯이 인류의 모든 죄 짐을 모두 내리신 것입니다. 그래서 아버지의 떠나가심을 부르짖던 예수님은 당신의 영혼을 아버지께 미리 부탁하신 것입니다.

휘장은 아래에서 위로가 아니라 위에서 아래로 찢어진 사건입니다. **막**

15:38 무슨 말입니까? 휘장을 찢으신 쪽은 땅의 사람이 아니라 하늘의 하나님이시라는 것입니다. 즉 성소와 지성소의 가림막이 찢어짐으로 이제는 예수 안에서 만인 제사장 시대가 열린 것입니다. **벧전2:9** 그러므로 휘장이 찢어진 것은 하나님이 예수님의 피 흘려 죽으심으로 하나님의 공의가 완전히 충족되었다는 일종의 시그널입니다.

그러므로 예수님의 피 흘려 죽으심은 기독교 이단들이 잘못 알고 있는 것처럼 사단배상설이 아니라 하나님의 공의를 충족시킨 사건입니다. 죄 값을 사단에게 값은 것이 아니라 하나님의 공의에 값으셨다는 것입니다.

그렇습니다. 스데반 집사는 순교 당시 당신의 영혼을 예수님께 부탁합니다. **행7:59** 그리고 예수님은 죽음 앞에서 당신의 영혼을 아버지께 부탁합니다. **눅23:46** 스데반은 예수님께 예수님은 아버지께, 이것이 요14:6의 근거가 되는 것입니다. 죄인 된 인류가 예수를 믿음으로 예수 안에서만이 하나님 아버지께 나아가는 순서입니다. **벧전3:18** 그렇게 당신의 영혼을 아버지께 맡기신 예수는 하나님의 특별한 섭리 가운데 사흘 만에 부활하신 것입니다.

하나님의 공의가 피 흘려 죽으심으로 죄 짐을 모두 벗으신 무죄한 영혼으로 사망의 자리에 계신 예수를 다시 살리신 것입니다. 부활하신 것입니다. **롬8:11**

행2:24 하나님께서 그를 사망의 고통에서 풀어 살리셨으니 이는 그가

　　　　　　　　　　　　　영원한 복음 천국 복음

하나님은 죄 있는 자를 그냥 두시는 것도, 또한 죄 없는 자를 사망의 자리에 그냥 두시는 것도 하나님 스스로를 부정하는 것입니다. 공의로운 판사가 죄인을 그냥 두거나, 죄 없는 사람을 감옥에 가두는 것은 공의로운 판사임을 스스로 포기하는 것과 동일한 것입니다. 그러므로 앞에서 말한 대로 이 땅에서 하나님 아버지께 대한 예수님의 모든 순종의 삶이 결국 우리가 예수를 믿음으로 얻는 "의"에 원인이 되는 것입니다. 그래서 예수님은 아담과 동일하게 사단의 시험을 받은 것입니다.

에덴의 인류 대표 아담은 사단의 시험을 받았는데 새로운 인류 대표 그리스도가 받지 않는다면 이 또한 하나님 공의에 문제가 있습니다. 그래서 하나님의 <u>성령에 이끌리어</u> 예수님도 사단의 시험에 들어간 것입니다. **마4:1** 만약에 공생에 때 예수님이 죄를 지으셨거나 또는 사단의 시험에 넘어갔다면 예수님은 심판주가 되실 수 없으십니다. 마지막 날의 심판주로서 부적격입니다. 사단의 시험과 죄에서 자유하지 못한 분은 사단의 종노릇 한 죄인을 심판할 수 없기 때문입니다.

그러므로 에덴의 아담은 하나님처럼 되려다 온 인류를 죄안에 가두어 버렸지만 둘째 아담 예수는 그는 근본 하나님의 본체이시면서도 오히려 하나님처럼 되려는 것을 부인하여 죽기까지 순종함으로 예수 안에서 그를 믿는 모든 사람들이 의롭다 함을 받는 원인을 제공하신 것입니다. **고전15:45**

고후5:21 하나님이 죄를 알지도 못하신 이를 우리를 대신하여 죄로 삼으신 것은 우리로 하여금 그 안에서(성령 안에서 예수와 연합) 하나님의 의가 되게 하려 하심이라

그러므로 우리가 예수를 믿을 때 성령 안에서 우리의 죄는 예수께 전가되고 예수의 의는 우리에게 전가됩니다. 그리고 그 의는 예수님이 이 땅에서 하나님께 죽기까지 순종의 삶을 사시면서 획득하신 의입니다. 그래서 이신득의입니다. 어떤 분들은 말합니다. 우리의 죄가 예수께 전가된 것은 믿어지는데 그분의 의는 우리에게 전가된 것은 잘 믿어지지 않는다고 합니다.

이것은 이미 구약성경에 이스라엘 짐승의 피 제사를 모형으로 그림자로 보여 주셨습니다. 그러므로 안 믿어진다는 것은 자기기만입니다. 어떻게 우리의 죄가 예수께 전가된 것은 믿어지는데 그분의 의가 우리에게 전가된 것은 안 믿어질 수 있습니까? 안 믿어지면 우리의 죄가 예수께 전가되는 것조차도 믿어지지 않아야 합니다.

그러나 아닙니다. 우리의 죄와 예수의 의가 서로 오고가는 것은 그냥 우리의 상상 안에서 이루어지는 것이 아니라 실질적으로 성령 안에서 이루어지는 것입니다. 성령 안에서 예수를 믿을 때 예수와 우리가 머리와 몸으로 신비한 연합이 이루어집니다. 특히 요14-16장과 롬6장이 이 연합을 말합니다. 이 연합은 기독교의 위대하고 신비한 4연합의 한 종류의 연합입니다.

그러므로 하나님이 예수 안에서 성령으로 지금 우리 안에 내주하신 것처럼 예수와 우리는 머리와 몸으로의 연합이 성령 안에서 실제적으로 유기적으로 이루어진 것입니다. 머리가 무슨 기관입니까? 생각하는 기관입니다. 그래서 우리는 예수님의 마음을 이미 가진 것입니다. **고전2:16, 빌2:5, 엡1:22-23**

그러므로 삼위 하나님의 연합이 실제적이듯이 성령 안에서 성자 예수와 성도와의 연합 역시도 실제적인 것입니다. 그래서 저가 여러분 중에 누구를 위하여 중보기도를 하면 그 기도의 선한 영향력이 성령 안에서 그분에게 미치는 것입니다. 이것이 성령 안에서의 유기적 연합의 한 부분입니다.

그러므로 예수의 그 어떠함이 성령 안에서 곧 우리의 그 어떠함이 되는 것입니다. 머리가 예수이면 몸도 작은 예수입니다. 그래서 하나님 앞에서 우리는 예수의 그러하심같이 우리도 그러한 것입니다. 머리의 그러함이 몸의 그러함입니다. 이것이 요3:16의 하나님이 "세상을 이처럼 사랑하사"에서 "이처럼"이란, 요17:9의 "세상"의 반대 의미에 선 자, 즉 하나님이 창세전에 예수 안에서 택하신 자들을 예수 안에서 예수님처럼 사랑하신다는 것입니다. 그래서 독생자 예수를 주신 것입니다.

하나님의 구속사 경륜은 한 분 예수로 말미암아 예수를 닮은 많은 아들들을 얻는 것입니다.

롬8:29 하나님이 미리 아신 자들을 또한 그 아들의 형상을 본받게 하기 위하여 미리 정하셨으니 이는 그로(예수) 많은 형제 중에서 맏아들이 되게 하려 하심이니라

여러분도 마찬가지입니다. 여러분이 정말 능력 있는 능력자라면 여러분 자녀 중에 눈에 넣어도 아프지 않는 사랑스럽고 기뻐하는 자녀가 있다면 그런 자녀 한 백 명쯤 갖고 싶지 않습니까? 저만 그렇습니까? 하나님도 그렇습니다.

그래서 하나님 사랑과 기쁨의 제1 근원 되시는 예수를 닮은 많은 아들들을 예수로 말미암아 얻으시려고 독생자 예수를 이 땅에 보내신 것입니다. 첫째는 예수를 닮은, 둘째는 많은 아들들입니다. 그래서 성도의 모든 소원과 기도의 제목은 오직 예수를 닮는 것과 전도와 선교입니다. **찬송가 452장**

히2:10 그러므로 만물이 그를 위하고 또한 그로 말미암은 이가 많은 아들들을 이끌어 영광에 들어가게 하시는 일에 그들의 구원의 창시자를 고난을 통하여 온전하게 하심이 합당하도다

그러므로 예수 죽음 나의 죽음, 예수 부활 나의 부활, 예수 승리 나의 승리, 예수 아버지 나의 아버지입니다. 예수의 그 모든 것이 바로 성령 안에서 나의 그 모든 것이 되는 것입니다. 그래서 하나님이 성령 안에서 우리를 예수님처럼 동일한 사랑으로 기뻐하시는 것입니다.

요17:23 …아버지께서 나를 보내신 것과 또 나를 사랑하심 같이 그들 도 사랑하신 것을 세상으로 알게 하려 함이로소이다

요20:17 …너는 형제들에게 가서 이르되 내가(예수님) 내 아버지 곧 너희 (성도) 아버지, 내 하나님 곧 너희 하나님께로 올라간다 하라…

마17:5의 변화산에서, 또한 마3:17의 요단강에서 예수께서 물과 성령 세례를 받으실 때 하늘 아버지께서 "이는 내 사랑하는 아들이요 내 기뻐하는 자라" 하시는 말씀이 우리 역시도 물과 성령으로 거듭날 때 우리에게도 동일하게 하시는 말씀입니다. 심지어 즐거이 노래까지 하십니다. 스3:17.

그러므로 요3:16의 하나님이 세상을 "이처럼" 사랑하신다는 것의 "이처럼" 이란 바로 창세전에 그리스도 안에서 택하신 자들을 그리스도처럼 그리스도만큼 사랑하시어 독생자 예수 그리스도를 주신 것입니다. 요3:14 한 알의 밀알이 땅에 떨어져 죽음으로 많은 열매를 얻는 것이 하나님의 구속사 경륜입니다.

요12:24 내가 진실로 진실로 너희에게 이르노니 한 알의 밀이 땅에 떨어져 죽지 아니하면 한 알 그대로 있고 죽으면 많은 열매를 맺느니라

한 분 예수의 죽으심으로 예수 안에서 예수를 닮은 많은 아들들을 얻는 것입니다. 히2:10, 롬8:29 그러므로 우리가 하나님 앞에서 의롭다 함을 받은 그 의는 그리스도의 의입니다. 한마디로 하나님 아버지 앞에서 그리스도처럼 당당히 설 수 있는 자격 같은 것입니다. 그리고 그리스도의 의를 구

하는 첫 번째 단계는 자신의 의를 포기하는 것입니다. 마5:3

구원하심이 보좌에 앉으신 우리 하나님과
어린양께~~ 어린양께~~ 있을지어다
보좌에 계신 이와 어린양께 찬송과 존귀와
영광과 권능을 세세토록~~ 세세토록~~ 돌릴지어다

거룩하다~~ 거룩하다~~거룩하다 주 하나님
거룩하다~~ 거룩하다~~ 거룩하다 전능의 왕
거~~룩하다~~ 주~~ 하나님 거~~룩하다~~ 전~~능의 왕
-김승준-

예수는 그리스도이시며 우리의 구세주 되시자 왕이신 주님 되시며 지금도 살아 역사하시는 창조주 하나님의 아들이시며 어제나 오늘이나 영원토록 동일하신 분입니다. 아멘!

영원한 복음 천국 복음

6

믿음으로만 구원받는 이유

> **엡2:8** 너희는 그 은혜에 의하여 믿음으로 말미암아 구원을 받았으니 이
> 것은 너희에게서 난 것이 아니요 하나님의 선물이라

우리가 왜 믿음으로만 구원받습니까? 여기에는 크게 네 가지 이유가 있
습니다. **첫째는** 우리가 날 때부터 우리 의지와는 전혀 상관없이 죄책과
죄 오염을 갖고 태어나기 때문에 하나님 공의에 의하여 택한 자들의 구원
역시도 우리의 의지가 아닌, 오직 하나님의 은혜로 그리스도 안에서 창세
전에 택함 받아 그리스도를 믿음으로만 구원받는 것입니다. **엡1:4, 2:8**

그리고 **둘째는** 바로 죄 오염 때문에 그렇습니다. 모든 인류는 날 때부
터 자신의 의지와는 전혀 상관없이 죄책과 죄 오염을 갖고 태어납니다.
그래서 모든 사람이 나면 죽습니다. 그리고 그 죄 오염은 예수를 믿는다
고 하루아침에 없어지지 않습니다. 성령 안에서 점진적으로 회복됩니다.
그래서 우리가 죄 오염 때문에 처음에는 행위가 아닌 믿음으로 그리스도
안에서 구원받습니다.

예수 믿기 전 우리의 그 어떤 행위도 하나님 앞에는 받으실만한 것이
되지 못합니다. 그래서 하나님이 우리의 죄 오염을 바로 잡으려고 성령

안에서 예수의 새 마음과 진리의 말씀을 주시고 진리의 성령의 인도를 받음으로 하나님 백성으로서 말씀에 순종하며 살 수 있는 길을 열어 주신 것이 바로 앞서 말한 새 언약입니다.

그래서 1차로 예수를 믿음으로만 우리를 구원하시고 2차로 성령 안에서 행함으로 그 믿음을 더욱 온전하게 하시는 것입니다. **약4:22, 24** 결국 선 믿음, 후 행함입니다.

그리고 **셋째는,** 하나님의 공의 때문입니다. 지나온 날 우리 자신을 돌아볼 때 우리 의지가 반영된 것보다 반영되지 않는 것이 더욱 많을 것입니다. 우리가 대한민국에 태어난 것 강원도에 태어난 것 가난한 부모와 형제를 만난 것 목사님을 만난 것 등 돌아보면 참으로 많을 것입니다.

그러므로 우리 모두는 자신의 의지와는 전혀 상관없이 누구는 금 수저로, 누구는 흙 수저로 태어납니다. 뿐만 아니라 누구는 건강한 사람으로 누구는 연약한 사람으로 누구는 지혜로운 사람으로 누구는 폭력적인 사람으로 부모의 영향을 받아 태어납니다.

이처럼 다양한 사람들이 자신의 의지와는 전혀 상관없이 그러한 부모를 만나 태어났음에도 만약에 하나님의 말씀이 그럼에도 모두 행함으로 구원을 받는다고 하면 얼마나 억울하고 불공평한 것입니까?

초등학교 6학년과 1학년이 똑같이 1킬로 원반을 들고 운동장을 도는

영원한 복음 천국 복음

것이 공평입니까? 아닙니다. 1학년이 1킬로면 6학년은 3킬로 정도가 공평할 것입니다. 그러므로 하나님의 공의는 모든 사람에게 공평하게 1차로 하나님의 은혜로, 2차로 믿음으로 구원받는 것입니다. 그래야 아무도 자신의 출신 성분과 능력을 자랑하지 못하기 때문입니다. **엡2:8**

그래서 구원의 모든 영광은 오직 예수님께 또한 예수 안에서 하나님께만 돌려지는 것입니다. 만약에 창세전에 그리스도 안에서 택한 자들인 우리의 구원에 우리의 노력이 단 몇 %라도 첨가된다면 이는 곧 하나님의 영광은 100%가 아닌 50%의 반쪽짜리 영광으로만 돌려질 것입니다. **빌 1:6, 엡2:6**

넷째는 우리의 구원은 예수와 연합하여 예수의 그 모든 것을 우리도 담당하는 것입니다. 그래서 우리가 예수와 함께 죽고 **갈2:20** 십자가를 지고 자기를 부인하며 좁은 문으로 들어가는 것입니다. **마7:13, 16:24** 그런데 만약에 자신의 능력의 행함으로 구원을 받는다면 이는 자랑 중에도 큰 자랑거리가 될 것입니다.

그러면 하나님의 구속사 섭리와는 맞지 않습니다. 그래서 하나님 구속의 섭리로 우리는 오직 믿음으로만 구원받습니다. 그럼 왜 믿음으로만 구원받습니까? 그것은 행함을 위하여 믿음으로만 구원받는 것입니다. 교회의 머리 되시는 예수께서 하나님의 사랑과 공평과 정의를 교회를 통하여 이 땅에 나타내시려고 보편적 죄성을 지닌 우리는 먼저 믿음으로만 구원받습니다. **사9:7, 미6:8**

렘9:24 자랑하는 자는 이것으로 자랑할지니 곧 명철하여 나를 아는 것과 나 여호와는 사랑과 정의와 공의를 땅에 행하는 자인 줄 깨닫는 것이라 나는 이 일을 기뻐하노라 여호와의 말씀이니라

이것은 절대적인 것입니다. 하늘이나 땅에서나 예수 그리스도가 지금 주님으로 왕으로서 다스리시는 하나님 나라는 사랑과 공평과 정의의 나라입니다. 그래서 공평과 정의는 하나님 나라보좌 두 기둥입니다. **시 89:14, 97:2** 여기서 공평과 정의가 하나님 보좌 두 기둥이라는 것은 공평과 정의는 하나님의 본성과도 같다는 말입니다. 그래서 절대적인 것입니다.

그러므로 그가 아무리 목사, 장로, 권사, 집사라도 사랑과 공평과 정의에 반하는 일을 하면 그것은 하나님의 역사가 아니라 마귀의 역사입니다. 하나님의 종이 아니라 결국 마귀의 종 노릇 하는 것입니다. 그래서 이러한 나타남으로 영분별을 해야 합니다. 그러므로 이 땅에 주님의 다스리심을 받는 천국 백성이라면 절대적으로 사랑과 공평과 정의를 행하며 또한 그것으로 자신의 신분을 정의하라는 것입니다.

암5:24 오직 정의를 물 같이, 공의를 마르지 않는 강 같이 흐르게 할지어다

잠21:3 공의와 정의를 행하는 것은 제사 드리는 것보다 여호와께서 기쁘게 여기시느니라

여기서 사랑과 공평과 정의는 믿음만이 아니라, 믿음 안에서 나오는 행

함을 말씀하는 것입니다. 그러므로 우리가 물리적 몸을 입고 땅에서 지금이나 앞으로도 영원히 사는 한, 우리의 행함이란 절대 간과될 수 없는 요소입니다. 땅의 흙으로 지음 받은 육체는 영적 요소인 마음의 그 어떠함을 행함으로 땅에 나타내고 드러내는 기관입니다.

그래서 하늘의 거룩하신 하나님 자녀로서 이 땅에서 거룩하고 선한 행실의 삶을 위하여 믿음으로만 구원받은 것입니다. 땅은 하늘을 반영하는 것이며 이것이 사43:7이 말씀하는 하나님의 영광을 위하여 지음 받은 이유입니다. 그런데 영이신 하나님의 영광이 나타남이 없고 드러남이 없는 것은 죽은 영광이 됩니다.

그래서 롬3:23의 모든 사람이 죄를 범하였으매 하나님의 영광에 이르지 못한다는 것입니다. 모든 사람이 죄인 됨으로 하나님의 영광을 나타낼 수 없다는 것입니다. 그래서 예수 그리스도는 하나님 영광의 광체로 오신 분이십니다. **히1:3** 하나님은 이제 예수 안에서 하늘과 땅을 통일 이루셨습니다. **엡1:10**

이제 이 땅에서 예수 안에서 하늘 하나님의 영광으로 사는 삶이 회복되었다는 것입니다. 그래서 우리는 하나님 자녀로서 선한 행실을 위하여 먼저 예수를 믿는 그 믿음으로 구원받은 것입니다. 그러므로 이제 날마다 예수 안에서 하늘 아버지의 그러함같이 땅의 아들들도 그러해야 합니다. **마5:16**

그래서 밤에는 하늘에 수많은 별들이 땅을 비추며 창조주의 영광을 나타내듯이 반대로 낮에는 땅에서도 수많은 빛의 자녀들이 순종의 삶으로 다시 하늘의 하나님의 영광을 반영하는 것입니다.

> **마5:16** 이같이 너희 빛이 사람 앞에 비치게 하여 그들로 너희 착한 행실을 보고 하늘에 계신 너희 아버지께 영광을 돌리게 하라

이것이 창조 목적입니다. 그래서 하늘과 땅이 통일 이룬다는 것은 하늘 아버지의 그러함이 땅의 아들들을 통하여 나타나고 드러난다는 것입니다. 하늘 아버지에 대한 믿음이 땅의 아들들의 행함으로 나타나서 믿음과 행함이 하나 되는 것입니다. 하늘과 땅이 믿음과 행함으로 통일되는 것입니다. 여기서 행함은 1차적으로 우리가 아닌 예수님의 행함이었습니다. 예수님의 이 땅에서의 순종이셨습니다. 그리고 2차적으로는 이제 예수 안에서 그의 몸 된 교회들의 행함입니다. 이것이 하나를 이루는 것입니다.

이것이 형상입니다. 아들입니다. 영광입니다. 찬송입니다. 예배입니다. 그래서 이것은 오직 하늘과 땅을 통일 이루신 하나님 본체의 형상이시요 영광의 광체이신 예수 그리스도 안에서만 가능합니다. 요15:5

예수는 그리스도이시며 우리의 구세주 되시자 왕이신 주님 되시며 지금도 살아 역사하시는 창조주 하나님의 아들이시며 어제나 오늘이나 영원토록 동일하신 분입니다. 아멘!

영원한 복음 천국 복음

---

(7)

믿음의 구원은 행함을 위한 것이다

마5:16 이같이 너희 빛이 사람 앞에 비치게 하여 그들로 너희 착한 행실을 보고 하늘에 계신 너희 아버지께 영광을 돌리게 하라

한걸음 더 들어갑니다. 지금도(죽을 몸) 또한 장차 앞으로도(부활의 몸) 우리가 몸을 입고 살아가는 한 우리의 믿음은 행함을 위해 존재하는 것입니다. 우리가 믿음으로 구원받는 것은 하나님의 자녀로서의 온전한 행함을 위한 것입니다. 아버지의 그러하심같이 아들들도 그러하게 하시려는 것입니다. 마5:48

롬11:17에서 돌 감람나무를 왜 참 감람나무에 접붙였습니까? 그것은 참 감람나무의 열매를 얻기 위한 것입니다. 접붙힘 바 된 돌 감람나무를 통하여 참 감람나무의 열매를 많이 얻기 위한 것입니다. 사43:7에서 우리의 창조 목적이 하나님 영광이란 것은 믿음보다는 하나님의 선하심을 나타내는 행함입니다. 하늘의 영이신 하나님의 그 어떠함이 물리적 몸을 입은 아들들을 통하여 이 땅에 나타남입니다. 요1:18, 14:9

정확히는 하나님과 예수를 믿는 그 믿음에서 나오는 행함입니다. 바른 믿음에서 바른 행함이 나오기 때문입니다. 그래서 먼저 예수를 믿는 바

른 믿음이 없으면 나를 통하여 하나님의 선하신 바른 행함이 나올 수 없기 때문입니다. 요15:5 그러므로 지금도, 장차 앞으로도 우리가 몸을 입고 땅에서 사는 한, 우리의 믿음은 행함을 위해 존재하는 것입니다. 땅은 하늘을 반영합니다. 그래서 하늘이 믿음을 생산한다면 땅은 행함을 생산해야 합니다. 그럴 때 하늘과 땅이 통일을 이룹니다.

그런데 이것이 에덴의 죄악으로 실패한 것 같으나 그러나 예수 안에서 다시 하늘과 땅이 통일을 이룹니다. 엡1:10 하늘의 믿음이 이제는 그리스도 안에서 땅에서 행함으로 나타나는 것입니다. 하늘 아버지의 뜻이 하늘에서와 같이 땅에서도 이루어지는 것입니다. 그래서 사람의 관점에서 믿음은 행함을 위해 존재하는 것입니다.

이것이 하나님이 사람을 당신의 형상으로 만드신 가장 근본적인 이유입니다. 창1:26에서 말씀하는 사람이 세상을 다스리는 것은 2차적인 문제입니다. 그래서 먼저 "우리의 형상을 따라 우리의 모양대로 우리가 사람을 만들고 그리고 온 땅을 다스리게 하자."는 것입니다.

하늘의 하나님은 영이시기 때문에 물리적 이 땅에 보이는 하나님으로 나타내고 드러내야 하는 것입니다. 이것이 영광이고 찬송입니다. 그래서 이것을 하나님 영광의 광체이자 하나님 본체의 형상이신 독생자 예수님이 그대로 나타내신 것입니다. 히1:3

요12:44-45 44. 예수께서 외쳐 이르시되 나를 믿는 자는 나를 믿는 것이

영원한 복음 천국 복음

아니요 나를 보내신 이를 믿는 것이며 45. 나를 보는 자는 나를 보내신 이를 보는 것이니라

요14:9 예수께서 이르시되 빌립아 내가 이렇게 오래 너희와 함께 있으되 네가 나를 알지 못하느냐 나를 본 자는 아버지를 보았거늘 어찌하여 아버지를 보이라 하느냐

예수님이 빌립을 비롯하여 따르는 무리들에게 나를 본 자는 하나님을 본 것이라 하심 같이 교회 역시도 사람들에게 교회를 보는 것이 곧 예수님을 보는 것이 되어야 합니다. 그래서 예수님이 본을 보이신 것입니다. **요13:15** 교회는 예수님의 충만 그 자체입니다.

엡1:23 교회는 그의(예수) 몸이니 만물 안에서 만물을 충만하게 하시는 이의 충만함이니라

그러므로 성령 안에서 성자를 보는 것이 성부를 보는 것이며 **요1:18** 또한 성령 안에서 성도를 보는 것이 성자를 보는 것이 되어야 합니다. 내 모든 소원 기도의 제목이 예수를 닮는 것이 되어야 합니다. **찬송가 452** 예수는 아버지의 형상이요 성도는 예수의 형상이 되어야 합니다. 그래서 성도는 결국 예수 안에서 아버지의 형상이 되어야 합니다. **엡4:24** 여기서 형상이란 의와 진리와 거룩함에서 나오는 바른 믿음을 전제로 한 행함의 나타남입니다.

하늘 아버지에 대한 믿음이 땅의 아들들의 행함으로 나타나서 믿음과

행함이 하나 되는 것입니다. 이것이 형상입니다. 영광입니다. 찬송입니다. 예배입니다. 그래서 믿음으로 구원받았다면 삶에서 선한 행실의 열매가 반드시 나타나야 합니다. 행함 없는 믿음은 죽은 믿음입니다. 약4:22, 24

잠21:3 공의와 정의를 행하는 것은 제사 드리는 것보다 여호와께서 기쁘게 여기시느니라

그래서 순종이 제사보다 낫다는 것입니다. 렘15:22 그럼 순종이 믿음입니까? 행함입니까? 바른 믿음에서 나오는 행함입니다. 무엇에 순종입니까? 말씀에 순종입니다. 말씀이 무엇입니까? 사랑입니다. 사랑은 무엇입니까? 하나님의 본질이자 하나님의 성품입니다. 그래서 말씀이나 계명은 하나님의 성품입니다. 그러므로 말씀 순종은 바른 믿음 안에서 나오는 행함으로 하나님을 나타내고 드러내는 것입니다.

하나님의 성품이 예수 안에서 말씀으로 계시되고, 그 말씀 순종이 곧 하나님의 영광입니다. 하나님의 성품이 바로 사랑과 공평과 정의입니다. 렘9:24 그러므로 우리가 예수를 닮는다는 것은 곧 예수 안에서 하나님을 닮는 것입니다. 예수를 믿는 것, 영접하는 것, 사랑하는 것, 예배하는 것, 예수 말씀 순종하는 것 등으로 예수께 하는 모든 것이, 곧 예수 안에서 하나님께 하는 것입니다. 예수와 하나님은 하나이십니다. 요10:30

생각해 보시기 바랍니다. 아담의 선악과 사건이 믿음의 사건인지 행함의 사건인지⋯. 하나님 앞에서 제사보다 낫다는 순종과 불순종이 행함

영원한 복음 천국 복음

을 말하는 것인지 믿음을 말하는 것인지…. **롬5:19** 성부 하나님 앞에서 예수님의 십자가 사건이 순종의 행함을 말하는 것인지 믿음을 말하는 것인지…. **빌2:8**

그래서 우리가 믿음으로 구원받은 것은 순종이라는 행함을 위하여 구원받은 것이기 때문에 성경은 이렇게 말씀하는 것입니다.

> **약4:22, 24** 네가 보거니와 믿음이 그의 행함과 함께 일하고 행함으로 믿음이 온전하게 되었느니라… 영혼 없는 몸이 죽은 것 같이 행함이 없는 믿음은 죽은 것이니라

여기서 행함은 우리의 믿음이 참인지 거짓인지를 판단하는 기준입니다. 그러므로 하나님의 관점에서 인류의 구속사를 보면 선 믿음 구원, 후 선한 행함입니다. 날마다 남의 물건을 훔치는 도벽증에 걸린 자녀를 둔 부모의 마음은 날마다 자녀의 도둑질을 변상해주고 그를 용서해 주는 것이 궁극적인 목적이 아니라 먼저 도벽이라는 자녀의 병을 치료하는 것이 부모 마음일 것입니다.

우리의 하나님 아버지역시도 먼저 **(예수 안에서)** 죄를 용서해 주시고 **(생명 성령의 법 안에서)** 도벽 중을 치료해 주시는 것입니다. 그리고 이제 그 도벽증은 날마다 도둑질하지 않는 행함으로 나타나고 드러나야 하는 것입니다. 그래서 성도들의 믿음은 행함으로 나타나야 그 믿음이 온전한 믿음인 것이며, 하나님을 향한 사랑은 이웃 사랑으로 나타나야 하

나님 사랑이 진실한 것입니다.

그래서 요4:24의 영과 진리의 예배는 롬12:1의 산 제물의 예배로 나타나야 온전한 영과 진리의 예배를 드린 것이며, 하나님을 향한 예배는 이웃 사랑의 섬김과 나눔의 예배로 나타나야 하는 것입니다. 그래서 행함의 근원은 믿음이며, 이웃 사랑의 근원은 하나님 사랑이며, 산 제물의 예배 근원 역시도 영과 진리의 예배입니다.

그렇습니다. 우리 의지와는 전혀 상관없이 날 때부터 죄인으로 태어났듯이 우리의 구원역시도 우리 의지와는 전혀 상관없이 오직 하나님의 은혜로 이루어진 것입니다. 마치 야곱과 에서라는 쌍둥이가 엄마 배 속에서 야곱은 택함 받고 에서는 버림을 당하듯이 우리들 역시도 엄마 배 속에 있을 때부터 우리의 의지와는 전혀 상관없이 하나님의 자녀로 택함 받은 것입니다.

그러므로 성도에게 정말 중요한 것은 내가 구원받고 못 받고가 아닙니다. 그것은 우리가 아니라 하나님이 하실 일입니다. 뿐만 아니라 내가 헌금을 많이 하고 적게 하고, 전도를 많이 하고 적게 하고, 예배를 잘 드리고 못 드리고, 성경통독을 하고 안 하고, 금식기도를 하고 안 하고, 새벽기도를 드리고 못 드리고, 찬양을 잘하고 못하고, 방언을 하고 못 하고, 환상을 보고 못 보고, 예언을 하고 못 하고, 병 고치고 못 고치고, 내가 목사나 장로나 권사나 집사든 아니든, 우리 교회 목사님이 유학파이든 군소교단이든, 우리 교회 건물이 크든 작든 성도가 많든 적든, 내가 물질의 복

영원한 복음 천국 복음

을 받았든 못 받았든, 내가 건강하든 건강하지 못하든지 하는 것들은 신앙에서 정말 중요한 본질이 아닙니다.

신앙에서 정말 중요한 본질은 성도의 삶이 사랑과 공평과 정의를 행하는 삶인가! **렘9:24, 사9:7** 세상 사람들이 나에게서 예수의 향기를 맡을까! 나에게서 예수의 성품이 나타나는가! 날마다 하나님의 사랑이 성령으로 예수 안에서 나에게 부음 바 되어 나를 통하여 세상으로 흘러가는가! 교회 안에서나 밖에서 사람들이 정말 나를 예수님의 제자로 생각할까! 하는 것들이 신앙에서 정말 중요한 본질입니다.

앞에서 열거한 신앙의 많은 요소들은 하나같이 나의 삶에서 예수를 나타내는 도구이자 수단입니다. 하나님은 우리가 찬양하고 영광 돌린다고 그 영광이 더 풍성해지고 영광을 안 돌린다고 그 영광이 축소되는 그런 하나님이 아닙니다. 낮에 자동차 라이트를 켠다고 시야가 더 잘 보이는 것이 아니듯, 하나님의 영광 역시도 피조물의 그 어떠함으로 영향을 받는 것은 전혀 아닙니다.

그래서 정말 하나님이 원하시는 영광이란 바로 나에게서 예수의 향기가 나는 것입니다. 나를 통하여 예수를 보는 것이 하나님의 영광입니다. 내가 예수 안에서 하나님의 아들로서 아버지의 그러하심같이 살아가는 것이 하나님의 가장 큰 영광입니다. 그래서 예수님이 하나님 본체의 형상이자 영광의 광체라는 것입니다. **히1:3**

아들로서 아버지를 나타내는 것, 이것이 성경이 말하는 영광이자 아버지와 아들관계의 정의입니다. 영광이란 아들을 통하여 아버지를 보는 것이며 땅을 통하여 하늘을 보는 것입니다. 그러려면 먼저 예수와 하나 되어야 하고, 예수와 하나 되려면 예수님이 나의 구세주에서 주님으로서의 다스림이 우리의 삶의 작은 영역에서부터 점진적으로 우리 삶의 모든 영역으로 나타나야합니다. 그럴 때 하나님은 영광을 받으십니다. 하나님은 예수께서 성도들의 진정한 주님으로서 다스림이 나타날 때 비로소 영광을 받으십니다.

> **빌2:11** 모든 입으로 예수 그리스도를 주라 시인하여 하나님 아버지께 영광을 돌리게 하셨느니라

그러므로 먼저 외적으로 무엇을 해서 하나님의 영광이 되려하지 말고 먼저 내적으로 날마다 말씀과 찬송과 기도로써 주님과 하나 되어 주님의 다스림이 나의 삶의 외적 영역으로 나타나게 해야 하는 것입니다. 그래서 아무리 병고치고 귀신 쫓고 방언을 하고 산을 옮길 만한 큰 믿음이 있어도 성령으로 예수 안에서 아버지의 사랑이 나를 통하여 흘러가지 않으면 아무것도 아니란 것입니다. **고전13:2** 사랑이 없으면 아무것도 아니며 소리 나는 구리와 울리는 꽹과리란 것입니다. 그래서 새 계명 역시도 사랑인 것입니다. **요13:34**

그렇습니다. 어느 영화대사처럼 사람은 무엇이 중요한지를 모르면 반드시 현혹되게 되어 있습니다. 종교의 허상에 눈이 가리면 진리가 안 보

영원한 복음 천국 복음

이는 것입니다. 그래서 교회를 아무리 오래 다녀도 가까이 있는 가족이나 직장동료나 이웃들이 나에게서 예수의 향기를 도무지 맡지 못한다면 나는 지금 신앙생활을 헛되이 하고 있는 것입니다. 나는 지금 종교의 영에 사로잡혀 신앙이 아닌 종교 놀음을 하고 있는 것입니다.

거듭 말하지만 예수님이 빌립을 비롯하여 따르는 무리들에게 나를 본 자는 하나님을 본 것이라 하심 같이 성도들 역시도 사람들에게 나를 보는 것이 곧 예수를 보는 것이 되어야 합니다. 성도는 예수님의 충만 그 자체입니다. 그래서 성령 안에서 성자를 보는 것이 성부를 보는 것이며, 또한 성령 안에서 성도를 보는 것이 성자를 보는 것이 되어야 합니다. 이것이 하나님의 뜻입니다. 그래서 성도를 통하여 성자 예수가 나타나야 합니다.

> 요14:21 나의 계명을 지키는 자라야 나를 사랑하는 자니 나를 사랑하는 자는 내 아버지께 사랑을 받을 것이요 나도 그를 사랑하여 그에게 나를 나타내리라

성도는 예수의 향기가 나야 합니다. 그것도 시간이 지날수록 진한 향기가 나야 합니다. 그러나 나에게서 예수의 향기가 전혀 나지 않는다면 나는 아직 성령 안에서 예수와 연합이 이루어지지 않았다는 것이며, 이 말은 달리 말하면 나는 아직 구원 받지 못한 상태라는 것입니다. 그래서 세상 모든 교회공동체와 성도는 바로 여기에 목숨을 걸어야 합니다.

말씀을 정리하자면, 우리 의지와는 전혀 상관없이 죄인으로 태어났듯이 우리 의지와는 전혀 상관없이 하나님의 자녀로 선택받은 것입니다. 그래서 하나님의 때에 우리들로 복음을 듣게 하시고 교회로 부르신 것입니다. 우리의 구원은 에덴의 선악과 사건 전으로 다시 돌아간 것입니다.

그러므로 우리가 믿음으로 구원받은 것은 순종의 열매인 선한 행실의 하나님 자녀 된 삶을 위해 구원받은 것입니다. 즉 행함을 위하여 믿음으로 구원받은 것입니다.

> 요15:16 너희가 나를 택한 것이 아니요 내가 너희를 택하여 세웠나니 이는(택함 받은 이유) 너희로 가서 열매를 맺게 하고 또 너희 열매가 항상 있게 하여 내 이름으로 아버지께 무엇을 구하든지 다 받게 하려 함이라

예수를 믿는다는 것은 예수를 따른다는 것입니다. 에덴의 아담이 선악과를 먹기 전에는 하나님의 말씀에 순종하고 따르던 것처럼 우리가 믿음으로 구원받아 하나님 앞으로 다시 돌아갔다면 예수를 따르고 순종하는 것입니다. 아담이 선악과를 먹지 않았다면 지금쯤 어떻게 살고 있을 것 같습니까? 오늘날 세상 사람들의 지탄을 받는 성도들처럼 살았을 거라 저는 생각하지 않습니다.

그러므로 이제는 선악과를 바라보지 말고 날마다 생명나무이신 예수께 집중하며 예수를 바라보고 살아가야 합니다. 히12:2 창3:22에 나오는 에덴동산의 생명나무는 예수의 그림자입니다. 그래서 우리는 선악과가

아니라 날마다 말씀과 찬송과 기도로 예수와 풍성한 생명의 교제를 가져야 합니다. 날마다 주님과 생명교제 가운데서 살라는 것입니다. 이것이 하나님의 뜻입니다. **고전1:9**

그러므로 우리의 구원은 행함이 아니라 오직 믿음입니다. 그 누구도 자랑하지 못하게 하시는 것입니다. 만약에 우리 구원에 자랑할 것이 조금이라도 있다면, 예수님은 교회의 완전한 머리가 되지 못하고 몸통쯤이 되실 것입니다. 모든 성도가 자기의 행함으로 자랑으로 구원받는다면 예수님의 십자가는 또 얼마나 초라해지겠습니까? 그러므로 믿음의 구원은 오직 하나님 자녀로서의 선한 행함을 위한 것입니다. 선 믿음 구원, 후 선한 행함이 바로 그것입니다.

예수는 그리스도이시며 우리의 구세주 되시자 왕이신 주님 되시며 지금도 살아 역사하시는 창조주 하나님의 아들이시며 어제나 오늘이나 영원토록 동일하신 분입니다. 아멘!

부활로 사단의 권세를 박살낸 원리

> **빌2:5-8** 5. 너희 안에 이 마음을 품으라 곧 그리스도 예수의 마음이니 6.
> 그는 근본 하나님의 본체시나 하나님과 동등됨을 취할 것으로 여기지 아
> 니하시고 7. 오히려 자기를 비워 종의 형체를 가지사 사람들과 같이 되셨
> 고 8. 사람의 모양으로 나타나사 자기를 낮추시고 죽기까지 복종하셨으
> 니 곧 십자가에 죽으심이라

창3:15의 원시복음에 예언된 말씀대로 예수님은 세상 죽음의 권세를
가진 마귀가 보는 가운데 세상 죄로 인하여 죽으시고 장사되시고 부활하
심으로써 앞으로가 아니라, "이미" 마귀의 권세를 박살냈습니다. 그래서
이렇게 말씀하시는 것입니다.

> **빌2:9-11** 9. 이러므로(앞 6-8절의 내용) 하나님이 그를 지극히 높여 모든 이
> 름위에 뛰어난 이름을 주사 10. 하늘에 있는 자들과 땅에 있는 자들과 땅
> 아래에 있는 자들로 모든 무릎을 예수의 이름에 꿇게 하시고 11. 모든 입
> 으로 예수 그리스도를 주라 시인하여 하나님 아버지께 영광을 돌리게 하
> 셨느니라
> **마28:18** 예수께서 나아와 말씀하여 이르시되 하늘과 땅의 모든 권세를
> 내게 주셨으니

> 마16:28 진실로 너희에게 이르노니 여기 서 있는 사람 중에 죽기 전에 인자가 그 왕권을 가지고 오는 것을 볼 자들도 있느니라
>
> 요12:31 이제 세상에 대한 심판이 이르렀으니 이 세상의 임금이 쫓겨나리라
>
> 요16:33 이것을 너희에게 이르는 것은 너희로 내 안에서 평안을 누리게 하려 함이라 세상에서는 너희가 환난을 당하나 담대하라 내가 세상을 이기었노라

사단은 이 세상 사람들에 대하여 제한된 범위의 권세를 가지고 있었습니다. 그래서 예수님이 인정하신 대로 사단은 세상 신이자 임금이었습니다. **요12:31, 고후4:4** 그러므로 예수님의 십자가에 죽으시고 부활하신 사건은 명백히 세상 임금인 사단의 권세를 박살낸 사건입니다.

> 창3:15 내가 너로 여자와 원수가 되게 하고 네 후손도 여자의 후손과 원수가 되게 하리니 여자의 후손은 네 머리를 상하게 할 것이요 너는 그의 발꿈치를 상하게 할 것이니라 하시고

그러므로 예수님은 죽음에서 부활하심으로써, 앞으로가 아니라, "이미" 사단의 권세를 박살냈습니다. 예수님의 부활은 죽음의 권세를 가진 사단을 조롱거리로 만드신 사건입니다. 에덴의 아담이 하나님이 아닌 마귀에게 순종하므로 창1:26-28의 아담의 권세가 마귀에게 넘어가 마귀의 종이 되므로, 죄 삯은 사망이라는 인간에게 정해진 죽음조차도 마귀의 권세 아래 놓이게 된 것입니다. **히9:27**

그래서 죽음의 권세를 가진 마귀 앞에서 예수님 역시도 죽음으로서 상대하시고 다시 부활하심으로 죽음의 권세를 가진 마귀를 무력화시켰습니다. 그래서 예수의 부활은 죽음의 권세를 가진 사단을 조롱거리로 만드신 사건입니다.

> **골2:15** 통치자들과 권세들을(사단과 어둠의 영들과 그의 종 노릇 하는 사람들) 무력화하여 드러내어 구경거리로 삼으시고 십자가로 그들을 이기셨느니라

아담의 순종으로 아담의 세상 통치권을 하나님 공의 앞에서 인정받은 사단은, 자기의 종이 된 인간에게 정해진 죽음조차도 인정받고 결국 죽음의 권세를 가졌습니다. 결국 에덴의 반역으로 세상 인간에게 내려진 죽음이 히9:27 아담의 순종으로 세상 신이 된 마귀에게 그 죽음의 권세가 넘어간 것입니다. 가령, 어떤 존재가 누구의 종이 되면 종이 가진 모든 것은 그가 순종하는 자에게로 넘어가는 것이 공의입니다.

> **롬6:16** 너희 자신을 종으로 내주어 누구에게 순종하든지 그 순종함을 받는 자의 종이 되는 줄을 너희가 알지 못하느냐 혹은 죄의 종으로 사망에 이르고 혹은 순종의 종으로 의에 이르느니라
> **눅4:6** 이르되 이 모든 권위와 그 영광을 내가 네게 주리라 이것은 내게 넘겨 준 것이므로 내가 원하는 자에게 주노라

위의 말씀은 사단이 예수님께서 자신에게 절하면 천하만국의 모든 권

위와 영광을 예수님께 준다는 것이며, 이 천하만국의 영광은 자신이 넘겨받은 것이라고 말합니다.

태초에 하나님이 세상을 지으시고 세상의 통치권을 사단에게 주신 적이 없습니다. 하나님은 세상의 통치권을 사단이 아니라 아담에게 주셨습니다. 창1:26-28 그것도 세상의 소유권이 아니라 제한된 통치권입니다. 그 통치권이 아담의 순종으로 사단에게 넘어간 것입니다. 그래서 예수님도 사단을 세상 임금이라 하셨습니다. 요12:31 그러므로 세상 인류에 내려진 죽음이 세상 임금이 된 사단에게 넘어가므로 사단이 사망의 권세를 갖는 것에서, 예수님은 그 사망의 원인인 죄로 인한 십자가에 죽으심으로 또한 그 죽음에서 부활하심으로 죽음의 권세를 가진 사단을 무력화시키므로 사단의 권세를 박살낸 것입니다.

> 요12:31 이제 이 세상에 대한 심판이(세상 죄로 인한 십자가 위의 예수를 심판하심으로 하나님 공의 충족) 이르렀으니 이 세상의 임금이(사단) 쫓겨나리라
>
> 골2:15 통치자들과 권세들을 무력화하여 드러내어 구경거리로 삼으시고 십자가로 그들을 이기셨느니라

반복 학습 들어갑니다. 죄의 삯은 사망과 피 흘림이 없이는 사함이 없는 하나님 공의 앞에 예수님은 하나님 어린양, 대속 제물로서 마20:28 죄 없는 사람의 몸으로 오시어 인간의 모든 죄 짐을 지시고 십자가 피 흘려 죽으심으로 하나님 공의를 만족시키시고 죄 짐을 벗은 죄 없는 영혼으로 사망의 자리에서 하나님 공의로 하나님의 영에 의하여 부활하신 것

입니다. **롬8:11**

  예수님은 죄 짐을 지신 것이지 죄에 오염된 것이 아닙니다. 죄가 있으시거나 죄 오염이 되었다면 대속 제물로는 부적격이었습니다. 그럼 왜 대속 제물은 흠도 점도, 죄가 전혀 없어야 합니까? 답은 단순합니다. 그것은 하나님이 처음에 인류대표 아담을 지으실 때 흠도 점도, 죄가 전혀 없는 자로 지으셨고 아담은 그 순수한 몸으로 죄를 지었고 그 죄로 인하여 세상에 사망이 들어왔기 때문입니다. **롬5:12**

  하나님은 아담을 원죄도 자범죄도 전혀 없는 흠 없는 거룩한 자로 지으셨고 그 몸으로 아담이 죄를 지었으므로 그에 따른 제물 역시도 아담에 버금가는 죄가 없는 흠 없는 참 사람이어야만이 하나님의 공의를 충족합니다. **롬5:19** 예수님이 오시기 전 구약에 하나님의 율법은 이에는 이, 눈에는 눈으로 대응하라 하셨습니다. **출21:23-25**

  그러므로 죄가 전혀 없는 상태로 지음 받은 아담의 죄는 아담과 동일한 죄가 전혀 없는 참 사람의 몸으로 피 흘려 죽어야 만이 하나님의 공의가 충족되는 것입니다. 그래서 예수님은 그 죄로 인하여 십자가 죽으심과 부활하심으로 "앞으로"가 아니라 "이미" 사단의 머리 즉 사단의 권세를 박살낸 것입니다. 이제 사단은 더 이상 세상 임금도 왕도 아닙니다. 하나의 더러운 영적 피조물에 불과합니다. 그래서 사도신경에서처럼 예수님은 그날에 산 자와 죽은 자를 심판하러 오신다는 것입니다. 아직 사단을 이기지 못해서 그날에 전쟁하러 오시는 것이 아니라 심판주로서 세상을 심

영원한 복음 천국 복음

판하러 오신다는 것입니다.

　그런데 문제가 무엇입니까? 문제는 이것을 많은 성도들이 모른다는 것입니다. 그래서 지금 세상은 하나님과 사단이 전쟁 중인데 결국은 하나님이 승리한다는 이원론 자들이 나오는 것입니다. 요즘 유튜브에 어느 유명한 목사님이 지금도 사단이 세상의 왕이고 신이라고 가르치는 것을 들었습니다. 그리고 수많은 사람들이 아멘 아멘하고 말씀이 너무 은혜롭다며 댓글을 단 것을 보았습니다. 순간 말문이 막혀 버립니다. 이것은 예수님 십자가 지시기 전과 십자가 부활 후 사단의 신분을 아직도 구분할 줄 몰라 그렇게 믿고 가르치는 것입니다. 지금도 사단이 세상 왕이라는 말은, 부활하심으로 사단의 권세를 깨트리신 예수님이 아직도 무덤에 그대로 계시다는 말이나 같은 말입니다. 그래서 그러한 설교를 들은 수많은 성도들이 아직도 사단이 세상 임금인줄 알고 착각 속에 살아갑니다. 그래서 지금 세상에는 하나님과 사단이 전쟁 중이라는 복음도 아닌 이상한 것을 가르칩니다.

　단언하건대 사단은 하나님의 전쟁 상대가 되지 못합니다. 창3:15을 보시면 사단은 처음부터 하나님의 상대가 되지 못합니다. 아니 성경 전체를 봐도 사단은 처음부터 하나님의 전쟁 상대가 되지 못합니다. 어떻게 창조주와 피조물이 전쟁 상대가 된다고 가르칩니까? 그런 분들은 욥기서를 찬찬히 읽어 보시기 바랍니다. 그래서 이러한 영향을 받은 성도들이 샤머니즘에서 자유하지 못하고 여전히 무속이나 꿈이나 징크스나 어둠의 권세와 같은 세상의 온갖 것들에 두려워하며 매여 사는 것입니다. 그래서 자신이 알든 모르든 여전히 사단의 종 노릇 하는 것입니다.

> **요1서4:18** 사랑 안에 두려움이 없고 온전한 사랑이 두려움을 내쫓나니
> 두려움에는 형벌이 있음이라…
> **히2:14-15** 14. 자녀들은 혈과 육에 속하였으매 그도(예수) 또한 같은 모양
> 으로 혈과 육을 함께 지니심은 죽음을 통하여 죽음의 세력을 잡은 자 곧
> 마귀를 멸하시며 15. 또 죽기를 무서워하므로 한평생 매여 종 노릇 하는
> 모든 자들을 놓아 주려 하심이니

원수마귀는 자신의 정체와 실체를 아는 자들에게는 한없이 약하고, 반대로 자신의 정체와 실체를 모르는 자들에게는 한없이 강합니다. 그래서 "지피지기면 백전백승" 하는 것처럼 원수마귀의 실체와 그의 처한 상황과 우리의 신분을 알아야만 합니다. 그럴 때 그는 성도의 몸에 손도 대지 못합니다. **요1서5:18**

왜 그렇습니까? 죽음에서 부활하심으로 사단의 권세를 박살낸 예수께서 지금 예수를 믿는 모든 자들 안에 성령으로 하늘과 땅의 모든 권세의 왕권을 가지고 함께 계시기 때문입니다. **마28:18, 요18:37**

> **마16:28** 진실로 너희에게 이르노니 여기 서 있는 사람 중에 죽기 전에 인
> 자가 그 왕권을 가지고 오는 것을 볼 자들도 있느니라

기독교는 2천 년 전 십자가에 죽은 예수만을 믿는 것이 아닙니다. 십자

가에 죽으시고 부활하시고 승천하시어 하늘과 땅의 모든 권세를 가지시고 성령으로 지금 우리 안에 왕으로 주님으로 내주하시어 우리와 영원히 함께하시는 그 예수 그리스도를 믿는 것입니다. 뿐만 아니라 기독교가 믿는 하나님 역시도 구약 백성들처럼 몸 밖의 하나님이 아니라 성령으로 예수 안에서 나와 함께 임마누엘하시는 삼위일체 하나님, 성령으로 예수 안에서 나를 다스리시는 삼위일체 그 하나님을 믿는 것이 기독교입니다. **빌1:6, 2:13** 그래서 사도바울이 이렇게 말씀하신 것입니다.

> **고후13:5** …예수 그리스도께서 너희 안에 계신 줄을 너희가 스스로 알지 못하느냐 그렇지 않으면 너희는 버림 받은 자니라

그래서 오늘날 심각한 것은 많은 성도들이 하늘과 땅의 모든 권세의 왕권을 가지고 지금 내 안에 오신 예수가 아니라, 날마다 십자가에 죽은 예수만을 찾고 부르며 기쁨도 없이 여전히 자신이 지은 죄 짐에 눌려 살아갑니다. 왕 되신 예수 이름의 권세와 능력이 자신 안에 있음에도 이를 모르고 선포기도로 물리치지 못하고 세상 온갖 것들에 매여 살아갑니다. **요 1:12, 행1:8**

자신 안에 총이 있다는 사실 조차 모르고 길을 가다가 몽둥이 든 사람에게 맞아죽는 이치입니다. 그냥 총만 보여 주어도 혼비백산 도망칠 자들에게 총이 있는 줄도 모르고 사용법도 몰라 결국 몽둥이에 맞아죽는 것입니다. 이것이 오늘날 한국 교회의 많은 성도들의 현주소입니다.

그렇습니다. 성경에 나타난 창조의 질서 가운데 타락한 천사든 거룩한 천사든 그들은 우리 의지와는 상관없이 자신들의 생각을 우리의 생각에 불어넣을 수 있습니다. 그래서 사단은 가롯 유다에게 예수를 팔 자신의 생각을 불어넣으며 또한 오늘날 성도들의 생각에도 온갖 추하고 더럽고 음란한 생각들을 불어넣는 것입니다. 요13:2, 마16:23 어둠의 영들은 육체가 없는 영적 존재라 우리의 육체가 아닌 우리의 영적 요소인 생각에 사악한 영향을 미치는 것입니다. 그런데 여기서 이것이 전부라면 하나님은 불공평합니다.

그러나 우리들 역시도 어둠의 영들에게 우리의 생각을 그들의 의지와는 상관없이 불어넣을 수 있습니다. 그것은 우리 생각의 언어인 말을 통하여 가능합니다. 그것이 바로 선포기도입니다. 그래서 우리 입술에서 나는 각종 기도 소리를 비롯한 찬양 소리와 말씀 읽는 소리, 창조주 하나님을 경배하는 소리는 그들이 정말 듣기 싫어하는 소리입니다. 뭉크의 절규란 그림을 연상하시면 됩니다. 마4:10-11

뿐만 아니라 사단의 권세를 박살낸 예수와 하나 되어 "예수 이름으로 명하노니 사단아 저 무저갱으로 들어갈지어다."라는 소리는 그들이 가장 두렵고 무서워하는 소리 중에 하나입니다. 눅8:31 그들에게는 공포 그 자체의 소리입니다.

그래서 지금 내 안에 하늘과 땅의 모든 권세를 가지시고 왕으로 오시어 나와 하나 된 예수의 이름으로 권세와 능력으로 선포하는 이러한 기도는

영원한 복음 천국 복음

성도들의 가장 강력한 무기입니다. 이것은 그들의 의지가 아무리 듣기 싫어해도 우리는 우리의 생각을 입술의 말로 그들의 생각에 불어넣을 수 있습니다. 그럴 때 이런 결과로 나타납니다.

> 약4:7 그런즉 너희는 하나님께 복종할지어다 마귀를 대적하라 그리하면 너희를 피하리라

그래서 사단이 가장 무서워하는 사람은 예수와 하나 되어 기도하는 사람이며, 반대로 가장 우습게 보는 사람은 기도할 수 있는데도 기도하지 않는 사람입니다. 이들은 사단 최고의 만찬 즉 밥입니다.

예수는 그리스도이시며 우리의 구세주 되시자 왕이신 주님 되시며 지금도 살아 역사하시는 창조주 하나님의 아들이시며 어제나 오늘이나 영원토록 동일하신 분입니다. 아멘!

향유
(자기의 것으로 소유하여 누림)

요6:57 살아 계신 아버지께서 나를 보내시매 내가 아버지로 말미암아 사
는 것 같이 나를 먹는 그 사람도 나로 말미암아 살리라

요4:24의 영과 진리의 예배란, 진리의 성령 안에서 성자 진리의 말씀으
로 성부 하나님 앞에 나아가는 것입니다. 그래서 예배란 성령 안에서 성
자로 말미암아 성부 하나님 즉 삼위일체 하나님 그 신성의 영광에 참여하
여 하나가 되는 것이 예배의 본질입니다. 사43:7 하나님의 사랑은 하나를
이루는 본질입니다. 하나 되지 않는 사랑은 사랑이 아닙니다. 요17:21-23

그러므로 예수를 믿음으로 죄에서 구원받은 성도는 하나님의 사랑과
기쁨의 제1 근원 되시는 예수 안에서 예수님처럼 예수님만큼 하나님의
사랑받고 기쁨 받는 존재들입니다. 스3:17 그래서 예배는 성령으로 성자
예수 안에서 성부와 하나를 이루는 것이 예배의 가장 중요한 본질입니다.

하나님은 영이시기 때문에 먼저 진리의 말씀으로 우리의 영적 요소인
생각과 마음으로 하나님과 하나 되고 또한 그 하나 됨을 날마다 진리와
찬송과 기도로써 지속적으로 하나를 이루어가야 합니다. 에덴의 죄악으
로 하나님과 분리됨에서 다시 예수 안에서 하나 됨은 오직 하나님 은혜이

지만 그러나 날마다 하나를 이루는 것은 전적인 우리의 의지입니다.

> 요17:20-22 20. 내가 비옵는 것은 이 사람들만 위함이 아니요 또 그들의
> 말로 말미암아 나를 믿는 사람들도 위함이니 21. 아버지여, 아버지께서
> 내 안에, 내가 아버지 안에 있는 것 같이 그들도 다 하나가 되어 우리 안
> 에 있게 하사 세상으로 아버지께서 나를 보내신 것을 믿게 하옵소서 22.
> 내게 주신 영광을 내가 그들에게 주었사오니 이는 우리가 하나가 된 것
> 같이 그들도 하나가 되게 하려 함이니이다

그래서 그렇게 날마다 하나를 이루는 것이 예배의 본질입니다. 그럴 때
그 하나 됨의 결과가 23절에서 이렇게 나타납니다.

> 23. 곧 내가 그들 안에 있고 아버지께서 내 안에 계시어 그들로 온전함
> 을 이루어 하나가 되게 하려 함은 아버지께서 나를 보내신 것과 또 나를
> (예수) "사랑하심같이" 그들도(성도) 사랑하신 것을 세상으로 알게 하려
> 함이로소이다

이것이 예배입니다. 그러므로 영과 진리의 예배란 진리의 성령 안에서
성자 진리의 말씀으로 성부 하나님 앞에 나아가는 것입니다. 성령 안에
서 성자로 말미암아 성부 하나님 즉 삼위일체 하나님 신성의 영광에 참여
하여 하나 되는 것이 예배이며, 그 결과가 23절에 그대로 나타납니다. 이
것이 복음입니다.

그리고 이제 그 하나 됨에서 날마다 말씀과 찬송과 기도로써 예수와 풍성한 생명의 교제 가운데서 성자 예수의 그 모든 것을 향유하고 누리는 것입니다.

> 고전1:9 너희를 불러 그의 아들 예수 그리스도 우리 주와 더불어 교제하게 하시는 하나님은 미쁘시도다
> 요1서1:3 우리가 보고 들은 바를 너희에게도 전함은 너희로 우리와 사귐이 있게 하려 함이니 우리의 사귐은 아버지와 그의 아들 예수 그리스도와 더불어 누림이라

그래서 예수의 모든 것으로 이 땅에 예수를 나타내며 사는 것, 이것이 참된 신앙입니다. 신앙은 나의 자원이 아니라 나의 자원은 포기하고 머리 되신 예수의 자원으로 살아가는 것이 신앙입니다. 몸은 몸이 아닌 머리로 사는 것입니다. 그래서 머리 되신 예수를 떠나서는 아무것도 할 수 없다는 것입니다. 요15:5

그럼 이제 예수의 무엇을 "향유"하는지를 살펴보아야 합니다.

신앙에서 우리가 항상 명심할 것은 죄 짓고 안 짓는 것 때문에 천국 가고 지옥 가는 것 아닙니다. 인류가 천국 가고 지옥 가는 것은 예수로 사느냐 아니면 내가 나로 주인 되어 사느냐로 천국 가고 지옥으로 갑니다. 날마다 예수 안에서 예수를 누리며 사느냐 아니면 내 인생 그냥 내가 주인되어 사느냐에 따라서 천국 가고 지옥 가는 것입니다. 영으로 사느냐 아

영원한 복음 천국 복음

니면 육으로 사느냐로 천국가고 지옥 가는 것입니다.

> **롬8:14** 무릇 하나님의 영으로 인도함을 받는 그들은 곧 하나님의 아들이라
>
> **롬8:6** 육신의 생각은 사망이요 영의 생각은 생명과 평안이니라
>
> **고전16:22** 만일 누구든지 주를 사랑하지(사랑의 본질인 날마다 예수와 하나
> 되지) 아니하면 저주를 받을 지어다…

그럼 예수님의 권세와 이름 등 예수님의 모든 것이 이젠 나의 것이고 예수님의 것은 아닙니까? 아닙니다. 여전히 예수님의 것은 예수님의 것입니다. 그래서 우리가 성령 안에서 예수와 유기적 연합으로 예수의 모든 것을 마치 나의 것처럼 향유한다는 것입니다. 머리의 그 어떠함을 몸으로써 누리는 것입니다. 몸은 머리의 영광이므로 몸은 머리의 그 무엇으로 살아갈 때 머리의 영광이 되는 것입니다.

> **엡1:22** …그를 만물 위에 교회의 머리로 삼으셨느니라
>
> **고후13:5** …예수 그리스도께서 너희 안에 계신 줄을 너희가 스스로 알지
> 못하느냐 그렇지 않으면 너희는 버림 받은 자니라

몸은 머리와 하나입니다. 성령 안에서 성도와 예수는 하나이며 또한 예수와 하나님 역시도 하나입니다. **고전11:3, 요10:30** 그래서 예수는 하나님의 충만이며 성도는 예수의 충만 그 자체입니다. 성도가 예수의 충만이란, 그냥 듣기 좋으라고 상징적으로 하는 말이 아니라 실질적으로 예수의 그 모든 것을 향유하고 누림으로써 예수의 충만이란 것입니다.

엡1:23 교회는 그의 몸이니 만물 안에서 만물을 충만하게 하시는 이의 충만함이니라

뿐만 아니라 우리들만 주님의 전부를 향유하는 것이 아니라 주님역시도 우리의 전부를 마치 당신의 전부인 것처럼 향유하십니다. 갈2:20 그래서 머리는 몸의 것으로 살고 몸은 머리의 것으로 함께 하나 되어 사는 것입니다. 나는 주님으로 말미암아 살고 주님은 나로 말미암아 사는 것입니다. 그래서 몸은 머리를 위해 존재하고 머리는 몸을 위해 존재하는 것입니다. 이것이 유기적 연합니다.

고전6:13 …몸은 음란을 위하여 있지 않고 오직 주를 위하여 있으며 주는 몸을 위하여 계시느니라

요6:57 살아 계신 아버지께서 나를 보내시매 내가 아버지로 말미암아 사는 것 같이 나를 먹는 그 사람도 나로 말미암아 살리라

그러므로 우리가 예수 안에서 누리는 예수의 모든 것은 예수의 것도 되지만 동시에 성령 안에서 나의 모든 것도 되는 것입니다. 그래서 향유이며 누림입니다. 그래서 우리가 그리스도의 옷으로 입으려면 먼저 나의 누더기 옷은 벗어야 됩니다. 이것이 예수의 누림입니다. 계시록에서 세마포 옷은 성도의 옳은 행실이라고 합니다.

계19:8 그에게 빛나고 깨끗한 세마포 옷을 입도록 허락하셨으니 이 세마포 옷은 성도들의 옳은 행실이로다 하더라

영원한 복음 천국 복음

그래서 성도들이 옳은 행실의 삶을 살려면 나의 옷을 벗고 예수 그리스도로 옷 입고 살라는 것입니다. 이것이 이 땅에서 받는 성도들의 가장 큰 복입니다.

롬13:14 오직 주 예수 그리스도로 옷 입고 정욕을 위하여 육신의 일을 도모하지 말라

그러므로 예수로 옷 입는다는 것은 예수의 모든 것으로 향유한다는 것입니다. 그래서 먼저 나의 누더기 옷은 벗고**(자기부인)** 예수의 모든 것으로 옷 입고 예수님처럼 회개와 천국을 선포하고 마귀의 일을 멸하며 사랑과 공평과 정의를 행하며 천국에는 있으나 지금 내 안에 없는 선한 것들은 기도로써 구하고, 또한 천국에는 없으나 그러나 내 안에 있는 더러운 것들은 선포기도로 쫓아내며 날마다 우리 안에 심령 천국을 이루고 누리며 사는 것입니다. **(뒤에 천국 이룸에서 구체적으로⋯)**

골1:27 하나님이 그들로 하여금 이 비밀의 영광이 이방인 가운데 얼마나 풍성한지를 알게 하려 하심이라 이 비밀은 너희 안에 계신 그리스도시니 곧 영광의 소망이니라

그래서 예수의 모든 것을 마치 나의 것으로 자각하고 의식하며 누리고 선포하며 사는 것이 천국의 실제 되신 예수 누림 즉 천국 누림입니다. 하나님 아버지의 이름을 예수께 주셨다는 것은 하나님의 전부를 주셨다는 것입니다. 또한 그 이름이 우리 안에 있다는 것은 예수님의 전부를 우리

에게 주셨다는 것입니다. 빌2:9, 요5:43, 17:11-12, 행3:6

그래서 성부의 모든 것을 성령 안에서 이 땅에 오신 성자 예수께서 누리셨고, 또한 하늘로 승천하신 성자 예수의 모든 것을 성령 안에서 이 땅의 모든 성도들이 향유하고 누리는 것이 천국 누림입니다. 요16:15

> 요6:57 살아 계신 아버지께서 나를 보내시매 내가 아버지로 말미암아 사는 것 같이 나를 먹는 그 사람도 나로 말미암아 살리라

그러므로 복음이란, 죄에서 구원받아 성령으로 성자 안에서 삼위일체 하나님 신성의 영광에 참여하는 것이 복음이며, 신앙이란, 그 참여함으로 예수를 누림으로 세상에 나를 통하여 예수를 나타내는 것이 신앙입니다. 세상과 나는 간곳없고 나를 통하여 구속한 주님만 보이는 것이 신앙입니다. 찬송가 228장 그래서 신앙이란 나의 자원이 아니라 머리 되신 예수의 자원으로 사는 것이 성도의 신앙입니다. 죽은 자에게서 건질 것이 무엇이 있습니까? 갈2:20

하나님 나라 천국은 먹고 마시는 육의 것이 아니라 먼저 성령 안에서 의와 평강과 희락 같은 영적인 것입니다.

> 롬14:17 하나님의 나라는 먹고 마시는 것이(육체) 아니요 오직 "성령 안에" 있는 의와 평강과 희락이라(영혼)

그러면 여기서 말하는 의와 평강과 희락이 누구의 것입니까? 예수님의 것입니다. 그럼 의와 평강과 희락만 향유합니까? 아닙니다. 예수님의 전부를 향유합니다. 그러나 반드시 말씀과 찬송과 기도로써 예수와 하나를 이룰 때 성령 안에서만이 향유하는 것입니다. 그래서 성령으로 예수 안에서의 향유는 먼저 영적인 것을 향유합니다.

그럼 이제 성령으로 예수 안에서 우리가 예수의 그 무엇을 향유하고 누리는지 알아보아야 합니다. 우리가 알든 모르든 날마다 예수의 모든 것을 마치 내 것처럼 향유하고 누리는 지를 말입니다. 그래서 예수 의, 영, 이름, 아버지, 진리, 찬송, 기도, 피, 죽음, 살과 피,(성찬식) 장사됨, 부활, 거룩, 아들 지위, 자녀권세, 권능, 생명, 새 하늘 새 땅, 예수의 옷, 아버지의 사랑, 기쁨, 평강, 마음, 아버지의 위로, 하나님 나라 천국, 천사 섬김, 지혜, 지식, 심지어 믿음조차도 예수의 큰 믿음을 누리는 것입니다. 성도는 나의 연약한 믿음이 아니라 성령 안에서 예수의 큰 믿음으로 사는 자들입니다. 이것이 하나님을 기쁘시게 하는 믿음입니다. **히11:6**

빌2:5 너희 안에 이 마음을 품으라 곧 그리스도 예수의 마음이니

고전2:16 누가 주의 마음을 알아서 주를 가르치겠느냐 그러나 우리가 그리스도의 마음을 가졌느니라

요14:27 평안을 너희에게 끼치노니 곧 나의 평안을 너희에게 주노라…

요15:11 내가 이것을 너희에게 이름은 내 기쁨이 너희 안에 있어 너희 기쁨을 충만하게 하려 함이라

요17:23 …아버지께서 나를 보내신 것과 또 나를 사랑하심 같이 그들

또한 여기서 더욱 놀라운 것은 우리가 향유하는 예수의 모든 것들이 어느 순간 사라지는 것이 아니라 영원하다는 것입니다. 이처럼 우리가 알든 모르든 우리는 오늘도 머리 되신 예수의 수많은 것들을 그의 몸 된 지체의 자격으로 예수와 함께 향유하고 누리고 있는 것입니다. 그야말로 지금 우리가 누리는 것에서 예수의 것을 모두 제거하면 우리는 하나님 앞에 벌레만도 못한 마귀에 충성하는 종이자, 하나님의 원수들입니다.

예를 하나 듭니다. 아빠의 사랑을 독차지하는 어느 돈 많은 부잣집 외동딸이 가난한 집 총각을 만나서 연애를 합니다. 그렇게 한참 연애를 하다 결국 이 청년이 큰 잘못을 합니다. 돈이 생기고 생활의 여유가 생기니 다른 여자를 만나다 들킨 것입니다. 그래서 부잣집 여자가 이별할 것을 선언합니다. 그래서 이렇게 말합니다.

"내가 당신을 우리 아버지 회사에 후계자로 추천하려 했는데 당신은 나 만나기 전의 당신의 분수도 모르고 바람을 피웠으니 우리 집에서 당장 나가라!"고 합니다. 그리고 "그동안 내가 해 준 것 전부 다 내려놓고 나가라!"고 말합니다. 안 그러면 경호원을 불러 혼을 낸다고 합니다.

그러자 그 자리에서 가난한 청년이 그동안 여자에게 선물 받은 것을 하나씩 내려놓습니다. 먼저 머리부터 발아래 쪽으로 하나씩 벗습니다. 비싼 선글라스며 목걸이, 팔지, 반지, 허리띠, 신발, 양복, 지갑, 자동차, 등 그동안 여자에게 받은 것 전부 내려놓고 보니 겨우 팬티 하나 남더랍니다. 그런데 그 팬티도 실은 여자가 해 준 것인데 그냥 불쌍해서 그 팬티는 입고 가라고 말합니다. 말 그대로 발가벗은 알몸입니다.

그렇습니다. 이 가난한 청년이 바로 우리와 같습니다. 지금 예수를 믿는 우리가 그렇습니다. 지금 우리가 누리는 것 중에 예수님의 것을 모두 제거하고 나면 우리는 하나님 앞에 벌레만도 못한 존재입니다. **찬송가 143 장** 하나님이 벌레는 원수 취급 안 하지만 그러나 우리 몸에서 예수 것을 모두 제거하면 우리는 벌레만도 못한 하나님의 원수이자 진노의 대상입니다. **롬5:10, 엡2:3**

그런 우리를 사랑 많으신 하나님이 예수 안에서 우리를 긍휼히 여기시고 가장 먼저 믿음주시고 예수의 의를 주시고 우리를 거룩하고 흠이 없게 예수님처럼 받아 주시고 예수의 모든 것으로 예수와 함께 향유하도록 성령 안에서 우리를 예수와 신비한 연합을 이루어 주신 것입니다. 그래서 우리는 하나님 아버지까지도 예수님과 함께 향유하는 것입니다.

> **요20:17** …너는 형제들에게 가서 이르되 내가(예수님) 내 아버지 곧 너희 아버지, 내 하나님 곧 너희 하나님께로 올라간다 하라…

천상천하에 하나님을 아버지라 부를 수 있는 분은 오직 예수님 한 분이십니다. 그래서 우리가 주기도문에서 하나님을 아버지라 부를 때 우리의 위치는 이미 성자 예수님의 위치에 가 있는 것입니다.

팔복에서 가장 먼저 나오는 복은 심령이 가난한 자가 받는 천국의 복입니다. 여기서 심령이 가난하다는 말은, 내 안에는 하나님이 기뻐 받으실 만한 그 무엇도 존재하지 않는다는 것을 깨닫는 마음의 상태입니다. 그래서 오직 하나님의 의가 되시는 예수 그리스도만을 믿고 의지하고 신뢰하는 것입니다. 그런 자에게 예수 안에서 천국이 그들의 것이 되는 것입니다.

그래서 하나님은 나를 보시는 것이 아니라 내 안에 의로운 인격이신 예수 그리스도를 보는 것입니다. 그분의 의를 바라보십니다. 그러므로 우리가 하나님의 사랑받고 기쁨이 되는 비결은, 날마다 예수를 떠나서 나의 힘으로 선한 삶을 살며 하나님 앞에 인정받는 것이 아니라, 먼저는 날마다 성령 안에서 말씀과 찬송과 기도로써 성부 하나님 사랑의 제1 근원 되시는 성자 예수와 하나를 이루는 것입니다.

날마다 먼저 예수와 하나를 이루는 것이 하나님 앞에서 사랑과 기쁨 받는 가장 큰 비결입니다. 그럴 때 예수를 향하신 하나님의 사랑이 그의 몸 된 나에게도 임하는 것이며 또한 그 사랑이 나를 통하여 세상으로 흘러가는 것입니다. **롬5:5** 그래서 그 사랑으로 율법의 완성을 이루는 것입니다. **롬13:10** 그러므로 하나님 앞에서 "인간의 가치"는 오직 예수 그리스도 안에서 날마다 예수와 하나를 이룰 때만이 발견될 뿐입니다.

엡1:4-6 4. 곧 창세전에 그리스도 안에서 우리를 택하사 우리로 사랑 안에서(예수를 향하신 **하나님의 사랑**) 그 앞에 거룩하고 흠이 없게 하시려고 5.

영원한 복음 천국 복음

그 기쁘신 뜻대로 우리를 예정하사 예수 그리스도로 말미암아 자기의 아들들이 되게 하셨으니 6. 이는 그가 사랑하시는 자(예수) 안에서 우리에게 거저 주시는 바 그의 은혜의 영광을 찬송하게 하려는 것이라

그러므로 우리에게서 예수의 모든 것을 제거하면 우리는 노아 홍수때 물에 수장된 이들과 조금도 다를 바 없으며, 또한 가룟 유다와 같은 신분입니다.

마26:24 …그는 차라리 태어나지 아니하였더라면 제게 좋을 뻔하였느니라

하나님은 그런 가룟 유다 같은 우리에게 예수의 모든 것을 덧입히시어 우리를 예수 안에서 예수로 말미암아 예수님처럼 하나님을 아버지라 부르며 살아가게 하셨습니다. 예수 안에서만이 우리를 예수님만큼 예수님처럼 사랑하십니다.

요17:23 곧 내가 그들 안에 있고 아버지께서 내 안에 계시어 그들로 온 전함을 이루어 하나가 되게 하려 함은 아버지께서 나를 보내신 것과 또 나를(예수) 사랑하심 같이, 그들도(성도) 사랑하신 것을 "세상으로 알게 하려" 함이로소이다

그래서 벌레만도 못한 우리를 예수 안에서 예수의 모든 것으로 덧입히시어 우리의 영과 (요3:5의 성령 거듭남) 우리의 혼과 (엡2:22의 성화) 우리의

몸을 (빌3:21의 부활) 점진적으로 완전히 재창조하시는 것입니다.

> **고전15:45-49** 45. 기록된 바 첫 사람 아담은 생령이 되었다 함과 같이 마지막 아담은 살려 주는 영이 되었나니… 47. 첫 사람은 땅에서 났으니 흙에 속한 자이거니와 둘째 사람은 하늘에서 나셨느니라… 49. 우리가 흙에 속한 자의(아담) 형상을 입은 것 같이 또한 하늘에 속한 이의(그리스도) 형상을 입으리라

아담의 것으로(뼈) 아담을 위하여(돕는 배필) 아담 안에서 하와를 지으시고 머리와 몸으로 신랑과 신부로 하나로 연합을 이루심같이, 둘째 아담 예수 역시도 예수의 모든 것으로(먼저는 진리로 낳음, 약1:18, 고전4:15) 예수를 위하여 골1:16 예수 안에서 둘째 하와인 성도를 재창조하시고 예수의 모든 것을 덧입히시어(향유) 예수와 머리와 몸으로 신랑과 신부로 이 세상에서부터 시작하여 장차 새 하늘 새 땅 영원 천국에서까지 영원히 하나 되어 함께 살게 하시는 것입니다. 살전5:10, 마28:20, 요17:21-22

그래서 하나님은 우리를 바라보실 때 저와 여러분 각자를 바라보시는 것이 아니라 우리 안에 예수를 먼저 바라보십니다. 우리 안에 예수의 것을 바라보십니다. 오늘날 하나님이 성령으로 우리 몸을 성전 삼아 우리 안에 내주하심을 받은 신약의 하나님의 백성 된 위치에서, 구약의 이스라엘 백성들 몸 밖의 하나님을 보시면 이해하기 힘든 부분이 있습니다.

구약의 하나님은 다윗 왕이 인구조사 한 것으로 이스라엘 백성들을 전

염병으로 무려 7만 명을 치십니다. **삼하24:15** 또한 웃사가 하나님의 궤에 손 한번 잘못 댄 이유로 그 자리에서 죽습니다. **삼하6:7** 이와 비슷한 내용들은 구약 여러 곳에서 나옵니다.

그런데 구약의 백성들 몸 밖에 계신 하나님께서는 그의 백성들에게 이처럼 엄격하신데, 그러나 신약에 자기 백성들 몸 안으로 내주하신 하나님은 구약에서와 동일한 하나님이시면서도 오히려 더 풍성한 긍휼을 베푸십니다. 왜 그렇습니까? 죄를 지어도 구약의 백성들보다 신약의 백성들이 더 크고 은밀한 죄를 더 빈번이 짓는데도 말입니다. 오히려 신약 백성들의 몸을 거룩한 성전 삼아서 더 엄격하실 것 같은데 말입니다. 왜 그렇습니까?

신약에서 혹시 하나님이 거룩을 포기하신 것입니까? 아닙니다. 그것은 하나님 되심을 스스로 포기하는 것이나 마찬가지입니다. 그래서 하나님은 저와 여러분을 먼저 보시는 것이 아니라 우리 안에 예수 그리스도를 보시는 것입니다. 그분의 의를 먼저 보십니다. 그래서 우리가 구약 백성들보다 더 큰 죄를 범하고도 여전히 하나님 앞에 담대함으로 나아가는 것입니다. **벧전3:18**

그래서 우리 안에 예수로 살려면 우리가 죽어야 합니다. 한 나라의 왕이 둘이 되면 안 되듯이 우리 안에 주인이 둘이 되면 안 되는 것입니다.

고전15:31 형제들아 내가 그리스도 예수 우리 주 안에서 가진 바 너희에

대한 나의 자랑을 두고 단언하노니 <u>나는 날마다 죽노라</u>

내가 살면 예수가 죽고 내가 죽으면 예수가 삽니다. 둘 중에 하나는 죽어야 하는데 내가 죽어야 내 안에 예수가 나를 통하여 그분으로 사십니다. 이것을 설명한 것이 갈2:20입니다. 또한 여기서 죽음이란 물리적인 육체의 죽음이 아니라 예수 믿기 전, 나의 자아, 구습, 생각, 사고 같은 그동안 나를 중심으로 나의 방식대로 살아온 나를 부인하는 것입니다.

그래서 날마다 내 안에 천동설에서 지동설로 코페르니쿠스 같은 혁명이 일어나야 합니다. 그럴 때 예수의 모든 것을 향유하고 누리고 사는 것입니다. 내가 살면 그것은 내 것으로 사는 것이지 예수의 것을 향유하지는 못합니다.

> <u>요17:3 영생은 곧 유일하신 참 하나님과 그가 보내신 자 예수 그리스도를 아는 것이니이다</u>

또한 여기서 말하는 예수를 아는 것이란 그냥 지식적으로 그리스도에 "대하여" 아는 것이 아니라 먼저 예수를 아는 바른 지식에서 예수를 사귐으로 향유함으로 예수를 누림으로 아는 것을 말합니다. 그래서 그리스도 "를" 아는 것이며, 이러한 누림이 바로 구원이고 천국이고 영생이라는 것입니다.

그래서 날마다 예수의 것을 향유하려면 먼저 말씀과 찬송과 기도로써 예수와 하나를 이루어야 합니다. 우리가 죄인에서 예수와 하나된 것은 오직 하나님의 은혜로 된 것이지만 그러나 날마다 예수와 하나를 이루며 예수로 살려면 우리의 의지가 반영되어야 합니다. 그래서 예수와 하나된 것과 날마다 예수와 하나를 이루며 사는 것은 하늘과 땅의 차이입니다.

오직 하나님의 은혜로 예수와 하나된 것은 선악과 먹기 전으로 돌아간 것이며, 그러나 그 하나 됨에서 날마다 하나를 이루지 못하고 그냥 사는 것은 생명나무를 쳐다보고만 사는 것이며, 그러나 날마다 예수와 하나를 이루며 사는 것은 날마다 생명나무를 먹으며 사는 것입니다.

> **창3:22** 여호와 하나님이 이르시되 보라 이 사람이 선악을 아는 일에 우리 중 하나 같이 되었으니 그가 그의 손을 들어 생명나무 열매도 따먹고 영생할까 하노라 하시고

이것이 하늘의 복락입니다. 이것이 예수로 옷 입는 것입니다. 거듭 말하지만 예수의 옷을 입으려면 먼저 우리의 누더기 옷은 벗어야 합니다. 옷을 두개 겹입을 수는 없습니다. 그래서 먼저 우리의 자아가 부인되어야 예수의 모든 것을 누릴 수 있습니다. 나의 것을 부인하거나 벗어 버리지 못하면 아무리 예수의 영원한 것이라도 우리가 누릴 수가 없습니다. 그래서 성도가 이 땅에서 하는 가장 위대한 일은 날마다 나를 부인하는 일입니다. 그래야 내 안에 예수께서 사시기 때문입니다.

> **고전15:31** 형제들아 내가 그리스도 예수 우리 주 안에서 가진 바 너희에

뿐만 아니라 나는 날마다 죽고, 나를 부인하고, 날마다 예수로 옷 입는 방법은 오직 한 가지입니다. 그것은 날마다 말씀과 찬송과 기도로써 주님과 하나를 이룰 때 주님의 마음이 나의 마음을 붙들어 주심으로 나는 부인되어지고 나를 통하여 주님이 사시는 것입니다. 이것이 예수로 옷 입는 것입니다. 그래서 날마다 나를 부인하고 죽는 것 역시도 우리 힘으로는 불가능하다는 것을 아는 것이 참으로 중요합니다.

그러므로 여러분은 이제 날마다 예수의 무엇을 누리는지를 잘 생각해 보시기 바랍니다. 천국의 실제 되신 예수의 전부를 우리가 성령 안에서 예수와 함께 향유하고 누리는 것이 바로 이 땅에서 천국을 누리는 것입니다. 그래서 성도는 항상 예수 죽음 나의 죽음, 예수 부활 나의 부활, 예수 승리 나의 승리, 예수 생명 나의 생명, 예수 천국 나의 천국을 늘 자각하고 인식하며 고백하고 누림으로 살아가시기 바랍니다.

예수의 그 모든 것이 성령 안에서 나의 그 모든 것도 된다는 것을 항상 자각하고 누리는 것이 바로 천국 누림입니다. 그리스도인이란? 그리스도의 모든 것으로 이 땅에 그리스도를 살아내는 자들입니다. 예수 그리스도께서 성령 안에서 머리 되신 아버지의 모든 것으로 이 땅에 아버지를 나타내시며 사심같이, 성도들 역시도 성령 안에서 머리 되신 예수의 모든 것으로(향유) 이 땅에 예수 그리스도를 나타내며 사는 자들입니다. 요16:15

이것이 그리스도인입니다. 내 안에 예수 그리스도를 이 땅에 나타내며 사는 그리스도의 사람입니다. 그래서 주님처럼 그렇게 살라고 주님이 우리에게 본을 보이신 것입니다. 요13:15 그러므로 그리스도의 영이 없으면 그리스도의 사람이 아닙니다.

롬8:9 …누구든지 그리스도의 영이 없으면 그리스도의 사람이 아니라

예수는 그리스도이시며 우리의 구세주 되시자 왕이신 주님 되시며 지금도 살아 역사하시는 창조주 하나님의 아들이시며 어제나 오늘이나 영원토록 동일하신 분입니다. 아멘!

10

물과 성령으로 재창조

요3:5 예수께서 대답하시되 진실로 진실로 네게 이르노니 사람이 물
과 성령으로 나지 아니하면 하나님의 나라에 들어갈 수 없느니라

지구가 창조된 것은 언제인지 정확히 모르지만 그러나 성경적으로 분
명한 것은 지구에 사람이 살기 시작한 것은 약 6천 년쯤 되었습니다. 그
것은 바로 이 말씀 때문입니다.

창1:1-2 태초에 하나님이 천지를 창조하시니라 땅이 혼돈하고 공허하며
흑암이 깊음 위에 있고 하나님의 영은 수면 위에 운행하시니라

분명한 것은 하나님은 세상을 혼돈하게 창조하지 않으셨다는 것입니다.

사45:18 대저 여호와께서 이같이 말씀하시되 하늘을 창조하신 이 그는
하나님이시니 그가 땅을 지으시고 그것을 만드셨으며 그것을 견고하게
하시되 혼돈하게 창조하지 아니하시고 사람이 거주하게 그것을 지으셨
으니 나는 여호와라 나 외에 다른 이가 없느니라

창세기 1장 1절과 2절 사이에 무슨 일이 일어났는지 누구도 알 수 없으

영원한 복음 천국 복음

며 성경도 침묵합니다. 그러므로 지구가 언제 창조된 지는 정확히 알 수 없지만 그러나 지구에 사람이 살기 시작한 것은 성경 인물의 연대기를 거슬러 올라가면 대략 6천 년쯤이 됩니다.

그런데 하나님의 인류 구속사의 재창조란, 결국은 창1:2-4의 천지창조의 모티브로 **(물과 성령)** 재창조하신다는 것입니다. 그래서 다시 한번 강조하지만, 천지를 창조하신 분과 우리를 지으신 분과 또한 죄인 된 우리를 예수 안에서 구속하여 재창조하시는 분은 동일한 인격의 한 분 하나님께서 물과 성령이라는 동일한 모티브로 우리를 재창조하신 다는 것입니다. 먼저 아래의 말씀에서 1~4번을 하나씩 함께 봅니다.

> 창1:2 땅이, 1) 혼돈하고 2) 공허하며 3) 흑암이 깊은 위에 있고 4) 하나님의 영은 수면 위에(성령, 물) 운행하십니다.

세상이 물과 성령 안에서 창조되었듯이 전적으로 타락한 인류 역시도 물과 성령으로 재창조(요3:5, **물과 성령으로 거듭남**)되는 것입니다.

땅의 흙으로 지음 받은 인생이 죄악으로 하나님으로부터 분리되어 1) 혼돈 그 자체입니다. 창조주를 의존하며 살도록 지음 받은 인간이 죄악으로 창조주로부터 분리됨에서 오는 혼돈과 2) 공허함입니다. 하나님을 의존함으로 하나님과 교제하며 함께 살도록 지음 받은 인간이 죄악으로 하나님으로부터 분리됨에서 오는(창2:17, **영적 죽음**) 공허함으로 인류는 세상 그 무엇으로도 만족하지 못합니다.

마치 물을 떠난 고기처럼 땅에서 뽑힌 나무처럼 혼돈하며 공허합니다. 그래서 인류는 끝없이 만족을 찾아 배회합니다. 그리고 이러한 혼돈과 공허함에서 참 만족을 끝없이 찾아 해매는 모든 인류 안에는 보편적 종교성이 내재하게 된 것입니다. 혼돈과 공허함에서 오는 종교성으로 타락한 인류는 이제 스스로 신을 만들고 끝없는 종교를 만들어 냅니다.

신으로 지음 받은 인간이 이제는 신을 만드는 경지에 오른 것입니다. 그러나 영원을 사모하는 마음을 가진 인간은 오직 영원한 것 안에서만이 만족을 갖습니다. **전3:11** 그래서 인간은 그 종교성으로 오직 예수 안에서 창조주 하나님을 만날 때만이 비로소 참 만족과 평안과 희락을 느끼는 것입니다. **롬14:17**

뿐만 아니라 참 빛 되신 하나님을 떠난 인류는 3) 혹암의 깊음 위에 앉아 있습니다. **마4:16** 빛의 자녀로 지음 받은 인류가 죄악으로 빛 되신 하나님으로부터 분리되어 빛이 아닌 혹암의 깊음 위에 앉아 있습니다. 참 빛 되신 하나님을 떠난 인류는 어둠 그 자체입니다. 사망의 그늘진 곳에 앉은 자들입니다. 에스겔 골짜기의 생기가 없는 마른 뼈다귀 같은 인생입니다.

그런 죄악된 인류 위를 생명의 4) 성령 하나님이 운행하십니다. 그래서 복음이란 **창1:3**에서 **"빛이 있으라"** 말씀하신 하나님이, 참 빛 되신 예수 그리스도를 어두운 세상에 진리의 참 빛으로 보내 주심으로 죄악으로 하나님을 떠난 것에서 혼돈하고 공허하며 혹암에 앉은 어둠의 백성들을 다시 <u>물과 성령으로</u> 빛의 자녀로 하나님의 자녀로 거듭나게 하시어 재창조 하시는 사건입니다. **요1:9, 14:6, 18:37**

> **요3:5** 예수께서 대답하시되 진실로 진실로 네게 이르노니 사람이 <u>물과 성령으로 나지 아니하면</u> 하나님의 나라에 들어갈 수 없느니라

그럼에도 인류는 죄 오염의 본질상 빛보다 어둠을 더 사랑합니다.

> **요3:19** 그 정죄는 이것이니 곧 빛이 세상에 왔으되 사람들이 자기 행위가 악하므로 <u>빛보다 어둠을 더 사랑한 것이니라</u>

그러나 창세전에 영생 주시기로 작정된 자들은 모두 참 빛 되신 예수를 구세주로 영접함으로 물과 성령으로 거듭나게 되는 것입니다. **엡1:4**

> **행13:48** 이방인들이 듣고 기뻐하여 하나님의 말씀을 찬송하며 <u>영생을 주시기로 작정된 자는 다 믿더라</u>

그리고 이제 빛의 자녀로 거듭난 성도들에게 하나님은 다시 창1:4에서 빛과 어둠을 나누듯이 <u>내가 거룩하니 너희도 거룩하라</u> 하시며 어둔 세상에서 빛 되신 하나님 아버지의 자녀답게 구별된 거룩한 삶을 살 것을 주문하십니다.

> **마5:16** 이같이 <u>너희 빛이 사람 앞에 비치게 하여</u> 그들로 너희 착한 행실

을 보고 하늘에 계신 너희 아버지께 영광을 돌리게 하라

아버지의 그러함 같이 아들들도 그러하라는 것입니다.

레11:45 나는 너희의 하나님이 되려고 너희를 애굽 땅에서(마귀 종 노릇)
인도하여 낸 여호와라 내가 거룩하니 너희도 거룩할지어다

이처럼 창세기 1장 2-4의 천지창조 시작의 역사는 인류 구속사 재창조의 모티브입니다. 그래서 세상도 물과 성령에서 나온 것이며 또한 타락한 인류마저도 물과 성령으로 거듭나야 하는 것입니다. 이것이 천지를 지으신 창조주와 인간을 창조하신 창조주가 동일한 인격의 한 분 하나님에 의하여 동일한 모티브에서 나온 또 다른 증거입니다.

이처럼 하나님은 아담 안에서 타락한 인류들 가운데 창세전에 그리스도 안에서 택하신 자기백성을 에덴을 창조하던 방식 그대로 둘째 아담 그리스도 안에서 다시 재창조하시는 것입니다. 그래서 천지창조를 잘 모르고 구속사의 재창조를 아는 것은 복음의 일부만 아는 것입니다. 재창조란 결국 천지창조의 회복이기 때문입니다.

그러나 이뿐만이 아닙니다. 창6장에서 죄악된 세상의 노아 홍수 심판후 새로운 인류도 (노아 가족) 물과 성령으로 난 것이며, 구약의 하나님 백성인 이스라엘 역시도 물과 성령으로 난 것이며(홍해) 심지어 예수님조차도 율법 아래에 나심으로 물과 성령으로 나셨으며(요단강 세례) 또한 이

제 그를 믿는 천국 백성들 역시도 물과 성령으로 나는 것입니다. **(요3:5, 히 2:11, 한 근원)**

1. 창1:2에서 세상은 물과 성령에서 나왔습니다. 마치 닭이 알을 품은 것처럼 성령이 수면 위를 운행하는 것에서 창1:3의 태초에 발설하지 않으신 말씀의 소원으로 세상이 창조된 것입니다. **(여기서 아담은 하나 님의 형상이자 아들입니다. 창1:27, 눅3:38)**

2. 노아 홍수 때도 세상은 물과 성령에서 나왔습니다. 창8:1의 바람이 "루아흐"라는 성령의 바람입니다. 뿐만 아니라 창8:10의 성령의 상 징인 비둘기가 홍수로 물에 잠긴 세상의 수면 위를 운행하는 모습은 마치 창1:2의 성령이 수면 위를 운행하는 모습과도 흡사합니다. **(여 기서 노아는 하나님의 형상이자 하나님과 동행한 아들입니다. 창6:9)**

3. 이스라엘 백성들이 홍해를 지나는 장면 역시 물과 성령에서 나오는 장면입니다. 홍해를 모두가 지나감으로 나온 것입니다. 출14:21에서 바닷물을 말린 큰 동풍이라는 바람 역시도 "루아흐"에 해당하는 성 령의 바람입니다. **사63:11 (여기서 이스라엘 백성 역시도 하나님의 형상에 해 당하는 아들입니다. 출4:22)**

4. 죄가 없음에도 율법 아래 나심으로 성령으로 잉태하신 예수님 역시 도 물과 성령으로 나셨습니다. **마3:16 (예수님 역시도 하나님의 형상이자 아들 이십이다. 고후4:4, 히1:3)**

5. 그러므로 이제 천국 백성인 성도들 역시도 물과 성령으로 거듭나야 하는 것입니다. 요3:5, 히2:11 (성도들 역시도 하나님의 형상이자 아들입니다. 롬8:29, 요1:12)

그러므로 위에서 말하는 물과 성령 가운데 물은 물세례입니다.

고전10:2 모세에게 속하여 다 구름과 바다에서 세례를 받고…

물은 죄 씻음이자 죽음입니다. 물은 죽음이며 성령은 생명입니다. 예수 십자가 안에서 죽고 성령으로 거듭나는 것입니다.

롬6:4 그러므로 우리가 그의 죽으심과 합하여 세례를 받음으로 그와 함께 장사되었나니 이는 아버지의 영광으로 말미암아 그리스도를 죽은 자 가운데서 살리심과 같이 우리로 또한 새 생명 가운데서 행하게 하려 함 이라

그러므로 거듭나는 것 재창조되는 것 또한 물과 성령으로 거듭나야만 하는 것입니다. 이처럼 세상과 하나님 자녀들은 물과 성령에서 출발했습니다. 앞에서 살핀 대로 창1:2을 보면 세상은 물과 성령으로부터 나옵니다. 그리고 하나님은 인류 대표 아담에게 세상 다스림의 복을 주십니다. 창1:26-28 그런데 인류 대표 아담이 나무에서 난 선악과를 먹음으로 죄가 들어오고 사망이 들어옵니다. 롬5:12 그리고 인류의 죄성으로 사람들의 죄가 날마다 포악하여 하나님이 세상을 먼저 물로 심판하십니다. 창6-7장

영원한 복음 천국 복음

(그리고 마지막 심판 때의 지옥불이 소멸되지 않는 영원한 성령의 불입니다. 출3:2 그래서 물과 성령으로 창조하신 세상을 먼저는 물로 심판하시고 그리고 마지막에는 불로 심판하십니다.)

그리고 다시 새롭게 시작된 세상에서 하나님은 다시 노아에게 창1:28 처럼 아담에게 주신 복을 동일하게 노아에게도 주십니다. 창9:1 아담이 나무에서 난 것을 먹음으로 세상에 죄와 죽음이 들어오고 그 죄악으로 하나님이 세상을 심판하시고 다시 노아로 출발하지만 그러나 노아마저도 나무에서 난 포도주를 마심으로 술이 취하여 결과적으로 함의 손자 가나안을 축복이 아닌 저주를 하므로 함은 가나안과 더불어 복합적으로 저주를 받습니다. 창9:21, 25

하나님 자녀 된 사람은 저주하는 사람이 아니라, 서로 축복하며 복의 근원 되시는 하나님께 복을 비는 사람입니다. 아버지의 그러하심같이 아들 역시도 그러해야 하는 것입니다. 하나님은 저주의 하나님이 아니라 복과 생명의 근원이신 하나님이십니다. 그래서 하나님 자녀는 남을 저주하거나 비판하면 안 되는 사람입니다.

그러므로 하나님은 물과 성령으로 세상을 창조하시고, 죄악된 세상을 먼저 물로 심판하시고 성령으로 재창조하십니다. 홍수에 잠긴 세상을 하나님의 성령으로 동풍을 불어서 물을 물러냅니다. 그리고 다시 저주가 비롯된 세상에서 아브라함 안에서 이스라엘 백성들을 모세를 통하여 불러냅니다. 그런데 그들 역시도 홍해의 바닷물로 불러들입니다. 그리고 바다를 가르시고 하나님의 성령으로 동풍을 불어 물을 말려 길을 냅니다. 그렇게 이스라엘 백성들 역시도 물과 성령에서 나옵니다.

그리고 성령으로 잉태하신 이 땅에 오신 구세주 역시도 율법 아래 나심으로 물과 성령으로 나십니다. 예수님은 물과 성령으로 나실 필요조차 없는 분입니다. 그러나 죄인 된 사람의 모양으로 율법 아래 나시어 율법을 이루셔야 하는 분이시기에 사람과 동일한 조건에서 물과 성령으로 나시며 심지어 할례까지 받으셨습니다. 눅2:21

그리고 아담처럼 마귀의 시험까지도 받으시며 아담은 하나님처럼 되려는 것에서 선악과를 먹었지만 둘째 아담 예수는 근본 하나님의 본체이시면서도 하나님과 동등 됨을 취할 것으로 여기지 않으셨습니다. 또한 아담처럼 노아처럼 나무 위의 달린 것을 드신 것이 아니라 오히려 십자가 나무 위에서 피 흘려 죽으심으로 나무 위의 달린 것을 먹음으로 세상에 들어온 죄값을 모두 치르셨습니다.

나무 위의 것을 먹음으로 비롯된 세상의 죄값을 나무 위에서 피 흘려 죽으심으로 하나님의 공의 앞에 죄값을 모두 치르신 것입니다. 그렇게 창 1:2-3의 물과 성령 안에서 말씀으로 세상을 창조하신 하나님의 독생자께서 이제 사람의 몸을 입으시고 죄악된 세상에 죄인의 형상으로 오시어 먼저 물과 성령으로 나시고 이제 죄인된 사람들에게 이렇게 말씀하십니다.

요3:5 예수께서 대답하시되 진실로 진실로 네게 이르노니 사람이 물과

영원한 복음 천국 복음

성령으로 나지 아니하면 하나님의 나라에 들어갈 수 없느니라

요20:22 …그들을 향하사 숨을 내쉬며 이르시되 성령을 받으라

히2:11 거룩하게 하시는 이와(예수) 거룩하게 함을 입은 자들이(성도) 다 한 근원에서(성령) 난지라 그러므로 형제라 부르시기를 부끄러워하지 아니하시고

그러므로 죄인된 우리가 성령으로 잉태하신 하나님의 독생자 구세주 예수를 믿음으로 우리 역시도 물과 성령 세례를 받습니다. 바람이 어디로 와서 어디로 가는지를 알 수 없듯이 성령으로 난 사람도 이와 같습니다.

요3:8 바람이 임의로 불매 네가 그 소리는 들어도 어디서 와서 어디로 가는지 알지 못하나니 성령으로 난 사람도 다 그러하니라

그런데 이 대목에서 제가 하고 싶은 말은 다름 아니라 앞에서도 언급했지만 성령에 대하여 말하는 것입니다. 오늘날 한국 교회 약 50%에 해당하는 사람들은 자신이 성령을 받은 줄도 안 받은 줄도 모른 채로 신앙을 합니다. 복음서의 열 처녀 비유에서 구원의 확률을 50%로 말씀하는 것 자체가 바로 성령을 안 받은 확률을 말씀합니다. 성령은 하나님의 인치심이므로 성령받은 자는 반드시 구원받습니다. **엡1:13-14, 롬8:38-39**

성령을 받고도 구원을 못 받는다면 이는 하나님을 모독하는 것입니다. 외부의 그 무엇이 아닌, 예수님 자신이 구원이고 임마누엘이고 영생이고

천국이듯이, 성령받은 자체가 구원이고 임마누엘이고 영생이고 천국입니다. 삼위일체는 분리되지 않으십니다. 요14:16-20 그러므로 우리가 예수를 구세주로 믿고 주님으로 영접했다면 반드시 성령을 간절히 구해야 합니다.

성부 성자 성령의 이름으로 받는 물세례는 결국 사람으로부터 받는 것이며(**이는 세례 받는 사람이 참 믿음인지 거짓 믿음인지 구분 없이 교리교육만 받으면 사람에 의하여 받는 것을 말합니다.**) 그러나 성령은 하나님으로부터 참 믿음 안에서만 받는 것입니다. 그래서 주님도 성령을 구하라 하시며 성령을 받으라고도 하셨습니다. 요20:22, 눅11:13

> **행8:14-17** 14. 예루살렘에 있는 사도들이 사마리아도 하나님의 말씀을 받았다 함을 듣고 베드로와 요한을 보내매 15. 그들이 내려가서 그들을 위하여 성령받기를 기도하니 16. 이는 아직 한 사람에게도 성령 내리신 일이 없고 오직 주 예수의 이름으로 세례만 받을 뿐이더라 17. 이에 두 사도가 그들에게 안수하매 성령을 받는지라

그런데 많은 분들이 예수를 믿으면 성령은 자동으로 받는 것으로 압니다. 물세례를 받으면 성령은 자동으로 당연히 받는 줄, 또는 이미 받은 줄 압니다. 그러나 아닙니다. 초대교회 성도들의 믿음과 지금 우리의 믿음에는 너무도 깊은 차이가 있습니다. 초대교회 성도들이 예수를 믿는 것은 핍박가운데서 목숨을 걸고 믿는 믿음입니다.

영원한 복음 천국 복음

그러나 지금 우리가 예수를 믿는 믿음은 그런 믿음이 아닙니다. 그분들은 목숨 걸고 믿었지만 우리는 물질이나 삶이 형통하지 않으면 언제든지 예수를 부인할 수 있는 가볍고 연약한 믿음입니다. 그래서 많은 분들이 구원의 확신과 천국과 부활의 소망도 없이 종신보험 드는 심정으로 또는 좋은 게 좋다는 식으로 또는 마지못해 또는 종교성으로 또는 거짓된 믿음으로 사업수단으로 예수를 믿는 것입니다.

그래서 우리는 반드시 성령을 구해야만 합니다. 주님역시도 부활의 몸으로 나타나시어 "이미" 주님을 믿고 따르는 제자들을 찾아오시어 그럼에도 성령받을 것을 명하신 것입니다. 이미 예수를 믿고 따르는 제자들에게 성령받을 것을 명하신 것입니다.

요20:22 …그들을 향하사 숨을 내쉬며 이르시되 성령을 받으라

성령은 어느 기독교 이단들이 말하는 것처럼 비인격적인 하나님의 에너지가 아닙니다. 그분은 인격적 존재인 인간을 지으신 창조주의 영이십니다. 인격 중에도 가장 탁월한 창조주의 성령이십니다. 그분은 인간의 자유의지를 침해하지 않습니다. 만약에 침해하신다면 이 땅에서 성도로서 죄지을 사람은 단 한 사람도 없을 것입니다.

그래서 우리의 자유의지에서 나오는 순종을 원하십니다. 순종이 제사보다 낫다고 하십니다. 그러므로 반드시 우리의 자유의지로 진실한 믿음과 간절한 기도로 성령님을 인격적으로 구하고 환영하고 모셔 드려야 합

니다. 눅11:13 그럴 때 앞서 말한 대로 마치 바람처럼 우리가 알지 못하는 시점에 우리 안으로 내주하십니다.

타락한 천사들인 귀신은 사람의 의지와는 전혀 상관없이 자신의 생각을 예수를 믿고 안 믿는 모든 사람 안에 불어넣을 수 있습니다. 그래서 가룟 유다에게 예수를 팔 생각을 불어넣은 것입니다. 그러나 사람의 몸 안으로는 절대로 함부로 들어가지 않습니다. 눅8:32-33 이것은 보편적인 것입니다.

그래서 그들이 사람 몸 안으로 들어갈 때는 먼저 사람의 몸 밖에서 자신이 사람의 자유의지로 인격적으로 받아들여지기를 몸 밖에서 계속 추궁합니다. 그래도 안 받아들이면 무병이라는 병원에 가도 병명도 안 나오는 신병으로 고통을 줍니다. 그래서 결국 사람의 자유의지로 귀신을 모셔 드리는 의식을 지극정성으로 간절히 드릴 때 비로소 사람의 몸 안으로 들어갑니다. 그것이 바로 신 내림의 내림굿입니다.

그래서 내림굿으로 신을 받으려고 이른 새벽부터 먼저 목욕재계하고 이른 아침 높은 산에 (이는 하나님의 에덴동산, 아라랏산, 모리아산, 시내산처럼 산에서 인간을 만나는 하나님의 역사를 모방하는 것임) 신 어머니를(중보자를 모방) 대동하고 올라가 온갖 지극정성으로 의식행위를 하므로 신 내림을 (사람 몸 안으로 신 내주) 받습니다.

이처럼 성령 하나님 역시도 먼저 사람의 몸 밖에서 복음이 믿어지게 하

영원한 복음 천국 복음

는 성령의 <u>임재</u>는 하나님의 구속섭리에서 성령의 주권적으로 나타나지만, 그러나 성령 하나님이 우리몸 안으로 <u>내주하심은</u> 반드시 우리 자유의지의 믿음에서 나오는 간절함으로 성령을 구하고 모셔드리는 기도가 (예배) 있어야 합니다. 하나님은 구원받은 자녀라도 자유의지를 침해하지 않으십니다. 그래서 자유의지의 순종을 원하십니다.

> 눅11:13 너희가 악할지라도 좋은 것을 자식에게 줄 줄 알거든 하물며 너희 하늘 아버지께서 구하는 자에게 성령을 주시지 않겠느냐 하시니라

그래서 성령 충만 역시도 일시적 충만과 지속적 충만으로 성령 충만의 차이가 존재하듯이 성령역시도 성령의 임재와 내주하심에는 차이가 있습니다. 우리가 예수를 처음 믿을 때, 아직 내 안에 예수로 인한 죄 문제가 해결되지 않았을 때, 그래서 복음이 처음으로 믿어지고 우리의 걸음을 교회로 인도하시는 성령은 내주하신 성령이 아니라 임재하신 성령님이십니다.

즉 불신자 상태에서 우리를 예수께로 이끄시는 아버지께서 보내신 성령이십니다.

> 요6:44 나를 보내신 아버지께서 이끌지 아니하시면 아무도 내게 올 수 없으니 오는 그를 내가 마지막 날에 다시 살리리라

그래서 임재하시는 성령님에 의하여 우리 안에 예수 십자가의 도를 믿

는 믿음이 생기고 회개를 이끄시어 예수를 구세주로 주님으로 믿고 영접하고 신뢰하는 믿음을 주시는 것입니다. **고전12:3, 엡2:8 (앞서 말한 것처럼 성령님도 어둠의 영들처럼 사람의 몸 밖에서 성령의 생각을 임의로 불어넣으실 수 있습니다. 이것이 임재입니다.)**

또한 이처럼 임재하시는 성령님은 우리가 여전히 죄악 가운데 살아갈 때 떠날 수도 있는 성령이십니다. 말 그대로 임재 그 자체입니다. 그러나 이제 임재하시는 성령에 의하여 처음으로 그 믿음이 신실하고 간절하여 구하는 성령은 우리 안으로 내주하시는 성령이십니다. **요14:20, 계3:20** 그리고 이렇게 내주하시는 성령은 우리의 성화를 이끄시고 우리와 영원히 세상 끝나는 날까지 항상 함께하시는 성령 하나님이십니다. **마28:20, 롬 8:38-39**

성부, 성자, 성령 삼위일체 하나님은 분리되지 않습니다. 만약에 분리되면 하나님이 두 분 세 분이 되시는 것입니다. 그러므로 성자가 우리 안에 영원히 거하시면 성령도 성부도 항상 영원히 우리 안에 우리와 함께하십니다. 하나님은 한 분이십니다. **딤전2:5**

그러므로 성령은 성결의 영이시기에 우리 안에 죄 문제가 먼저 해결되어야 우리 안으로 내주하십니다. 그래서 예수님이 공생에서 가장 먼저 외치신 말씀이 바로 '회개하라'입니다. 회개만이 아니라 회개와 천국을 동시에 선포하신 것입니다. **마4:17**

영원한 복음 천국 복음

천국은 죄가 없는 의에 나라이기에 우리 안에 천국의 실제가 내주하시려면 먼저 우리 안에 죄 문제가 깨끗이 해결되어야 합니다. 그래야 우리는 천국 백성이 되며 우리 몸은 천국의 실제이신 하나님이 거하시는 성전이 되어 갑니다. 엡2:21-22

성령의 인치심이란? 우리가 동사무소에서 가족 관계 증명서를 발급받으면 각 도시의 시장님이 도장을 찍음으로 증명서의 내용을 보증하듯이 성령의 인치심 역시도 성령받은 자들에게(내주하심) 우리의 최종 구원을 하나님이 보증하는 것입니다. 그래서 하나님의 자녀 됨을 하나님이 인을 치는 것입니다.

> 엡1:13-14 13. 그 안에서 너희도 진리의 말씀 곧 너희의 구원의 복음을 듣고 그 안에서 또한 믿어 약속의 성령으로 인치심을 받았으니 14. 이는 우리 기업의 보증이 되사 그 얻으신 것을 속량하시고 그의 영광을 찬송하게 하려 하심이라

여기서 우리 기업의 보증이란 장차 하나님의 완전한 구원의 보증을 말씀하는 것입니다. 그래서 악한 자가(원수마귀와 어둠의 영) 성령받은 성도를 만지지도 못하는 것입니다. 요1서5:18

그러므로 다른 죄는 용서받아도 성령을 모독하는 죄는 사함을 받지 못한다는 것입니다. 이는 인치심과 직결되기 때문입니다. 마12:31 그러므로 세상에는 예수를 믿는 자와 안 믿는 자로 나누어지는 것이 아니라 성령받

은 자와 안 받은 자로, 영으로 사는 자와 육으로 사는 자로 나누어지는 것입니다. 그래서 죄인은 반드시 물과 성령으로 거듭나야 합니다. 그래야 하나님 자녀가 되기 때문입니다.

> **롬8:14** 무릇 하나님의 영으로 인도함을 받는 그들은 곧 하나님의 아들이라
>
> **요1:13** 이는 혈통으로나 육정으로나 사람의 뜻으로 나지 아니하고(아담 안에서 여자의 몸으로) 오직 하나님께로부터(하나님의 성령으로 거듭남) 난 자들이니라
>
> **히2:11** 거룩하게 하시는(예수) 이와 거룩하게 함을 입은 자들이(성도) 다 한 근원에서(한 성령) 난지라 그러므로 형제라 부르시기를 부끄러워하지 아니하시고

그러므로 모든 인류에게는 보편적으로 신(神의 기운, 영의 기운)기가 있습니다. 그 신이 하나님의 성신이든(성령) 사단이 부리는 악신이든(엡6:12, 악의 영) 신의 영향을 받고 받으며 살아갑니다. 그러나 그 신은 어디까지나 1차적으로는 몸 밖의(임제) 신입니다. 그리고 2차적으로는 몸 안으로 내주하는 신인데 그러한 내주하는 신의 영향을 받고 사는 사람들이 이 땅에 하나님의 종인 성도들과 사단이 부리는 종인 무속인들입니다.

예수는 그리스도이시며 우리의 구세주 되시자 왕이신 주님 되시며 지금도 살아 역사하시는 창조주 하나님의 아들이시며 어제나 오늘이나 영원토록 동일하신 분입니다. 아멘!

성령 충만이란

엡5:18 술 취하지 말라 이는 방탕한 것이니 오직 성령으로 충만함을 받으라

성도들의 성화와 선한 열매 등 모든 신앙의 절정은 성령 충만에서 이루어집니다. **요16:13** 성령은 진리의 성령이시자 진리 되신 예수를 증거하시는 성령이십니다. **요16:14** 그래서 성령은 성부와 성자로부터 보냄을 받아 세상에 오신 분입니다. 그러므로 진리의 말씀을 떠나서 성령 충만이나 성령의 인도를 받는다는 것은 모두가 뜬구름 잡는 것입니다.

기도만으로도 성령 충만은 안 되는 것입니다. 신앙 가운데 말씀 없이 기도만으로 성령 충만이나 성령의 인도를 받는다는 것은 일시적으로 어쩌다 한두 번은 좋을지 모르지만 그러나 지속적이면 그것은 신비주의 직통계시를 받는다는 영지주의가 되는 지름길입니다. 그래서 성도가 기도만으로 주님의 음성을 육신의 귀로 직접 듣는다는 것은 참으로 위험한 신앙입니다.

사단도 때로는 광명의 천사로 가장하여 하나님의 성경 말씀으로 성도를 미혹하기 때문입니다. **마4:6** 그래서 그가 아무리 주의 종이나 장로나

그 어떤 직분을 받은 성도라 할지라도 날마다 말씀과 기도로 깨어 살지 않으면, 사단은 그들을 통하여서도 자신의 말을 하며 그 말들로 성도를 미혹합니다. 예수님의 수제자라 불리는 베드로 사도에게 그러했다면, 지금의 성도들에게는 두말할 것도 없습니다. 마16:16, 23

그러므로 주님의 음성을 듣는다며 기도에만 몰두하지 마시고 날마다 계시된 진리의 성경 말씀 안에서 진리의 성령의 조명을 받아 하나님의 뜻을 분별해야 합니다. 요16:13-15

> 요1서2:27 너희는 주께 받은 바 기름 부음이 너희 안에 거하나니 아무도 너희를 가르칠 필요가 없고 오직 그의 기름 부음이 모든 것을 너희에게 가르치며 또 참되고 거짓이 없으니 너희를 가르치신 그대로 주 안에 거하라

그러므로 성령 충만이나 성령 인도는 항상 말씀과 찬송과 기도가 함께 충만해야 합니다. 기도만도 아니고 말씀만도 아닙니다. 말씀과 찬송과 기도는 항상 함께하는 것입니다. 신앙에서 말씀과 기도는 둘이 아니라 성부와 성자처럼 하나입니다. 요10:30 하나님은 성경 말씀으로 나에게 말씀하시고 나는 기도로 하나님께 아뢰는 것입니다. 쌍방이 함께 교제하는 것입니다.

그래서 기도와 말씀 충만이, 곧 성령 충만이고, 성령 충만이 곧 진리 되신 예수 충만이며, 예수 충만이 곧 예수와 하나 되신 하나님 충만입니다. 그래서 날마다 성령 안에서 말씀과 찬송과 기도 가운데 주님과 교제 없이 성령 충만이나 성령 인도를 받는다는 것은 허상을 잡는 것입니다. 그

러므로 우리가 날마다 주님과 교제 가운데 살아갈 때 성령 안에서 우리의 성품이 성화되어 가는 것입니다.

창조주 하나님의 모든 피조물이 한자리에 모여 조직신학 시험을 본다면 사단이 1등 한다는 말이 있습니다. 사단은 하나님의 공의에 대해 너무도 잘 압니다. 그 공의의 기준은 항상 성경 말씀입니다. 공의의 하나님은 당신 스스로 성경 말씀을 부인하거나 외면하거나 성경을 거스를 수 없습니다. 요16:13-15 하나님 당신 스스로 성경 말씀을 거스른다면 이는 성경은 하나님의 말씀이 아니란 것이 되기 때문입니다.

그래서 사단이 이것을 잘 알기에 광야에서 예수님을 성경 말씀으로 시험하고 예수님도 성경 말씀으로 사단의 시험에서 승리한 것입니다. 마4:7-7 결국 이것만 보더라도 이원론자들의 주장처럼 지금 창조주 하나님과 사단은 전쟁 중이 아닙니다. 사단은 하나님의 전쟁 상대가 되지 못합니다.

사단도 하나님의 말씀에 의하여 제한된 범위 안에서 세상을 대하고 하나님을 대하는 것입니다. 지금 세상의 전쟁은 사단을 비롯한 어둠의 영들과 여자의 후손으로 오신 그리스도의 몸 된 지체들이 성경 말씀의 공의 가운데서 치르는 전쟁입니다. 사단은 성부 하나님의 전쟁 상대가 되지 못합니다. 성자 예수는 이미 십자가에서 죽으심과 부활하심으로 사단의 권세를 박살 내고 승리하셨습니다. 창3:15

그러므로 지금 사단의 전쟁 상대는 아직도 교회의 머리 되신 예수의 승리를 확신하지 못하고 살아가는 무지한 성도들과 또한 그 승리 소식을 듣지 못한 창세전에 그리스도의 몸 된 지체로 택함 받은 그의 백성들입니다. **엡1:4, 행13:48** 그래서 하나님의 백성들은 마귀 권세를 이기신 예수의 이름과 권세와 능력으로 예수님처럼 성경 말씀에 의지하여 마귀를 대적해야 합니다. 그럴 때 머리의 승리가 곧 몸의 승리가 되는 것입니다.

> **약4:7** 그런즉 너희는 하나님께 복종할지어다 마귀를 대적하라 그리하면 너희를 피하리라

그러므로 말씀 자체는 곧 창조주 하나님의 공의이기 때문에 사단도 피조물로서 하나님의 말씀인 성경 말씀 앞에서는 그것을 부인할 수 없습니다. 그래서 영적 전쟁은 지리적으로 땅 따먹는 전쟁이 아니라 거룩한 하나님 백성들이 스스로 짓는 죄와의 전쟁입니다. 또한 성도들이 거룩을 거슬러 짓는 죄와의 전쟁은 결국 진리와의 전쟁입니다. 성도는 진리로 거룩하게 되기 때문입니다. **요17:17**

> **딤전4:5** 하나님의 말씀과 기도로 거룩하여짐이라

예수님이 십자가에서 인류의 죄값을 치르기 전까지 원수마귀는 하나님의 형상인 사람의 몸을 직, 간접적으로 공격했습니다. **눅4:18** 그러나 이제 예수님이 십자가 대속을 치르시고 오순절 이후로 성령으로 성도들 안으로 내주하시어 성도의 몸을 하나님의 거룩한 성전 삼으심으로 사단마귀도 이때부터 전술을 바꾸었습니다.

영원한 복음 천국 복음

사단의 전술은 다름 아닌 거룩하신 하나님의 백성들의 생각에 자신의 생각을 불어넣어 그들 스스로가 죄를 짓게 만드는 것입니다. 하나님의 거룩한 성전 삼으신 성도들 스스로 온갖 불법 불의와 음란하고 추하고 더럽고 부정한 생각으로 죄를 짓게 하여 거룩하신 하나님의 성전 된 몸을 직간접적으로 공격하는 것입니다. 최후의 심판 날이 가까이 다가오므로 최후의 발악을 하는 것입니다.

그래서 하나님의 거룩한 성전 된 성도들 스스로 온갖 죄를 짓게 만들어 결국 거룩하라 하신 하나님의 말씀을 무색하게 만듭니다. 하나님이 아닌 성도들에게 진리를 무력화시키는 것입니다. 그러므로 사단과 어둠의 영들을 대적하는 성도들의 무기는 다름 아닌 진리의 말씀과 기도입니다.

> 엡6:17-18 17. 구원의 투구와 성령의 검 곧 하나님의 말씀을 가지라 18. 모든 기도와 간구를 하되 항상 성령 안에서 기도하고 이를 위하여 깨어 구하기를 항상 힘쓰며 여러 성도를 위하여 구하라

기도와 찬송과(곡조 있는 기도) 말씀으로 우리 안을 먼저 내적 성령 충만으로 채우면 사단이 아무리 더럽고 음란하고 부정한 생각을 불어넣어도 우리마음의 중심은 요동하지 않습니다. 마음을 거룩하게 지키는 것은 오직 진리의 말씀과 찬송과 기도로 충만하게 하는 것이 곧 마음을 지키는 것입니다.

> 레11:45 나는 너희의 하나님이 되려고 너희를 애굽 땅에서(마귀의 종살이)

인도하여 낸 여호와라 내가 거룩하니 너희도 거룩할지어다

요17:17 그들을 진리로 거룩하게 하옵소서 아버지의 말씀은 진리니이다

딤전4:5 하나님의 말씀과 기도로 거룩하여짐이라

그러므로 성도들의 마음이 날마다 말씀과 찬송과 기도로 충만하지 않으면 세상 사람들처럼 귀신의 놀이터가 되는 것입니다. 그런데 왜 "날마다" 말씀과 기도로 거룩함을 받아야 합니까? 거룩함이 이틀이나 삼 일, 정도 가지를 않습니까? 라고 말할 수 있습니다. 그러나 아닙니다. 앞에서 이미 여러 번 말했듯이 우리가 예수를 믿을 때 우리의 죄책은 제거되었지만 죄성은(**죄오염**) 여전히 남아 있습니다.

그래서 모든 생각과 마음이 쉼을 갖는 밤에 잠을 자고 아침이 되면 다시 죄성으로 예수 중심에서 내 중심으로 세상 중심으로 다시 리셋되기 때문입니다. 이것은 여러분이 단 하루만 말씀과 찬송과 기도 없이 살아 보면 금방 알 수 있습니다. 물론 신앙의 경륜에 따라서 사람마다 다르게 나타날 수도 있습니다.

그러나 그럼에도 마귀에게 틈을 주지 말고 날마다 말씀과 찬송과 기도로 거룩함을 추구해야 합니다. 그래서 쉬지 말고 기도하라는 것이 우리를 향하신 하나님의 뜻입니다. **살전5:17-18** 이 말씀은 쉬지 말고 거룩함을 추구하라는 말씀과 동일합니다. 그래서 무릇 지킬 만한 것 중에 마음을 지키라는 것입니다.

잠언4:23 모든 지킬 만한 것 중에 더욱 네 마음을 지키라 생명의 근원이 이에서 남이니라

그러므로 성도의 무기인 검은, 물질이나 돈이 아니라 칼이나 총이 아니라 바로 성령의 검, 곧 진리의 성령 안에서 우리 마음의 심비에 새겨져 다시 나의 입술을 통하여 예수의 큰 믿음 안에서 선포되는 하나님의 말씀이 바로 성도들의 검입니다. 무기입니다. 사단을 무찌르는 무기입니다. 사단도 결국 성경을 부정하지는 못합니다. 그것은 창조주의 말씀이기 때문입니다.

사단도 타락하기 전에는 하나님으로부터 기름부음을 받은 존재입니다 **겔28:14** 그래서 사단도 부리는 영으로서 능력과 실력이 대단합니다. 그러나 하나님의 형상인 사람들 앞에서 하나님처럼 되려는 것을 최고의 존재 가치로 여기는 사단에게는 없는 것이 있습니다. 그는 창조주 하나님처럼 부활과 생명과 말씀이 없습니다. 그래서 성도들의 강력한 무기가 바로 사단에게 없는 부활의 생명에서 나오는 창조주 하나님의 말씀입니다.

거듭 말하지만 절대로 사단은 창조주의 성경 말씀을 부인하거나 거부하거나 무시할 수 없습니다. 그런데 정작 성경을 무시하는 것은 사단이 아니라 오히려 창조주 하나님을 믿는다는 어리석은 성도들이 성경을 무시합니다. 그래서 이방 종교의 부적이나 또는 입춘대길 가화만사성 같은 좋은 글귀를 집 안에 붙이거나 지니고 있으면 그 글자에서 선한 영향력이 나에게 미치는 줄 알고 오늘도 좋은 성경 말씀을 액자에 담아 거실에 걸

어두고 흐뭇해하며 자신의 종교성을 스스로 위로합니다.

뿐만 아니라 새해가 되면 이방 종교의 신년운수 뽑듯이 말씀 뽑기를 하며 마치 하나님을 귀신 섬기듯 합니다. 그들은 십자가에 달리신 예수와 날마다 하나 되어 사는 것보다 십자가 나무와 하나 되어 사는 것을 더욱 좋아합니다. 그들은 말씀 묵상보다는 십자가 목걸이를 호신용으로 자동차나 몸에 항상 지니고 다니는 것을 더욱 좋아합니다.

그러나 기독교 하나님의 말씀은 반드시 읽고 깨달아서 그 깨달음이 나의 마음에 새겨져야 합니다. 아니면 아무리 하나님의 말씀이라도 그것은 그 사람에게는 죽은 문자에 지나지 않습니다. 머리에서 거부하는 것은 마음에서도 거부하기 때문입니다.

오래전 청빈의 삶을 사시다 입적한 불교계의 큰 어른이신 성철 스님이 남긴 유명한 명언이 있습니다. 다들 아시는 대로 "산은 산이요 물은 물이로다"입니다. 무슨 말입니까? 말씀 그대로입니다. 물은 물일 뿐, 물 그 이상 이하도 아니란 것입니다. 산은 산일 뿐, 산 그 이상 이하도 아니란 것입니다. 돌은 돌일 뿐이며 돌 그 이상도 이하도 아니란 것입니다.

아무리 돌에다 사람 형상을 새겨도 돌은 돌 그 이상 이하도 아니므로 그 앞에 엎드려 절하지 말라는 것입니다. 쇠붙이도 마찬가지입니다. 사람들은 청동으로 금으로 무슨 형상을 만들어 그것에 신성을 부여하여 절을 하지만 그것은 철이나 금 그 이상 이하도 아니란 것입니다. 거기다 아무리 사람 형상을 새기고 만들어도 그것에서 어떤 영험함이나 신비함 같은 일은 없다는 것입니다.

그러므로 세상에서 가장 순수하고 단순한 것은 어린아이처럼 돌을 돌로 보는 것이며 산을 산으로 물을 물로 있는 그대로 바라보라는 것입니다. 나무를 깎아 아무리 새의 형상이나 짐승의 형상으로 만들어도 그것은 결국 나무 그 이상 이하도 아니란 것입니다. 그래서 불나면 모두 타 버리는 것입니다. 호박은 호박이고 수박은 수박입니다. 호박에 줄긋는다고 수박되는 것이 아니란 것입니다.

그래서 그 앞에서 절하고 우상 숭배 하지 말라는 것입니다. 돌이나 나무로 금으로 청동으로 아무리 사람 형상으로 만들어도 그러한 것들은 눈이 있어도 보지 못하고 코가 있어도 냄새도 못 맡으며 귀가 있어도 듣지도 못하고 눈 있어도 보지 못하고 입이 있어도 말하지 못하고 머리가 있어도 생각조차도 하지 못합니다. 심지어 자기 몸뚱이 하나도 간수 못 해서 도굴꾼의 장물이 되어 이 집 저 집 지하실로 도망 다니는 신세도 면하지 못하는데 왜 그 앞에서 엎드려 절하고 소원을 빌고 비는가입니다. **시 115:4-8**

성경 말씀도 마찬가지입니다. 성경 말씀도 여러분이 읽고 묵상함으로 깨달아 여러분의 마음이나 생각에 새기지 못하면 그것은 그 사람에게는 하나의 죽은 문자입니다. 글자 역시도 글자는 글자일 뿐입니다. 글자 자체에서 어떤 선한 영향력이 나타나서 나를 성화로 이끈다거나 원수를 물리치거나 하는 일은 기독교에는 처음부터 없었습니다.

십자가 나무도 나무는 나무일 뿐입니다. 그리고 성도가 날마다 함께하며 하나를 이루어야 하는 분은 십자가 나무가 아니라 십자가에 달리신 예수님이십니다. 십자가 나무에서 마귀를 물리치는 권세가 나오는 것이 아니라 십자가에 달리신 예수 이름의 권세에서 마귀가 물러가는 것입니다. 원수마귀의 지능을 과소평가하면 상당히 위험합니다. 마10:16, 행19:13-16

십자가 나무가 신비한 능력을 발하고 그 나무가 마귀권세를 물리친다면 전 세계에서 십자가가 가장 많은 우리나라에는 원수마귀가 하나도 없어야 맞는 말이 됩니다. 그러나 결과는 그와는 정반대입니다. 우리나라에 얼마나 많은 성도들과 주의 종들이 원수마귀의 종 노릇 하는지 모릅니다. 심지어 십자가가 세워진 교회 공동체 안에서도 말입니다. 왜 그렇습니까? 날마다 말씀과 찬송과 기도로써 십자가에 달리신 예수와 하나를 이루는 것보다, 날마다 십자가와 함께하는 것을 더 좋아하기 때문입니다. 요5:39-40

그래서 원수마귀는 날마다 말씀과 찬송과 기도로 깨어 있지 않은 사람들의 생각과 마음을 미혹하여 자신의 종 노릇 하게 만듭니다. 이스라엘 백성들이 애굽의 바로 왕 앞에서 출애굽 할 때 바로 왕이 그냥 순순히 보내 주지 않았습니다. 보내 주고도 오히려 끝까지 추격하여 따라왔습니다. 원수마귀도 마찬가지입니다. 우리가 예수 그리스도를 믿음으로 천국 백성이 되어도 여전히 우는 사자처럼 삼킬 자를 찾아 배회합니다.

벧전5:8 근신하라 깨어라 너희 대적 마귀가 우는 사자 같이 두루 다니며 삼킬 자를 찾나니

그러므로 오직 성령 안에서 말씀을 날마다 읽고 깨달아 나의 생각과 마음의 심비에 새겨진 그 말씀이 다시 나의 입술을 통하여 예수 이름의 권세로 선포될 때 원수마귀가 물러가고 나의 혼과 영과 관절과 골수를 찔러 쪼개는 능력의 말씀이 되는 것입니다.

히4:12 하나님의 말씀은 살아 있고 활력이 있어 좌우에 날선 어떤 검보다도 예리하여 혼과 영과 및 관절과 골수를 찔러 쪼개기까지 하며 또 마음의 생각과 뜻을 판단하나니

기독교는 성경을 최고의 권위에 둡니다. 그러므로 날마다 말씀과 찬송과 기도로써 주님과 생명의 교제 가운데 사는 삶이 곧 생명의 성령의 삶이자, 성령 충만의 삶입니다. 날마다 생명의 성령께서 주님과 교제 가운데서 우리를 율법의 요구인 사랑의 삶을 이룹니다. **롬8:4** 그래서 날마다 주님과 생명의 교제 없이는 그 누구도 말씀 순종의 삶을 이룰 수가 없습니다.

심지어 빌2:13이 말씀하는 구원과 성화도 이룰 수가 없으며, 요15장이 말씀하는 선한 열매도 없으며, 여기에서 알곡과 가라지와 쭉정이가, 양과 염소가, 등불만 든 다섯 처녀와, 기름까지 든 다섯 처녀가, 또한 그날에 상급과 심판이 바로 날마다 주님과 생명의 교제의 여부에 따라서 달라지

며 심지어 성도의 하루도 바로 여기에서 결정이 됩니다.

많은 분들은 이것을 경건의 삶이라고 합니다. 그러나 이러한 잘못된 사고에서 성도들이 세상 사람과 구분이 안 되는 것입니다. 이것은 해도 되고 안 해도 되는 것이 아니라 성도라면 반드시 날마다 해야 하는 것입니다. 여기에서 날마다 예수의 풍성한 생명으로 살 것인가, 아니면 예수 믿기 전 나의 옛사람으로 살 것인가 하는 하루가 여기에서 결정되기 때문에 이것은 경건의 삶이 아니라 천국과 지옥의 경계선입니다. **요10:10, 계3:1**

그래서 이것은 하나님이 명하신 이 땅 천국 백성들 삶의 매뉴얼입니다. 이 땅에서 하늘의 시민권을 둔 천국 백성은 세상 사람들과 달리 또는 이방 종교인들과 달리 천국 백성 매뉴얼에 따라 살아야 합니다. 이것은 우리 선택의 여지가 없습니다. 그러므로 날마다 말씀과 찬송과 기도로써 주님과 생명의 교제 가운데서 살아가는 것, 이것만이 성령 충만의 삶입니다. 그리고 성령 충만은 두 가지가 있습니다. 지속적인 충만과 일시적인 충만이 그것입니다. 이 부분에 대하여는 이종일 목사님께서 올린 너무도 귀한 영상이 있습니다. 추가 설명이 필요 없을 정도로 정말 훌륭하게 잘 정리해 주셨습니다.

하나님이 기뻐 받으시는 성도들의 옳은 행실은 오직 성령 충만으로 완성됩니다. 그리고 성경에는 두 가지 의미의 성령 충만이 나옵니다. 특히 사도행전 4장 31절과 사도행전 6장 3절에 각각의 다른 성령 충만을 말씀하고 있습니다.

영원한 복음 천국 복음

요약하면 4장에 나오는 성령 충만은 마치 풍선을 불면 즉시 부풀어 오르듯이 일시적인 성령 충만을 말하며, 6장에 나오는 성령 충만은 마치 달이 초승달에서 만월이 되듯이 서서히 조금씩 변화되는 지속적인 성령 충만을 말하는 것입니다.

여기서 일시적인 충만이란? 성도들이 함께 모여 그 자리에서 합심으로 뜨겁게 기도하고 찬양하고 예배할 때 일시적인 성령 충만함이 일어납니다. 부흥회나 기도원 같은 곳에서나 아니면 교회가 함께 모여 찬송하고 기도할 때 일시적인 성령 충만이 임하는 것입니다. 그때 병도 고쳐지고 방언도 일어나며 은사들도 받습니다.

그런데 그것은 지속되지 못합니다. 그것은 가정과 직장으로 우리의 삶의 자리로 돌아가면 그 능력이 그 은혜가 지속되지 않습니다. 이러한 충만은 하나님의 살아 계심과 성령체험은 하지만 그러나 성도의 인격적인 변화는(성화) 일으키지는 못합니다. 인격적인 변화는 앞서 말한 지속적인 성령 충만을 받아야 합니다.

그럼 지속적인 충만이란? 그것은 날마다 말씀과 기도 가운데 주님과 교제 가운데서 일어나는 것으로 지속적인 충만이 일어나는 것입니다. 이 같은 지속적인 충만에서 비로소 우리의 성화가 앞당겨지는 것입니다. 지속적인 충만 가운데 주님과의 인격적인 교제 가운데서 우리의 인격의 변화가 일어나는 것입니다.

그러므로 교회를 수십 년씩 그렇게 오래 다니고도 성도들이 변화되지 않는 데는 두 가지 이유가 있습니다. 한 가지는 성령님의 인격을 무시하는 것과 다른 한 가지는 이 두 가지의 충만을 구하지 않아서 그러한 것입니다. 다시 말해 자기 자신을 자기가 통치하려는 마음 때문입니다. 성령님을 인격으로 모셔드리지도 않으며 영접하지도 않고 그냥 무시하고 하루하루를 살아가기 때문에 성령 충만도 성화도 이루지를 못하는 것입니다.

그러므로 참으로 중요한 것은 성도들에게는 이 같은 일시적인 충만과 지속적인 충만 둘 다 절대적으로 필요하다는 것입니다. 날마다 말씀과 기도로써 주님을 의식하며 주님과의 교제 가운데서 오는 지속적인 성령 충만도 필요한 것이며, 또한 성도들이 함께 모여 그의 나라와 그의 의를 위하여 뜨겁게 찬양하고 합심으로 뜨겁게 기도하는 일시적인 충만도 필요한 것입니다.

그러므로 둘 중에 어느 한쪽만 옳다. 맞다 하고 한쪽에만 치우친다면 결국 세월낭비, 시간낭비, 허송세월 보내는 것입니다. 로이드 존스 목사님 말씀처럼 성도의 신앙이 어느 한쪽으로만 치우친다면 이미 그 사람 안에는 마귀 역사가 시작되었다고 보는 것이 가장 정확한 진단입니다.

그렇습니다. 우리는 본질상 말씀과 기도를 싫어합니다. 정확히 우리 의지는 본질상 하나님과 관계된 일들을 싫어합니다. 이것은 우리의 죄성으로 본질상 그렇다는 것입니다. 그럼 여기서 믿음의 의지란 무엇입니까? 그것은 그럼에도 날마다 나의 본질의 의지를 꺾고 나의 의지를 주님께로

영원한 복음 천국 복음

향하는 것입니다. 결국 우리의 구원이란 그동안 나로 살아온 나의 주권을 예수 안에서 창조주 하나님께 돌려드리는 것이기 때문입니다.

그래서 가장 먼저 나의 의지를 예수 안에서 하나님과 함께하는 것으로 향하는 것입니다. 이것이 기독교의 구원입니다. 그러므로 이러한 두 가지의 성령 충만이 있다는 것을 항상 묵상하며 어느 자리이든 성령 충만받는 은혜의 자리를 더욱더 사모하여, 우리의 성화도 이루고 또한 하나님이 기뻐 받으시는 옳은 행실의 삶으로 하나님께 영광 돌리는 삶을 추구하시기 바랍니다. 성도로서 세상에서 인생의 답을 찾듯이, 우물에서 숭늉 찾지 말고 먼저 날마다 말씀과 찬송과 기도 가운데서 주님과 생명의 교제로 성령 충만의 자리를 먼저 찾으시기 바랍니다.

예수는 그리스도이시며 우리의 구세주 되시자 왕이신 주님 되시며 지금도 살아 역사하시는 창조주 하나님의 아들이시며 어제나 오늘이나 영원토록 동일하신 분입니다. 아멘!

생명 성령의 법이란

롬8:1-2 1. 그러므로 이제 그리스도 예수 안에 있는 자에게는 결코 정죄함이 없나니 2. 이는 그리스도 예수 안에 있는 생명의 성령의 법이 죄와 사망의 법에서 너를 해방하였음이라

하나님이 주신 계명은 무엇입니까? 십계명 1-4의 하나님 사랑과 5-10의 이웃 사랑입니다. 성경에서 가장 큰 계명이 무엇입니까? 그것은 하나님 사랑입니다. **마22:37** 그럼 하나님을 사랑하는 것은 무엇입니까? 그의 계명을 지키는 것입니다. **요1서5:3** 다시 말해 하나님의 말씀에 순종하는 것입니다. **요14:21, 15:10**

그럼 새 계명은 무엇입니까? 주님이 우리를 사랑하심 같이 너희도 서로 사랑하라는 것입니다.

> **요13:34** 새 계명을 너희에게 주노니 서로 사랑하라 내가 너희를 사랑한 것 같이 너희도 서로 사랑하라

그럼 사랑은 무엇입니까? 사랑은 하나를 이루는 본질입니다. **엡4:3, 요17:21-24** 그럼 하나를 이룬다는 것은 무엇이며, 어떻게 이루는 것입니까?

사람은 구조적으로는 영육 또는 영혼과 육체로 구분되지만 기능적으로는 영과 혼과 육으로 되어 있습니다. **살전5:23** 앞에서 말한 대로 영은 하나님을 아는 기관이며 혼은 나를 아는 기관이며 육은 세상을 아는 기관입니다. 그래서 먼저 하나를 이룬다는 것은 하나님과 나와 주님의 몸 된 지체들이 성령 안에서 서로 하나 되어 함께하는 것입니다. **엡4:3, 요17:21-23**

　기독교의 신비한 4연합이 있습니다. 1. 성부 성자 성령의 삼위일체 하나님의 신비한 연합이 있습니다. 2. 성자 예수 안에 인성과 신성의 연합이 있습니다. 3. 성자와 성도와의 연합이 있습니다. 4. 성령 안에서 성자 예수를 믿는 모든 성도들 상호 간의 연합이 있습니다. 그러므로 성도인 우리 안에는 삼위일체 하나님이 항상 함께 내주해 계십니다. **요14:16-20**

　삼위는 분리되지 않으십니다. 만약에 분리되면 하나님이 한 분이 아니라 두 분 세 분이 됩니다. 그러나 하나님은 한 분이십니다. 그래서 우리가 알든 모르든 이 땅에 성령받은 모든 성도는 이미 성령 안에서 삼위일체 하나님의 신성의 연합에 참여한 것입니다. 이 연합은 성령 안에서 유기적 연합입니다. **요14:20, 17:21-22**

　그래서 우리가 성령 안에서 중보기도를 하면 기도의 선한 영향력이 세상에 흩어져 있는 모든 성도들에게 나타나는 것입니다. 그러므로 앞서 말한 사랑의 하나 됨이란 바로 이 연합을 구체화하는 것입니다. 이것이 사랑입니다. 그래서 그 하나 됨을 좀 더 구체적으로는 영적인 것으로 혼적인 것으로 육적인 것으로 그리고 물질적인 것으로 하나를 이루는 것입니다.

그럼 사랑의 하나를 어떻게 이룹니까? 먼저 **영적인 것으로는** 진리입니다. 그래서 우리는 서로 할 수만 있다면 전도와 선교를 통하여 세상 모든 민족과 함께 먼저는 영과 진리의 예배, 진리의 말씀과, 진리의 찬송과, 진리 되신 예수 이름의 기도와, 진리의 복음 전도 등, 진리와 관련된 모든 것으로 이 땅의 성도로 부름 받은 모든 교회들과 서로 함께 나누고 교제하고 누려야 합니다.

그리고 **혼적인 것으로는** 희로애락을 함께 나누는 것입니다. 즉 울자와 함께 울어 주고 웃을 자들과 함께 기뻐하는 것입니다. 서로의 마음의 기쁨과 근심의 모든 무거운 짐을 함께 나누는 것입니다. **롬12:15**

> **롬15:27** …그들의 영적인 것을 나눠 가졌으면 육적인 것으로 그들을 섬기는 것이 마땅하니라

그리고 **육적인 것으로는** 몸으로 하는 섬김과 봉사를 말합니다. 그리고 **물질적인 것으로는** 구제와 선교입니다. 그래서 우리가 각종 이름으로 헌금을 하는 것입니다. 이렇게 영적 혼적 육적 물질적 전인격적으로 먼저 하나님과 (**요4:24, 영과 진리 예배**) 그리고 이웃과 형제들과도(**롬12:1, 산 제물 예배**) 하나를 이루는 것입니다. **엡4:3** 이것이 성경이 말하는 사랑의 정의입니다. 그래서 먼저 하나님이 예수 안에서 우리를 그렇게 전인격적으로 하늘에서 땅으로 수직으로 사랑해 주셨습니다. 그리고 이제 그 사랑을

받은 우리들에게 수평으로 이웃과 형제들에게 그 사랑을 흘려보내라는 것이 주님이 주신 새 계명입니다. 요13:34 주님이 우리를 먼저 사랑하심같이 우리들도 먼저 사랑하라는 것입니다. 마7:12 그래서 이것이 주님을 사랑하는 것입니다. 요1서5:3 이것이 행2:43-47에 나오는 코이노니아, 성도교제의 정석입니다. 영과 혼과 육에서 물질적인 것이 추가된 것은 물질이 있는 곳에 우리의 마음이 있기 때문입니다. 마6:21

그래서 여기까지가 영적으로 혼적으로 육적으로 물질적으로 사랑이라는 하나를 이루는 것입니다. 하나님의 사랑은 하나를 이루는 본질입니다. 그래서 주님이 이루시는 교회의 진정한 부흥은 바로 여기에서 출발합니다. 이러한 사랑의 하나 됨은 부흥의 원천입니다. 이것은 인간의 자력으로 이루는 부흥이 아니라 교회의 머리 되신 주님이 이루시는 부흥의 원천입니다.

행2:47 하나님을 찬미하며 또 온 백성에게 칭송을 받으니 주께서 구원받는 사람을 날마다 더하게 하시니라 (43-46절 참고)

그런데 제가 하고 싶은 말은 여기부터입니다. 문제는 우리의 힘과 능으로는 이렇게 살 수 없다는 것입니다. 우리의 죄성으로 우리는 이렇게 살 능력이 없습니다. 우리에게는 선을 행할 능력이 없다는 것입니다. 롬3:12 아담 안에서 난 모든 인류 가운데 보편적 질병이 하나 있다면 그것은 하나님 사랑의 부재, 즉 아버지 사랑의 결핍입니다.

그래서 우리의 자원으로는 하나님이 요구하시는 사랑의 삶을 이룰 수가 없습니다. 오늘날 한국 교회가 세상으로부터 비판을 받는 이유는 교회가 어떻게 사는 것이 하나님의 말씀을 이루며 사랑과 공평과 정의로 사는 것인지를 몰라서가 아닙니다. 모두가 하나같이 어떻게 사는 것이 사랑이고 하나를 이루는 것이며 공평과 정의가 무엇인지도 너무도 잘 안다는 것입니다.

그동안 많은 강단의 설교가 어떻게 하면 사랑으로 하나 됨을 이루고 사는 방법은 가르쳐 주지 않고, 하나같이 죄와 사망의 법인 "무엇을 하라! 하지 마라!" 윤리와 도덕과 율법만 가르쳐 다들 어떻게 살아야 하는지는 모두 잘 안다는 것입니다. 그래서 우리에겐 선에 대한 지식이 없는 것이 아니라 선을 행할 능력이 없다는 것을 인지해야 합니다.

그래서 주님이 이렇게 말씀하신 것입니다.

> 요15:5 나는 포도나무요 너희는 가지라 그가 내 안에, 내가 그 안에 거하면 사람이 열매를 많이 맺나니 나를 떠나서는 너희가 아무 것도 할 수 없음이라

인류의 타락과 죄성을 모두아신 하나님이 구약에서 죄와 사망의 법인 율법을 주신 것은 자신스스로 죄인의 신분을 철저히 돌아보게 하시어 장차오실 구세주를 소망하여 예수 그리스도를 믿게 하시려고 모세를 통하여 죄와 사망의 법인 율법을 주신 것이며 이것이 옛 언약입니다. 그래서

영원한 복음 천국 복음

율법은 죄와 사망의 법입니다. **롬8:2, 창22:17-18, 요8:56**

하나님께서 타락한 인류 가운데 이스라엘을 먼저 택하시고 그들을 본보기로 모세를 통하여 그들에게 지키지도 못할 율법을 주시고 한마디로 그들이 그 법을 지키면 의롭다 하시어 당신의 백성으로서 함께하시겠다는 것입니다. **신6:17-25**

결국 그들이 지키지도 못할 것을 아시기에 그들은 의인이 아니라 죄인됨을 돌아보게 하시어 죄에서 구원할 구원자 그리스도에게로 인도하는 것입니다. 그래서 율법은 죄와 사망의 법이자 그리스도께로 인도하는 초등교사입니다.

> **롬3:20** 그러므로 율법의 행위로는 그의 앞에 의롭다 하심을 얻을 육체가 없나니 율법으로는 죄를 깨달음이라

그러므로 하나님이 이제 그들에게 구약에서 다시 새 언약을 이렇게 주십니다. 이것은 천천히 묵상하며 살펴야 합니다. 시간을 들이면 들인 만큼 큰 은혜가 임할 줄 믿습니다.

> **겔36:25-27** 25. 맑은 물을 너희에게 뿌려서 너희로 정결하게 하되 곧 너희 모든 더러운 것에서와 모든 우상 숭배에서 너희를 정결하게 할 것이며(장차 십자가 예수 안에서) 26. 또 새 영을(성령) 너희 속에 두고 새 마음을(빌2:5, 고전2:16, 그리스도의 마음) 너희에게 주되 너희 육신에서 굳은 마음

을 제거하고 부드러운 마음을 줄 것이며 27. 또 내 영을(고전6:19) 너희 속에 두어 너희로 내 율례를(마22:37-40, 요13:34) 행하게 하리니 너희가 내 규례를 지켜 행할지라(롬5:5를 통하여 롬8:4를 이루신다는 것)

렘31:31, 33 31. 여호와의 말씀이니라 보라 날이 이르리니 내가 이스라엘 집과 유다 집에 새 언약을 맺으리라… 33. 그러나 그 날 후에 내가 이스라엘 집과 맺을 언약은 이러하니 곧 내가 나의 법을(롬8:2 성령으로 율법을 이루는 생명의 성령의 법) 그들의 속에 두며 그들의 마음에 기록하여 나는 그들의 하나님이 되고 그들은 내 백성이 될 것이라 여호와의 말씀이니라

그래서 이것을 퀘스트 성경에서는 이렇게 주석을 합니다. "새 언약은 옛 언약과 상대가 되는 말로, 옛 언약은 곧 시내산에서 체결된 '모세 언약'을 가리킨다. 이스라엘은 옛 언약을 지키는 데 실패했다. 하지만 오늘날 믿는 자들은 새 언약하에 살고 있다. 새 언약은 예수님의 십자가 죽음으로 인해 체결된 '십자가 언약'을 가리킨다. 새 언약은 옛 언약과는 다르다. 새 언약하에서 하나님은 우리 죄를 용서해 주셨고, 하나님의 말씀을 돌판이 아닌 우리의 마음속에 새겨 놓으셨다. 옛 언약은 우리에게 의로움을 보여 주었지만, 새 언약은 우리 안에 의로움을 만들어 주었다. 따라서 오늘날 믿는 자들은 예수님의 십자가 대속(代贖)으로 인해 의로운 백성 곧 '성도'(聖徒)가 되었다."

성경 다른 곳 한 곳을 더 봅니다.

영원한 복음 천국 복음

겔11:19-20 19. 내가 그들에게 한 마음을(예수 마음) 주고 그 속에 새 영을 (성령) 주며 그 몸에서 돌 같은 마음을 제거하고 살처럼 부드러운 마음을 주어 20. 내 율례를 따르며 내 규례를(새 계명) 지켜 행하게 하리니 그들 은 내 백성이 되고 나는 그들의 하나님이 되리라

한마디로 새 언약은 예수 십자가의 도 안에서 먼저 우리를 그의 피로써 정결하게 하시고 우리 속에 새 영과 새 마음을 주시고 하나님의 법을 우리 마음에 기록하여 하나님의 율례와 규례를(새 계명) 지켜 행할 수 있도록 해 주시고 그로 인하여 하나님은 우리의 하나님이 되시고 우리는 하나님의 백성이 되게 하시겠다는 새로운 약속입니다. 그래서 새 언약입니다.

다시 말해 하나님께서 새 영과(성령) 새 마음을(예수 마음) 주셔서, 날마다 부인되어야 하는 우리의 돌 같은 굳은 마음을 제거하고 살같이 부드러운 마음을 주셔서 하나님의 계명에 순종하며 살게 해 주시겠다는 약속입니다. 그럴 때 우리는 하나님의 백성이 되고 하나님은 우리의 하나님이 되어 주신다는 것입니다.

그러므로 생명의(예수 안에 하나님의 생명) 성령의 법으로 죄와 사망의 법인 율법을 이루며 살게 하시고 하나님은 그런 자들의 하나님이 되어 주시고 우리는 하나님의 백성이 된다는 것입니다. 다시 말해, 하나님께서 새 영과 새 마음을 주셔서 돌같이 굳은 우리의 마음을 제거하고, 살같이 부드러운 마음을 주셔서 하나님의 율례와 규례를 지켜 행하게 해 주시겠다는 약속입니다. 그래서 새 언약은 하나님께서 이 법을 친히 우리 생각에

두고 마음에 기록하시겠다는 것입니다. 이것이 새 언약의 천국 복음입니다. 한마디로 하나님이 구약의 백성들처럼 몸 밖에서가 아니라 몸 안으로 내주하시어 하나님의 성품인 율법이 요구하는 사랑의 삶을 살게 해주시어 죄성을 가진 우리로 하나님의 아들로 영광으로 살도록 해주시겠다는 것입니다. 빌2:13, 요14:20

> 요14:20 그 날에는(오순절 날) 내가 아버지 안에, 너희가 내 안에, 내가
> 너희 안에 있는 것을 너희가 알리라

여러분! 천지를 지으신 창조주가 사람 몸 안으로 내주하신 사건을 그냥 그러려니 하며 가볍게 들으실 말씀이 절대 아닙니다. 사람이나 하나님의 관점에서 이것은 실로 엄청난 일입니다. 에덴 이후 인류사에 나타난 일 중에 가장 놀랍고 엄청난 사건이 창조주 하나님이 사람 몸 안으로 내주하시어 사람 몸을 당신의 성전 삼으신 사건입니다. 그래서 이것을 앞서 말한 구약에서 새 언약으로 약속하신 것입니다.

그래서 하나님의 법을 우리 생각과 마음에 기록하신다는 것은, 하나님이 친히 성령으로 주님 안에서 우리 마음에 하나님을 사랑하는 마음과 이웃을 사랑하고 긍휼히 여기는 마음을 주시겠다는 것입니다. 그래서 이 마음이 곧 그리스도의 마음입니다. 하나님을 사랑하고 이웃을 내 몸 같이 온전히 사랑하신 분은 오직 예수님 한 분이십니다. 그런데 그 예수님의 마음을 우리에게 주시어 우리도 예수님처럼 사랑하며 살게 하시겠다는 것입니다. 예수 안에서 하나님의 아들로 영광으로 살게 하시겠다는

것입니다. 그래서 우리가 예수를 믿음으로 성령 안에서 예수의 마음을 받은 것입니다. **빌2:5, 고전 2:16** 성경 말씀을 읽고 들음으로도 하나님의 계명을 알 수 있지만, 그보다 먼저 우리 마음에 하나님을 사랑하고 이웃을 사랑하는 사랑의 마음과 긍휼이 여기는 그리스도의 마음을 주신다는 것입니다. 그리고 그리스도의 마음을 주신 것만이 전부가 아니라 또한 "그렇게 살도록" 성령 안에서 이루어 주신다는 것입니다.

롬5:5 소망이 우리를 부끄럽게 하지 아니함은 우리에게 주신 성령으로 말미암아 하나님의 사랑이 우리 마음에 부은 바 됨이니(**아버지의 사랑은 성령 안에서 날마다 말씀과 기도로 예수와 생명의 교제 가운데서만 부어집니다.**)

로마서 8:1-4 1. 그러므로 이제 그리스도 예수 안에 있는 자에게는(**십자가의 도를 믿음으로 성령으로 예수와 하나 된 자**) 결코 정죄함이(**하나님의 진노의 심판**) 없나니 2. 이는 그리스도 예수 안에 있는 생명의 성령의 법이(**성령 안에서 날마다 말씀과 기도로 예수와 생명의 교제 가운데 하나 되어 사는 삶**) 죄와 사망의 법에서(**율법**) 너를 해방하였음이라 3. 율법이 육신으로 말미암아 연약하여 할 수 없는 그것을(**율법순종**) 하나님은 하시나니 곧 죄로 말미암아 자기 아들을(**예수**) 죄 있는 육신의 모양으로 보내어 육신에 죄를 정하사 4. 육신을 따르지 않고 그 영을(**성령**) 따라 행하는 우리에게 율법의 요구가(**요13:34, 마22:37-40 새 계명**) 이루어지게 하려 하심이니라

롬8:9-10 8. 피차 사랑의 빚 외에는 아무에게든지 아무 빚도 지지 말라 남을 사랑하는 자는 율법을 다 이루었느니라 9. 간음하지 말라, 살인하

지 말라, 도둑질하지 말라, 탐내지 말라 한 것과 그 외에 다른 계명이 있을 지라도 네 이웃을 네 자신과 같이 사랑하라 하신 그 말씀 가운데 다 들 었느니라 10. 사랑은 이웃에게 악을 행하지 아니하나니 그러므로 사랑은 율법의 완성이니라

이것이 생명 성령의 사랑의 법으로 죄와 사망의 법인 율법이 요구하는 사랑의 완성을 이루는 것입니다. 그래서 하나님은 구약에서 스스로 맹세 하신 앞서 말한 새 언약을 이루시기 위해 예수그리스도를 새 언약의 중보 자로 이 땅에 보내신 것입니다.

히9:15 이로 말미암아 그는 새 언약의 중보자시니 이는 첫 언약 때에 범 한 죄에서 속량하려고 죽으사 부르심을 입은 자로 하여금 영원한 기업 의 약속을 얻게 하려 하심이라

이 부분에 대하여 권영세 목사님은 그의 저서 《새 언약의 천국 복음》 설교집 42면에서 이렇게 말씀합니다.

예수님은 새 언약의 중보자이십니다. 둘째 것이 새 언약입니다. 예수님은 새 언약을 이루시기 위해서 새 언약의 중보자로 오셨습니다. 히9:15 그러 므로 엄밀히 말해 새 언약을 모르면 예수님도, 구원도, 복음도, 천국도 모 르는 것입니다. 왜냐하면 예수님이 이 땅에 오신 이유와 목적이 하나님 께서 맹세로 약속하신 새 언약을 이루시기 위하여 새 언약의 중보자로 오신 것이기 때문입니다. 렘31:31-33, 히9:15, 10:9-10 옛 언약으로 사는 것

영원한 복음 천국 복음

이 아니라, 새 언약으로 사는 것입니다. 육신의 생명으로 사는 것이 아니라, 주님의 생명으로 사는 것입니다. 사람에게서만 가르침을 받는 것이 아니라, 성령의 기름 부으심으로 가르침을 따라 사는 것입니다. 육신의 마음으로 사는 것이 아니라, 주님의 마음으로 사는 것입니다. 내가 하는 것이 아니라, 주님이 하게 하시는 것입니다. 이렇게 사는 것이 하나님의 뜻입니다.

그래서 새 언약의 중보자로 오신 주님이 이렇게 말씀하신 것입니다.

마11:28 수고하고 무거운 짐(옛 언약의 율법) 진 자들아 다 내게로 오라 내가(새 언약의 성령의 법으로) 너희를 쉬게 하리라
히7:16 그는(예수) 육신에 속한 한 계명을(옛 언약) 따르지 아니하고 오직 불멸의 생명의 능력을(새 언약) 따라 되었으니

그러므로 우리가 율법 전부를 항상 온전히 지킬 수 없어서 결국 죄와 사망의 법인 율법이 우리의 생각에 서로 사랑하라 긍휼히 여기라 용서하라는 계명을 주입하지 않아도 성령이 그리스도의 마음 안에서 우리 마음에 하나님을 사랑하고 이웃을 사랑하는 마음과 긍휼히 여기고 용서하는 마음을 심어 주시고 또한 그렇게 살도록 이끌어 주신다는 것이 바로 새 언약입니다. 그래서 그 마음이 바로 우리가 예수를 믿음으로 성령 안에서 받는 예수의 마음입니다.

빌2:5 너희 안에 이 마음을 품으라 곧 그리스도 예수의 마음이니

그래서 예수께서 나의 돌 같은 마음에 하나님 사랑과 이웃을 사랑하는 마음을 주시고 날마다 예수와 하나를 이루며 살 때 또한 그렇게 살도록 성령께서 인도하신다는 것이 새 언약입니다. 롬8:4 그래서 예수님이 이 땅에 오신 목적 중에 하나는 바로 첫째 것을 폐하시고 둘째 것을 세우는 것입니다.

여기서 첫째 것이란 하나님이 모세를 통하여 주신 옛 언약 율법입니다. 이는 육신의 생명과 관계된 것이며 사람의 힘으로 내가 스스로 지켜야 하는 것이며 결국 육신의 생명으로는 지킬 수 없기에 죄와 사망의 법입니다. 그러나 둘째 것이란 예수 안에서 주어지는 새 언약이자 하나님의 생명과 관련된 것이며 내가 지키는 것이 아니라 성령 안에서 주님이 나를 통하여 이루어 주시는 생명의 성령의 법입니다. 하나님의 생명은 오직 주님 안에만 있습니다. 그래서 주님이 나를 떠나서는 아무것도 할 수 없다고 하신 것입니다. 요1서5:11-12, 요1:17, 15:5, 롬8:2

영원한 복음 천국 복음

죄와 사망의 법인 율법이 우리에게 요구하는 것은 이중사랑 즉 하나님 사랑 이웃 사랑입니다. (십계명, 마22:37-40) 그래서 성령께서 율법이 요구하는 이중사랑의 삶으로 우리를 이끄신다는 것입니다. 롬8:4 또한 그 사랑의 삶으로 율법의 완성을 이루신다는 것입니다. 그러므로 첫째 것인 옛 언약은 죄인의 육신의 생명으로는 하나님의 계명을 지키지 못하므로 십자가에서 파기된 언약입니다. 히10:9-10

엡2:15 법조문으로 된 계명의 율법을 폐하셨으니…

골2:14 우리를 거스르고 불리하게 하는 법조문으로 쓴 증서를 지우시고 제하여 버리사 십자가에 못 박으시고

그래서 새 언약 아래서 성령으로 거듭난 천국 백성은 생명의 성령의 법으로 율법이 요구하는 사랑을 이루며 살아가는 것입니다. 그 무엇보다도 먼저 날마다 진리의 성령 안에서 말씀과 찬송과 기도로 예수와 하나를 이루므로 예수의 마음이 나의 마음을 주장하여 율법이 요구하는 사랑의 삶을 이루는 것이 새 언약인 생명 성령의 법입니다. 이것이 성령으로 예수 안에 있는 하나님의 생명으로 하나님의 율법이 요구하는 사랑을 이루며 사는 것입니다.

요1서5:11 또 증거는 이것이니 하나님이 우리에게 영생을 주신 것과 이 생명이 그의 아들 안에 있는 그것이니라

그래서 기독교는 생명의 종교 즉 하나님 생명의 종교입니다. 날마다 성

령으로 예수 안에 있는 하나님의 생명으로 하나님의 말씀을 이루며 사는 이 땅 천국 백성의 공동체가 바로 교회입니다. 이것이 신비이자 새 언약의 생명(예수 안에 있는 하나님의 생명) 성령의 법입니다. 이것만이 하나님의 뜻대로 사는 법입니다. 마7:21

> **롬8:1-2** 1. 그러므로 이제 그리스도 예수 안에 있는 자에게는 결코 정죄함이 없나니 2. 이는 그리스도 예수 안에 있는 생명의 성령의 법이 죄와 사망의 법에서 너를 해방하였음이라

그래서 성도로서 날마다 이것을 거부하고 사는 것이 죄이고 불법입니다.

> **마7:23** 그 때에 내가 그들에게 밝히 말하되 내가 너희를 도무지 알지 못하니 불법을(성령의 법 거부하고 사는 것) 행하는 자들아 내게서 떠나가라 하리라

그런데 많은 주의 종들과 성도들이 아직 이 같은 둘째 것인 새 언약의 생명의 성령의 법을 몰라서 첫째 것인 자신 스스로의 힘으로 죄와 사망의 법인 율법을 이루는 삶을 살도록 가르치고 또한 성도들이 그렇게 살아가며 사람 앞에서나 하나님 앞에서 자신을 인정받으며 살아가려 합니다.

그러므로 예수를 믿는다 하면서도 아직도 내 힘과 능으로 순종하는 삶을 살려 한다면 그것은 복음도 신앙도 아무것도 아닌 이방 종교입니다. 그런 것은 예수를 거부하는 이방 종교 사람들도 그렇게 행하고 삽니다.

영원한 복음 천국 복음

그러나 참된 기독교가 말하는 복음의 신앙이란 날마다 순종의 삶을 살기에 앞서 먼저 날마다 말씀과 찬송과 기도로 먼저 예수와 하나를 이루는 것입니다. 우리가 예수를 믿는 이유는 날마다 예수와 함께 살기 위한 것입니다. **살5:10**

그래서 예수께서 나를 통하여 그분의 말씀을**(새 계명)** 이루시는 것이 복음이고 신앙이며 이것이 기독교입니다. 이것이 갈2:20의 오직 내 안에 예수께서 나를 통하여 사시는 것입니다. 그래서 이것이 예수 안에서 참된 안식을 누리는 것입니다. 날마다 주님과 하나 되어 나의 머리 되신 주님이 나를 통하여 그분의 일을 하심으로 몸인 나는 안식을 누리는 것입니다. 그래서 주님께서 "수고하고 무거운 짐진**(율법)** 자는 다 내게로 오라 내가 너희를**(새 언약 안에서)** 쉬게 하리라"고 하신 것입니다. 그래서 안식의 참된 의미는 날짜를 기억하고 지키는 것이 아니라 안식의 주인이신 주님과 날마다 하나 되어 누리는 것입니다.

그러므로 새 언약 안에 사는 성도는 날마다 어떻게 하면 순종의 삶을 살까를 고민하는 것이 아니라, 먼저 어디서 어떻게 하면 날마다 예수와 하나를 이룰까를 먼저 고민하고, 고민했으면 또한 그렇게 행함으로 날마다 먼저 예수와 하나를 이루어야 합니다. 이것이 기독교의 참 신앙입니다. 그러므로 신앙이란 행함이 먼저가 아니라 관계가 먼저입니다. 그래서 이러한 새 언약의 예수 안에 있는 하나님 생명의 성령의 법을 모르는 많은 주의 종들이 오늘도 이방 종교처럼 이거해라 저거해라 이거 하지 마라 저거 하지 마라 하며 오늘도 내일도 신앙인을 길러내는 것이 아니라 종교인들을 양산하고 있습니다.

> **롬8:14** 무릇 하나님의 영으로 인도함을 받는 그들은 곧 하나님의 아들
> 이라

견해가 다를 수 있지만 우리가 주일날 드리는 공동체 예배는 예수와 깊은 교제 가운데서 하나를 이루는 데는 한계가 있습니다. 주일 예배가 잘못되었다는 것이 아니라 분명 한계가 있다는 것입니다. 그래서 주일 공동체 예배는 예배대로 드리되, 그러나 나의 생각과 말과(**성경 읽기와 찬송과 기도**) 육체의 전인격이 참여하는 교제로 날마다 먼저 예수와 하나를 이루어야 합니다. 여기서 성도의 성화와 승리의 삶이 나오는 것입니다. 그래서 날마다 목사, 장로, 권사, 집사 같은 사람 의지하지 말고 오직 교제 가운데서 예수님을 의지하고 의존하시기 바랍니다. 순종의 힘이 사람에게서 나오는 것이 아니라 오직 예수 안에서만이 나오기 때문입니다. 그래서 날마다 먼저 예수께 집중하지 않고서는 신앙에서 얻을 것이 정말 아무것도 없다는 것을 아셔야합니다. **요15:5**

> **고전16:22** 만일 누구든지 주를 사랑하지(사랑의 본질인 날마다 예수와 하나
> 되지) 아니하면 저주를 받을지어다…

그러므로 은혜는 공짜지만 은혜받는 자리까지는 나의 의지로 나아가야 하듯이 우리가 죄인에서 예수와 하나 됨은 오직 하나님의 은혜이지만 그러나 날마다 예수와 하나를 이루는 것은 우리 의지의 반영이 반드시 있

영원한 복음 천국 복음

어야 합니다. 우리는 본질상 말씀과 기도를 싫어합니다. 정확히 우리 의지는 본질상 하나님과 관계된 일들을 싫어합니다. 우리의 죄성으로 본질상 그렇다는 것입니다. 그럼 여기서 믿음의 의지는 무엇입니까? 그것은 그럼에도 날마다 나의 본질의 의지를 꺾고 나의 의지를 주님께로 향하는 것입니다. 결국 우리의 구원이란 그동안 나로 살아온 나의 주권을 예수 안에서 창조주 하나님께 돌려드리는 것이기 때문입니다. 그래서 날마다 가장 먼저 나의 의지를 예수 안에서 하나님과 임마누엘 함께하는 것으로 향하는 것입니다. 이것이 기독교의 구원입니다.

글의 분량이 늘어나 많이 부담되지만 그럼에도 이 부분에 대하여 지난날 저의 체험을 함께 나누어 보려 합니다. 예전에 협동목사로 섬길 때 성도 8~10명과 함께 찬송가 전곡으로 매일 새벽 또는 매일 저녁에 찬송 통독을 5번 정도한 적이 있었습니다. 방법으로는, 먼저 처음 1장부터 3~4곡을 이어서 부르고 찬송 가사를 가지고 즉흥으로 복음을 5~10분 정도 전합니다. 그리고 먼저 하나님 나라와 선교를 위하여 같은 기도제목으로 다 같이 합심으로 5분정도 기도를 합니다. 두 번째도 세 번째도 이와 같은 방법으로 하고 두 번째는 세상 나라의 권세자들을 위해서, 세 번째는 섬기는 교회의 주의 종과 성가대, 찬양 팀과 전도를 위하여 같은 기도제목으로 합심으로 기도합니다. 그리고 네 번째 마지막에는 자신들 각자의 기도제목을 놓고 또는 소원하는 중보기도제목을 놓고 기도하게 한 후 자유롭게 집으로 돌아갑니다.

이렇게 40일 정도하면 찬송가 전곡을 한 번 통독합니다. 그야말로 밤이면 밤, 새벽이면 새벽, 날마다 진리의 말씀과 진리의 찬송과 진리 되신 예수이름의 기도가 풍성한 천국잔치 자리였습니다. 저는 지금도 저의 신앙 30년 동안 아직도 그때의 은혜를 잊을 수가 없습니다. 정말 엄청난 일들이 날마다 일어났습니다. 엄청난 병 고침과 축귀와 영안이 열림과 예언과 환상과 방언과 물질의 축복과 형통의 복 등 엄청난 일들을 찬송가 통독 당시에 체험했습니다. 그리고 행2:43~47과 4:32 이하에 나오는 성령이 하나 되어 함께하는 성도의 뜨거운 사랑의 교제를 그때 깊은 체험을 했습니다. 그리고 이것이야말로 주님이 주님의 방법으로 교회를 부흥시키는 원리라는 확신을 갖게 되었습니다.

> **행2:47** 하나님을 찬미하며 또 온 백성에게 칭송을 받으니 주께서 구원 받는 사람을 날마다 더하게 하시니라

그리고 이것이 새 언약인 생명의 성령의 법으로 죄와 사망의 법인 율법이 요구하는 사랑을 이루는 원리라는 것도 당시에 체험했습니다. 그러므로 율법으로 아무리 사랑하라 용서하라 말하지 않아도 날마다 먼저 말씀과 찬송과 기도로 주님과 하나 되어 살면 성령께서 우리 마음에 하나님과 이웃을 사랑하는 마음과 용서하는 마음, 긍휼히 여기는 그리스도의 마음을 주시고 또한 그러한 삶으로 우리를 이끄신다는 것입니다. 이것이 새 언약의 천국 복음입니다.

그래서 사도 바울이 그리스도 예수 안에 있는 생명의 성령이 법이 죄와 사망의 법에서 우리를 해방하였다는 것입니다. 한마디로 생명의 성령의

법인 사랑의 삶으로 율법이 요구하는 이중사랑을 이루어 주시므로 우리가 죄와 사망의 법인 율법에서 해방되었다는 것입니다. **롬8:1-4**

그러므로 모세로 말미암은 옛 언약은 육신의 생명과 관련된 언약이고, 새 언약은 하나님의 생명 즉 성령으로 예수 안에 있는 하나님의 생명과 관련된 언약입니다. 육신의 생명으로는 하나님의 죄와 사망의 법인 율법을 이룰 수가 없습니다. 먼저 우리 안에 하나님의 사랑이 없이는 하나님이 요구하시는 사랑을 이룰 수가 없습니다. 그래서 우리 힘으로는 하나님을 사랑하고 이웃을 사랑하는 것은 전적으로 불가능합니다.

오직 성령 안에서 하나님의 생명인 예수의 생명으로만이 가능합니다.

> **요1서5:11** 또 증거는 이것이니 <u>하나님이 우리에게 영생을 주신 것과 이 생명이 그의 아들 안에 있는 그것이니라</u>

<u>그래서 날마다 성령으로 예수 안에 있는 하나님의 생명에서 아버지의 사랑이 먼저 부은 바 되어야 합니다.</u>

> **롬5:5** 소망이 우리를 부끄럽게 하지 아니함은 우리에게 주신 <u>성령으로 말미암아 하나님의 사랑이 우리 마음에 부은 바 됨이니</u>(**아버지의 사랑은 성령 안에서 날마다 말씀과 기도로 예수와 생명의 교제 가운데서만 부어집니다.**)

그래서 예수께서 나를 떠나서는 너희가 아무것도 할 수 없다는 것입니다.

요15:5 나는 포도나무요 너희는 가지라 그가 내 안에, 내가 그 안에 거하면 사람이 열매를 많이 맺나니 나를 떠나서는 너희가 아무 것도 할 수 없음이라

그러므로 날마다 예수를 떠나 살며 이것을 나의 힘으로 이루고 살려는 것이, 아직 옛 언약 아래 있는 곧 율법주의자입니다. 그러나 이것을 날마다 성령 안에서 이루며 사는 것이, 새 언약 아래 있는 생명 성령의 법으로 사는 참된 천국 백성 성도들입니다.

롬8:14 무릇 하나님의 영으로 인도함을 받는 그들은 곧 하나님의 아들이라

문제는 이것을 날마다 나의 힘으로 이루며 사는가 아니면 성령 충만 가운데서 날마다 성령 안에서 이루며 사는 가의 차이입니다. 그럼 생명 성령의 법으로 죄와 사망의 법인 율법을 이루려면 성령 충만을 어떻게 받습니까? 그것이 바로 앞서 말한 대로 날마다 가장 먼저 성령 안에서 말씀과 찬송과 기도로 주님과 풍성한 생명의 교제를 갖는 것입니다. 그래서 주님이 나를 통하여 하나님의 선한 일을 이루며 사는 것입니다.

하나님이 성령 안에서 예수님을 통하여 하나님의 선한 일을 하심같이 주님 역시도 성령 안에서 성도를 통하여 주님의 선한 일을 하시는 것입니다. 그래서 주님이 나를 통하여 그분의 선한 일을 하시는 것이 결국 선한 열매입니다. 요14:10, 15:16 두 성구를 찬찬히 묵상해 보시기 바랍니다.

그러므로 날마다 말씀과 찬송과 기도 가운데서 주님이 나를 통하여 머리로서 줄기로서 그분의 선한 일을 하시는 것입니다. 포도나무 되신 주님의 가지인 성도는 줄기가 열매를 맺는 하나의 수단이고 도구입니다. 가지의(성도) 그 어떠함이 열매로 나타나는 것이 아니라 줄기의(주님) 그 어떠함이 열매로 나타나는 것입니다. 그래서 성도는 어쩌다가 아니라 날마다 성령 충만을 받아야 합니다.

> 엡5:18 술 취하지 말라 이는 방탕한 것이니 오직 성령으로 충만함을 받으라

우리가 아버지께 나아가는 경로는, 항상 성령 안에서 성자 예수로 말미암아, 성자 예수 안에서 성부 하나님께 나아가는 것입니다. 요14:6 그러므로 성령 충만이란 먼저 진리(말씀) 충만입니다. 성령은 진리의 성령이시기 때문입니다. 그래서 진리 충만이 성령 충만이고, 성령 충만이 예수 충만이며, 예수 충만이 곧 하나님 충만입니다.

그래서 가장 기본적인 성도의 신앙은 날마다 말씀과 찬송과 기도로 성령 안에서 주님과 생명의 교제 가운데서 사는 것이 바로 새 언약의 생명의 성령의 법으로 사는 것입니다. 그럴 때 내 안에 성령으로 아버지의 사랑이 부어진 바 됩니다. 롬5:5 그리고 그 사랑이 나를 통하여 낮고 천한 곳으로 흘러감으로 율법이 요구하는 사랑을 이루는 것이며 그래서 사랑의 삶은 율법의 완성이라는 것입니다. 롬8:4, 13:8-10

율법은(십계명) 예수 안에서 폐기된 것이 아니라 반드시 이루어야 하는 것입니다. 마5:17-18, 롬3:31 율법은 하나님의 성품이기 때문입니다. 그래서 율법이 요구하는 것은 사랑입니다. 하나님 역시도 사랑이십니다. 요1서4:8 그러므로 생명 성령의 사랑의 법으로 죄와 사망의 법인 율법을 이루며 살므로 예수 안에서 사랑의 하나님의 성품으로 성화되어 가는 것입니다.

> 엡4:24 하나님을 따라 의와(예수 안에서의 의) 진리의(예수의 말씀) 거룩함으로(예수 안에서 하나님의 거룩함에 참여) 지으심을 받은 새 사람을 입으라

그러므로 아직도 율법이 요구하는 하나님 사랑과 이웃 사랑의 이중사랑을 내 힘으로 이루며 살려는 것은 율법주의를 벗어나지 못한 것이며 아직 모세의 옛 언약 아래 사는 사람입니다. 그러나 진리 되신 예수의 새 언약은 오직 은혜의 언약입니다.

> 요1:17 율법은(옛 언약) 모세로 말미암아 주어진 것이요 은혜와 진리는(새 언약) 예수 그리스도로 말미암아 온 것이라

구약의 선지자 모세가 천국의 그림자인 가나안 땅을 왜 들어가지 못한 것입니까? 그것은 율법으로는 천국에 들어가지 못한다는 것을 하나님이 가르쳐 주신 것입니다. (그러나 모세는 변화산에 나타나신 것으로 보아 천국에 들어갔습니다.) 천국은 오직 은혜로 진리 되신 예수 그리스도로 말미암아 생명의 성령의 법으로만 들어가는 것입니다. 그래서 새 언약의 일꾼이 되어야 합니다.

고후3:6 그가 또한 우리를 새 언약의 일꾼 되기에 만족하게 하셨으니 율법 조문으로 하지 아니하고 오직 영으로 함이니 율법 조문은 죽이는 것이요 영은 살리는 것이니라

그러므로 신앙이란, 예수를 믿음으로 죄에서 구원받아 하나님의 천국 백성으로 생명의 성령의 법인 사랑의 삶으로 죄와 사망의 법인 율법을 이루며 예수를 닮는 것을 최고의 가치로 삼고 사는 것입니다. 천국의 실제이신 하나님의 본질이 사랑이시므로 천국은 사랑의 나라입니다.

거듭 말하지만 생명의 성령의 법이란 예수 안에 있는 하나님의 생명으로 성령의 인도를 받아 사는 법을 말합니다. 한마디로 성령 충만을 말합니다. 그래서 날마다 성령 안에서 주님과 생명의 교제 가운데서 주님이 나를 통하여 율법의 요구를 이루시는 것입니다. 이것이 요15장의 선한 열매를 얻는 방법입니다.

그러므로 성도로서 어쩌다가 아니라 3일에 한 번도 아니고 일주일에 한 번은 더더욱 아니며, 날마다 성령 충만의 삶을 구하고 살아야 합니다. 성도로서 날마다 주님과 생명의 교제 가운데 사는 것은 이미 창세전에 그리스도 안에서 우리를 택하실 때부터 정해진 답정너 같은 것입니다.

그것은 이미 그리스도께서도 이 땅에서 그렇게 사셨기 때문입니다. 그래서 이것은 변하지 않습니다. 이것은 천국 백성들이 이 땅에서 하나님 말씀에 순종하며 거룩하게 사는 적극적인 수단이자 천국 매뉴얼입니다.

그러므로 성도들의 모든 선한 열매와 상급과 충성과 전도 등의 모든 것은 바로 날마다 주님과 생명의 교제를 갖는 여기에서 결정되는 것입니다. 심지어 성도의 하루 역시도 아침에 주님과의 교제에서 결정됩니다. 그래서 성도들은 날마다 바로 여기에 목숨을 걸어야 합니다.

그래서 교제가 깊으면 깊을수록 더욱 풍성한 열매를 보장받는 것입니다. 이것 말고는 정말 신앙에 답이 없습니다. 신비한 체험도 아닙니다. 방언도 아닙니다. 답은 오직 하나입니다. 날마다 말씀과 찬송과 기도로써 주님의 풍성한 생명의 사랑이 나를 통하여 흘러가게 해야만 합니다. 요10:10

이것이 새 언약 아래 사는 방법입니다. 이것이 하나님이 이 땅에 모든 천국 백성들에게 새 언약의 생명의 성령의 법으로 옛 언약의 죄와 사망의 법인 율법을 이루며 살게 하신다는 것입니다. 뿐만 아니라 많은 주의 종들이 성도들에게 가르칩니다. 날마다 죽어라, 자기를 부인하라, 맞는 말씀입니다. 이것이 성도들이 하는 일중에 가장 위대한 일인 것은 분명합니다. 내가 죽어야 예수가 사시기 때문입니다. 갈2:20 내가 부인되어야 내 안에 예수께서 나를 통하여 당신의 선한 일을 행하시기 때문입니다. 요14:10 그런데 문제는 날마다 내가 죽는 것 부인되는 것, 또한 우리 힘으로는 절대 불가능하다는 것입니다.

그래서 이 또한 날마다 주님과 풍성한 생명의 교제 가운데 살아갈 때 그리스도의 마음이 나의 마음을 주장하여 주님 앞에 나는 부인되고 날마다 죽으며 예수 안에 하나님의 생명이 나를 통하여 성령의 법으로 죄와 사망의 법인 율법을 이루며 사는 것입니다.

지금 주변에 얼마나 많은 사람들이 종교의 영에 사로 잡혀 신앙이 아닌 종교생활을 하는지 모릅니다. 처음에는 신실한 천국백성으로 출발하지만 그러나 날마다 깨어 살지 못해 또는 천국백성 삶의 매뉴얼을 몰라 결국 자신도 모른 채 날마다 사단의 종 노릇 하며 살아갑니다. 우리가 바로 알아야 할 것은 인간의 종교성 하나만으로도 그 안에 하나님 없이도 얼마든지 수천 수만 명의 사람들이 모일 수 있다는 것을 알아야 합니다.

외형적으로는 교회처럼 옥상에 십자가 세우고 똑같은 성경으로 예배드리고 찬송하고 기도를 드려도 그 안에 하나님이 전혀 없이도 인간의 종교성 하나만으로도 얼마든지 수천 수만 수십만 명의 사람들이 충분이 모일 수도 있다는 사실을 아시기 바랍니다. JMS, 구원파, 은혜교회, 하나님교회, 신천지, 여호와중인 같은 우리나라의 수많은 기독교 이단들이 바로 그 대표적인 예입니다.

그들도 하나같이 하나님 찾고 예수님 찾고 우리와 비슷한 성경으로 예배드리고 찬송하고 헌금하고 선한 일을 도모합니다. 그럼 기독교가 왜 그들을 이단이라고 합니까? 이단이란 말은 한마디로 구원이 없다는 말입니다. 구원이 없다는 말은 예수가 없다는 말이며 예수가 없다는 말은 하나님이 없다는 말이며 하나님이 없다는 말은 결국 진리의 성령님의 역사가 없다는 말이며 이는 결국 그 안에 진리의 말씀이 없다는 말입니다. 진리의 복음이 없다는 말입니다. 교회는 교회 머리 되신 주님이 진리 위에

세웠기 때문입니다. **마16:18**

　그러므로 교회 안에 이단은 다름 아닌 성도로서 날마다 진리의 말씀과 찬송과 기도로 주님과 교제를 떠나 스스로 사는 사람들이 바로 교회 안의 이단입니다. 양의 탈을 쓴 염소입니다. 그래서 결국 진리의 말씀을 떠나 살면 이단 되는 것입니다. 사단은 생명과 부활과 말씀이 없기 때문에 성도로서 사단처럼 말씀 없이 날마다 말씀을 떠나 살면 이단 되는 것입니다. 앞서 말한 대로 기독교는 생명의 공동체이며 그 생명은 곧 말씀입니다.

> **요1:4** 그 안에(요1:1의 태초의 말씀) 생명이 있었으니 이 생명은 사람들의 빛이라

　그래서 날마다 말씀을 떠나 사는 것은 곧 생명을 떠나 사는 것입니다. 그러므로 십자가 세우고 교회가 크고 사람 많이 모이고 성경으로 예배드린다고 모두가 주님이 세우신 교회는 절대 아니란 것입니다. 주님이 세우신 교회는 날마다 말씀과 찬송과 기도로써 주님과 풍성한 생명의 교제를 갖는 것에 목숨 거는 공동체가 바로 주님이 세우신 교회입니다.

　예수는 그리스도이시며 우리의 구세주 되시자 왕이신 주님 되시며 지금도 살아 역사하시는 창조주 하나님의 아들이시며 어제나 오늘이나 영원토록 동일하신 분입니다. 아멘!

죄의 기원과 성경이 말하는 죄란

사53:5 우리는 다 양 같아서 그릇 행하여 각기 제 길로 갔거늘 여호와께

서는 우리 모두의 죄악을 그에게 담당시키셨도다

하늘과 땅의 원리는 "심상사성"(心想事成)의 원리입니다. 먼저 마음의(영적 세계) 어떤 상이(狀) 현실의(물리적 세계) 모양으로 나타나고 드러나는 것입니다. 그래서 하늘은 원인이고 땅은 결과입니다. 땅은 하늘을 반영합니다. 여기서 하늘은 영적 세계이며 땅은 물리적 세계입니다. 해 아래에는 새것이 없습니다. 전1:9

그래서 먼저 영적인 영혼의 기쁨과 슬픈 마음이, 땅의 흙으로 지음 받은 육체에 웃음과 눈물로 나타납니다. 먼저 영적인 세계의 그 어떠함이 물리적 세계에 그 어떠함으로 나타납니다. 그래서 영혼이(영적) 먼저 잘되어야 범사에(물리적) 잘되고 강건하다는 것입니다. 먼저 하늘의 하나님과 관계 회복이(평화) 일어나야 땅에서 사람들과의 관계에서도(평화) 잘된다는 것입니다.

그러므로 땅에서 나타나고 드러나는 모든 일은 먼저 하늘에서 그 원인이 있었습니다. 천지창조도, 반역이라는 죄도, 인류의 구속사도 먼저 하

늘에서 출발한 것입니다. 그래서 하늘에서 사단이 먼저 하나님처럼 되려는 반역의 원인이 일어났습니다.

> **사14:12-15** 12. 너 아침의 아들 계명성이여 어찌 그리 하늘에서 떨어졌으며 너 열국을 엎은 자여 어찌 그리 땅에 찍혔는고 13. 네가 네 마음에 이르기를 내가 하늘에 올라 하나님의 뭇 별 위에 내 자리를 높이리라 내가 북극 집회의 산 위에 앉으리라 14. 가장 높은 구름에 올라가 "지극히 높은 이와(**창조주 하나님**) 같아지리라 하는도다" 15. 그러나 이제 네가 스올 곧 구덩이 맨 밑에 떨어짐을 당하리로다

그리고 그 반역이 땅에서 이렇게 결과로 나타나고 드러났습니다.

> **창3:4-6** 4. 뱀이 여자에게 이르되 너희가 결코 죽지 아니하리라 5. 너희가 그것을 먹는 날에는 너희 눈이 밝아져 "하나님과 같이 되어" 선악을 알 줄 하나님이 아심이니라 6. …여자가 그 열매를 따먹고 자기와 함께 있는 남편에게도 주매 그도 먹은지라

이처럼 죄는 피조물이 하나님처럼 되려는 것에서 비롯된 것이고 구원은 반대로 하나님이 피조물인 사람처럼 되신 것에서 구원이 이루어진 것입니다. 하늘의 사단과 에덴의 아담은 피조물이면서도 창조주 하나님처럼 되려다 결국 죄가 시작되고, 구원은 오히려 둘째 아담 그리스도 그는 근본 하나님이시면서도 하나님처럼 되려는 것을 부인하고 죽기까지 순종하심으로 인류의 구원을 이루신 사건이 바로 십자가 도의 핵심입니다.

영원한 복음 천국 복음

빌2:6-8 6. 그는 근본 하나님의 본체시나 하나님과 동등됨을 취할 것으로 여기지 아니하시고 7. 오히려 자기를 비워 종의 형체를 가지사 사람들과 같이 되셨고 8. 사람의 모양으로 나타나사 자기를 낮추시고 죽기까지 복종하셨으니 곧 십자가에 죽으심이라

그러나 전지전능하신 하나님은 먼저 하늘에서 반역의 원인과 곧 땅에서 반역이라는 결과가 나타날 것을 이미 창세전에 미리아신 것입니다. 하나님은 인류의 반역을 창세전에 미리 아신 것입니다. 그래서 인류의 구원도 창세전에 먼저 시작되어, 우리가 창세전에 그리스도 안에서 택함 받은 것입니다. **엡1:4, 롬8:29, 16:25, 고전2:7**

이 말은 하나님이 창세전에 당신의 독생자를 이 땅의 구세주 그리스도로 먼저 택하시고, 그리스도 안에서 성도를 택하시고 그리고 성도들에게 그리스도의 모든 것을 덧입히시어(향유) 하나님의 형상인 그리스도의 형상으로 재창조하시려고 자기 백성들을 창세전에 택하셨다는 것입니다. 결국 창1:26의 하나님의 형상을 그리스도 안에서 다시 재창조하실 것을 창세전에 이미 예정하셨다는 것입니다. **엡1:4**

인류의 대표 첫 아담 안에서 잃어버린 하나님의 형상을 인류의 새 대표 둘째 아담 그리스도 안에서 그리스도로 말미암아 하나님의 형상으로 재창조하심으로 회복하실 것을 이미 창세전에 예정하셨다는 것입니다. **롬8:29-30**

그러므로 반역이라는 죄의 본질이 무엇입니까? 그것은 창조주를 떠나 스스로 살며 하나님처럼 되려는 것입니다. 그래서 사단의 종 노릇 하는 인류가 저들이 <u>알든 모르든</u> 오늘날 하는 모든 일들이 스스로 살며 하나님처럼 되려는 것입니다. 먼저는 하나님의 천지창조를 부인하여 빅뱅론이나 진화론 같은 이론과 가설을 만들어 창조주를 부인하고 둘째로는 하나님의 전지전능에 도전하여 생활의 모든 영역에서 스스로 살며 하나님처럼 되려는 것입니다. 무엇이든 자신들이 원하고 생각하는 대로 환경을 만들어 이루어 가는 것입니다.

그래서 장차 대중화될 홀로그램은 무소부재하신 하나님을, 투명망토나 투명인간은 영이신 하나님을, 스마트 폰과 장차 인공지능을 가진 각 가정마다 있을 도우미는 임마누엘의 하나님을, 영생을 추구하는 것은 영원하신 하나님을, 동물을 비롯한 인간 복제는, 창조의 하나님을 이처럼 자신들이 알든 모르든 사단의 종 노릇 하는 인간이 하는 모든 일들은 창조주를 모방하여 하나님처럼 되려는 사단이 대리만족하려는 역사입니다.

그래서 에덴의 선악과는 하나님처럼 되려는 사단이 하나님의 아들 형상을 통하여 대리만족한 사건입니다. 아담의 순종은 하나님만 받으셔야 하는데 하나님의 아들로 지음 받은 아담이 사단에게 순종한 사건입니다. 눅3:38 이처럼 하나님의 형상인 사람들 앞에서 하나님처럼 되려는 것에서 사단의 영향 아래 사는 오늘날 유교에서 드리는 제사의 기원이 나온 것입니다.

영원한 복음 천국 복음

제사 상차림의 음식들인 향, 촛불, 떡 같은 각종 음식들은 이스라엘 성막의 지성소의 하나님을 만나기 전 성소에 차려진 떡상, 분향단, 등잔대의 모형으로서 사단이 더 화려하게 형상화한 것입니다. 성소를 지나서 지성소 하나님을 만나러 가듯이 향 촛불 떡 같은 제사상의 음식으로 성소를 모방하여 지성소 하나님이 아닌 사단이 엎드려 절을**(예배)** 받는 것입니다.

고전10:20 무릇 이방인이 제사하는 것은 귀신에게 하는 것이요…

광야의 시험에서 예수님으로부터 절을 받지 못한 사단이 이제는 하나님의 형상인 사람들의 종교성과 무지함을 이용하며 성소의 음식으로 가장하여 인간의 가장 높고 존귀한 머리를 가장 낮은 땅에 엎드림으로 인하여 영광을 받는 것입니다. 그래서 원래 예배라는 것은 엎드려 절을 하는 행위입니다.

마치 무슬림의 기도처럼 불교의 삼보일배나 오체투지처럼 결국은 엎드려 절하는 것이 예배의 모형입니다. 그래서 이방 종교의 오체투지나 삼보일배 또는 기독교의 금식기도는 인간이 육체로 신에게 드리는 가장 간절한 기도이자 예배이자 경배 그 자체입니다. 기도가 곧 예배입니다. 그래서 우리가 예배당이라 부르는 교회를 성경에서는 만민이 기도하는 집이라고 합니다.

인간의 몸에서 가장 높고 존귀한 머리를 가장 낮은 땅에 엎드려 신을 공경하는 행위가 바로 예배입니다. 자신의 신체에서 가장 높고 존귀한 머리를 가장 낮은 땅에 대고 엎드리므로 자신의 위치를 신 앞에서 가장 낮은 위치로 강등하는 행위입니다. 그래서 세례 요한이 그는(예수) 흥하여야 하고 나는(세례 요한을 비롯한 모든 성도) 쇠하여야 하리라고 하신 것입니다. 요3:30

그래서 기독교의 예배는 이방 종교처럼 인간의 가장 높고 존귀한 머리를 영혼 없는 빈 지식으로 드리는 것이 아니라 성령 안에서 진리의 말씀으로 채우고 깨달아 온 맘으로 자신을 낮추어 가난한 심령으로 드리는 것이 기독교의 살아 있는 영과 진리의 예배의 핵심입니다. 요4:24

글이 조금 벗어났습니다. 그러므로 하늘이 원인이고 땅에 결과로 나타납니다. 땅은 하늘을 반영합니다. 먼저 하늘의 그 어떠함이 땅에 그 어떠함으로 나타납니다. 그래서 하나님이 에덴의 죄에 따른 벌과 저주 역시도 죄를 지은 원인의 순서대로 사단, 뱀-여자-남자 순으로 합니다. 창3:14-21 **(뱀과 사단은 하나입니다.)**

에덴에서 하나님은 인류의 왕이자 대표로 아담을 먼저 저주를 할 것 같은데 그러나 아담보다 반역의 원인을 제공한 하와를 먼저 저주하고 하와보다 반역의 원인을 먼저 제공한 뱀을 먼저 저주를 합니다. 죄의 원인과 그 원인의 결과로 나타난 순서대로 저주를 합니다.

사람을 외모보다 마음의 중심을, 일의 결과보다 과정과 동기를 더 중히 보시는 하나님이 에덴의 반역의 결과보다 원인과 동기인 뱀의 몸을 숙

영원한 복음 천국 복음

주 삼은 사단과 하나 된 뱀을 먼저 저주했습니다. 그럼에도 하나님은 아담과 하와를 그리스도의 새 마포 옷의 그림자 같은 가죽옷을 입혀 주시고 또한 그 여자의 후손으로 장차 죄의 원흉인 사단의 권세를 박살 낼 구원자를 보내 주시겠다는 은혜의 약속이 있었습니다. **창3:14~16, 3:21, 계19:8**

성경이 말하는 죄란 무엇인가

사람들이 죄에 대하여 이렇다 저렇다 말하는 것은 그렇게 중요하지 않습니다. 정말 중요한 것은 성경에서 하나님께서 죄가 무엇이라 말씀하는지가 중요합니다. 하나님만이 사람들을 천국과 지옥으로 심판하시기 때문입니다. **마10:28**

거룩하신 하나님의 거룩이란 단어는 세상의 그 어떤 단어로도 정의할 수 없지만 그러나 굳이 성경에 계시된 범위 안에서 정의 한다면, 거룩이란 창조주로서의 피조 세계와 구별됨과 또한 도덕적으로 윤리적으로 완전함을 말합니다. 또한 하나님은 사랑입니다. 그리고 그 사랑이란 하나를 이루는 본질입니다.

그럼 왜 사랑의 창조주로서 당신이 지으신 피조 세계와 하나 되지 못하고 거룩하게 구별되어야만 합니까? 그것은 세상이 죄악으로 가득 찼기 때문입니다. 하나님은 죄와 함께하실 수 없는 분입니다. **사59:2** 그래서 하나님은 독생자 예수 그리스도를 이 땅에 보내심은 우리의 죄를 대속하시기 위함입니다. 또한 우리를 죄에서 구원하신 이유는 거룩하신 하나님과

자든지 깨든지 우리와 함께 사시기 위함입니다. 하나님의 사랑은 하나를 이루는 본질이기 때문입니다. 엡4:3

> **살전5:10** 예수께서 우리를 위하여 죽으사 우리로 하여금 깨어 있든지 자든지 자기와 함께 살게 하려 하셨느니라

그래서 예수 그리스도는 둘째 아담으로 둘째 하와인 교회들과 항상 함께하시려고 하늘 보좌를 버리시고 이 땅에 오시어 우리를 죄에서 구원하시고 하나님 사랑의 하나 됨으로 우리와 함께하시는 것입니다. 요17:21-23 그런데 안타깝고 불행하게도 성도들은 물론이거니와 심지어 많은 주의 종들 중에서도 아직도 성경이 말하는 궁극적 복음이 무엇인지, 심지어 성경이 말하는 죄의 "본질"이 무엇인지도 모르는 분들이 너무나 많습니다.

그래서 그분들의 설교를 들어보면 이스라엘 역사 이야기를 비롯한 도덕이나 윤리 같은 이방 종교와도 크게 구분이 안 되는 것들을 하나님의 말씀이라고 가르치고 있습니다. 결국 갈라디아 교회처럼 믿음으로 구원받아 다시 율법주의를 가르칩니다. 그래서 많은 사람들이 착한 일을 하고 안하는 것으로 천국 가고 지옥 가는 줄 압니다.

그러나 분명한 것은 사람이 천국 가고 지옥 가는 것은 날마다 예수와 함께 살고 안 살고로 천국 가고 지옥 가는 것입니다. 그래서 먼저 성경이 말하는 죄는 예수를 안 믿는 죄입니다.

영원한 복음 천국 복음

왜 그렇습니까? 예수를 믿으면 함께 살고 안 믿으면 함께 살지 못하기 때문입니다. 예수를 믿는 믿음이란 결국 예수와 함께 살기 위한 수단이고 도구입니다. 예수 안에서 하나님과 함께 임마누엘의 삶을 살기 위한 것입니다. 그래서 예수를 안 믿으면 예수 안에서 하나님과 함께 살지 못하므로 멸망당하는 것입니다. 그래서 영원히 죽습니다. 지옥 갑니다. 요 3:16, 3:36

그러므로 우리가 예수를 믿는 것은 전적인 하나님의 은혜이지만 그러나 날마다 예수와 함께 살고, 안 살고는 전적인 우리 자유의지의 문제입니다. 예수님이 우리를 죄에서 구원하신 것은 우리를 거룩하고 선한 삶을 살도록 가르치려는 것이 전부는 아닙니다. 먼저는 우리와 함께 사시기 위함입니다. 계3:20 왜 그렇습니까? 예수를 떠나서는 선한 열매의 삶을 살수 없기 때문입니다. 우리의 힘만으로는 도덕과 윤리로 거룩한 삶을 살수 없기 때문입니다.

> 요15:5 나는 포도나무요 너희는 가지라 그가 내 안에, 내가 그 안에 거하면 사람이 열매를 많이 맺나니 나를 떠나서는 너희가 아무 것도 할 수 없음이라

포도나무 가지인 우리는 줄기가 열매를 맺게 하는 도구이고 수단입니다. 그래서 가지가 줄기와 함께 하나 되지 못하고 줄기를 떠나 살면 그 어

떤 열매도 얻을 수 없습니다. 예수를 떠나서는 선한 열매를 얻을 수 없습니다. 그래서 예수께서 이 세상에 오시어 십자가에 죽으시고 부활하신 후에도 마지막으로 하신 말씀이 우리와 세상 끝 날까지 항상 함께하신다는 말씀입니다. 마28:20

그러므로 성경이 말하는 1차적인 죄란? 먼저 예수를 믿지 않는 죄이며, 2차적인 죄는 날마다 예수와 함께 살지 않는 것이 죄입니다. 여기서 1차적인 죄는 불신자들의 죄이며 2차적인 죄는 성도들의 죄입니다. 그래서 예수를 믿는 이후에도 날마다 예수와 함께 살지 않는 것이 죄의 본질입니다. 이것으로 사람들이 천국 가고 지옥 갑니다. 예수의 영으로 살지 않고 인간의 육으로 사는 것이 죄의 본질입니다.

롬8:14 무릇 하나님의 영으로 인도함을 받는 그들은 곧 하나님의 아들이라

그래서 날마다 예수 안에서 하나님을 떠나 사는 것이 죄입니다. 예수를 믿어 구원을 받아도 날마다 말씀과 찬송과 기도로 주님과 생명의 교제를 거부하고 사는 것이 불법이고 죄입니다. 그래서 인간의 모든 비극은 바로 여기에서 비롯된 것입니다. 그러므로 예수는 우리와 함께 교제하며 사시려고 이 땅에 오셨습니다.

고전1:9 너희를 불러 그의 아들 예수 그리스도 우리 주와 더불어 교제하게 하시는 하나님은 미쁘시도다

영원한 복음 천국 복음

예수는 날마다 우리와 함께 더불어 먹고 마시려고 우리 안으로 영으로 내주하신 것입니다.

> **계3:20** 볼지어다 내가 문 밖에 서서 두드리노니 누구든지 내 음성을 듣고 문을 열면 내가 그에게로 들어가 그와 더불어 먹고 그는 나와 더불어 먹으리라

여기서 더불어 먹는다는 것은 우리가 하루 중에 음식을 수시로 먹듯이 날마다 24시간 내내 예수님이 우리와 함께 사신다는 것입니다.

그래서 주님은 나의 눈을 통하여 나와 함께 보시고, 나의 귀를 통하여 나와 함께 들으시고, 나의 코를 통하여 나와 함께 냄새도 맡으시고, 나의 입을 통하여 나와 함께 세상을 향하여 말씀하시기를 원하십니다. 즉 우리의 오감을 통하여 세상과 소통하기를 원하십니다. 이것이 내안에 주님께서 나를 통하여 사시는 방법입니다. **갈2:20** 그래서 저는 삶의 순간에서 갑자기 내 입에서 생각지도 않은 찬양이 나올 때는 차 안이든 어디든 가서 정식으로 2번 정도 부릅니다. 이것은 내가 부르는 것이 아니라 내 안에 주님이 나의 입술을 통하여 부르시는 것이며, 또한 그 가사를 통하여 저에게 주시는 주님의 뜻을 발견하기 때문입니다.

그래서 이것은 교회 나오고 안 나오고의 문제가 아닙니다. 일주일에 한 번 교회 와서 예수를 만나고 안 만나고의 문제도 아닙니다. 이것은 날마다 순간마다 우리가 밥을 수시로 먹듯이 교회 안에서든 밖에서든 언제 어

디서든 늘 예수를 의식하고 의존하며 예수와 함께 사는 문제입니다. 그래서 날마다 성령 안에서 예수와 함께 이렇게 영생의 삶을 살고 안 살고로 천국 가고 지옥 가는 것입니다.

> **고전16:22** 만일 누구든지 주를 사랑하지(사랑의 본질인 날마다 예수와 하나 되지) 아니하면 저주를 받을 지어다…

기독교의 영생이란, 그냥 막연하게 죽지 않고 영원히 사는 것이 아닙니다. 만약에 영생이 이와 같은 것이라면, 결국 불신자도 사단마귀도 어둠의 영들인 귀신들도 모두 하나같이 영생한다고 말할 수밖에 없습니다. 하나님은 생명의 하나님이시기에 하나님 앞에는 예수를 믿고 죽었든지 안 믿고 죽었든지 모든 피조물은 소멸되거나 죽지 않고 살아 있기 때문입니다.

> **눅20:38** 하나님은 죽은 자의 하나님이 아니요 살아 있는 자의 하나님이시라 하나님에게는 모든 사람이 살았느니라 하시니

그래서 성경에서 영생이란 이렇게 말씀합니다.

> **요17:3** 영생은 곧 유일하신 참 하나님과 그가 보내신 자 예수 그리스도를 아는 것이니이다

영생이란 "그리스도에 대하여"가 아니라 "그리스도를" 아는 것이라고

영원한 복음 천국 복음

합니다. 무슨 차이입니까? 그리스도에 대하여 아는 것은 지식적으로 아는 것이며 그리스도를 아는 것은 먼저 그리스도에 대한 바른 지식을 바탕으로 그와 더불어 사귐으로 누림으로 아는 것을 말합니다.

짜장면에 "대하여" 아는 것은 지식적으로 짜장면의 레시피를 아는 것이며, 짜장면"을" 아는 것은 바른 레시피를 바탕으로 만들어진 짜장면을 먹어 보고 맛보고 아는 것입니다. 그러므로 성경이 말하는 영생이란 하나님과 그리스도에 대한 바른 지식을 바탕으로 날마다 말씀과 찬송과 기도로써 그분과 사귐으로 아는 것입니다.

> 요1서1:3 우리가 보고 들은 바를 너희에게도 전함은 너희로 우리와 사귐이 있게 하려 함이니 우리의 사귐은 아버지와 그의 아들 예수 그리스도와 더불어 누림이라

그래서 먼저 예수를 바로알고 그 앎을 바탕으로 날마다 예수와 함께 살고 안 살고로 천국과 지옥으로 영원한 생명과 영원한 죽음으로 구분됩니다. 그러므로 사나 죽으나, 하늘에서나 땅에서나, 오늘이나 내일이나 날마다 예수를 떠나 사는 것이 불법이고 심판이고 저주이고 멸망이고 지옥이고 영원한 사망인 것입니다. 마7:23

그래서 날마다 영으로 살지 않는 것, 예수와 함께 살지 않는 것, 날마다 말씀과 찬송과 기도로 예수와 하나를 이루며 살지 않는 것, 예수 안에서 하나님과 임마누엘 함께 살지 않는 이것이 성경이 말하는 죄의 본질입니다.

롬8:14 무릇 하나님의 영으로 인도함을 받는 그들은 곧 하나님의 아들
이라

렘17:9 만물보다 거짓되고 심히 부패한 것은 마음이라…

무슨 말입니까? 인간의 문제는 육체에 있는 것이 아니라 마음에 있다
는 것입니다. 그래서 마음을 고쳐야 하는데 이것은 사람을 지으신 창조
주 하나님만이 하실 수 있습니다. 그래서 먼저 날마다 예수와 함께 영으
로 살지 않는 영의 죄에서 음욕이나 탐욕이나 미움 같은 생각으로 범하는
혼의 죄, 본죄가 나오고, 이 같은 혼의 죄, 본죄에서 간음이나 도둑질이나
살인 같은 육체의 죄가 나오는 것입니다. 그래서 눈에 보이는 가시적인
육체의 모든 죄는 본죄의 열매들입니다.

요3:6 육으로 난 것은 육이요 영으로 난 것은 영이니

마5:28 나는 너희에게 이르노니 음욕을 품고 여자를 보는 자마다 마음
에 이미 간음하였느니라

그러므로 앞으로 죄 안 짓고 선하게 살려면 두 번 다시 죄를 안 지으려
는 결단을 하는 것이 아니라 그럴수록 먼저 날마다 예수와 함께 살아야
합니다. 먼저 영의 죄를 짓지 말아야 합니다. 선하게 살고 싶은 의지가 강
하면 강할수록 더욱 예수와 깊은 교제 가운데 살아가야 합니다. 그래서
날마다 성령 안에서 예수와 교제가 깊으면 깊을수록 본죄와 자범죄에서
점점 자유한 나 자신을 발견할 것입니다.

영원한 복음 천국 복음

그러므로 기독교가 말하는 영생이란 그냥 안 죽고 영원히 사는 것이 아니라 날마다 성령 안에서 말씀과 찬송과 기도로 예수와 풍성한 생명의 교제가운데서 나오는 하나님의 생명으로 날마다 하나님과 함께 동행하며 사는 것이 기독교의 영생입니다. 요10:10

미6:8 …여호와께서 네게 구하시는 것은 오직 정의를 행하며 인자를 사랑하며 겸손하게 (예수 안에서) 네 하나님과 함께 행하는 것이 아니냐

그래서 그 생명이 날마다 예수와 교제의 여부에 따라서 풍성 할 수도 있으며 요10:10 또는 육의 생명으로는 살아 있으나 실상은 죽은 생명이 될 수도 있습니다.

계3:1 …내가 네 행위를 아노니 네가 살았다 하는 이름은 가졌으나 죽은 자로다

영생에 대하여 한 걸음 더 들어가 봅니다. 영생이 무엇입니까? 영원한 생명의 줄임말입니다. 그럼 영원한 생명이 무엇입니까? 창조주 하나님의 생명입니다. 요5:26 그럼 그 생명이 어디에 있습니까? 하나님의 아들 예수 안에 있습니다. 요1서5:12-13 정확히 하늘 아버지의 영원한 생명이 성령 안에서 이 땅에 오신 성자 예수 안에 있으며, 요1서5:11-13 또한 성자 예수 안에 있는 영원한 생명이 성령받은 성도들 안에 있습니다. 성령으로 성자 안에 거하는 모든 성도들 안에 하나님의 영원한 생명이 있다는 것입니다. 아버지의 생명이 성자 예수 안에 있으며, 성자 예수 안에 아버지 생명

이 성령받은 성도들 안에 있다는 것입니다. 그래서 성령받은 우리 안에는 삼위일체 하나님이 내주하신 것입니다. 요14:16-20 삼위는 분리되지 않으십니다.

그러므로 성령받은 우리 안에 예수께서 계시면 이미 영생을 받은 것입니다. 요1서5:12 그래서 사도 바울이 예수께서 우리 안에 계신 줄을 스스로 알지 못하면 저주받은 자 즉 버림 받은 자라는 것입니다. 영생을 받지 못하면 멸망당하기 때문입니다. 요3:16

> 고후13:5 너희는 믿음 안에 있는가 너희 자신을 시험하고 너희 자신을 확증하라 예수 그리스도께서 너희 안에 계신 줄을 너희가 스스로 알지 못하느냐 그렇지 않으면 너희는 버림 받은 자니라

그래서 주님이 이렇게 말씀하십니다.

> 요10:10 …내가 온 것은 양으로 생명을 얻게 하고 더 풍성히 얻게 하려는 것이라

그럼 여기서 생명을 얻었으면 얻은 것이고, 얻지 못한 것이면 얻지 못한 것인데, 왜 "풍성히"라는 말씀을 하십니까? 적다는 것은 많다는 것도 있다는 것을, 빠르다는 것은 느리다는 것도 있다는 것을 전제하에서 하는 말입니다. 그래서 풍성하다는 것은 풍성하지 못한 것도 있다는 것을 말씀하는 것입니다. 그럼 생명이 풍성하다는 것이 무엇입니까?

영원한 복음 천국 복음

그것은 우리 안에 예수로 하나님의 생명이 충만하다는 것을 나타내는 말입니다. 그럼 예수로 충만하다는 것은 무엇입니까? 그것은 진리 충만을 말하는 것입니다. 예수님은 진리시기 때문에 진리가 충만하다는 것이 곧 예수 충만입니다.

그래서 진리 충만이 곧 진리의 성령 충만이고 진리의 성령 충만이 곧 진리 되신 예수 충만이며 요14:6 진리 되신 예수 충만이 곧 진리이신 하나님 아버지의 충만입니다. 요17:17 그래서 예수는 진리의 성령 안에서 하나님 아버지의 충만이며 골1:19 성도는 진리의 성령 안에서 예수의 충만이 되는 것입니다. 엡1:22-23

그러므로 이제 성도로서 예수 생명으로 충만하려면, 가장 먼저 스마트폰을 신체의 또 다른 장기처럼 여기며 늘 손에 들고 사는 삶을 내려놓아야 합니다. 아무리 날마다 말씀과 찬송과 기도의 삶을 살아도 항상 손에 스마트폰을 들고 세상 온갖 문화와 소통하면서 동시에 주님으로 충만 하려는 것은 불가능하기 때문입니다. 눅16:13

내 손에 검증되고 구별되지 못한 세상의 온갖 문화는, 주님과 성도의 교제를 소멸시키려고 마귀가 심어놓은 유심칩 같은 것입니다. 그래서 성도는 하루도 진리의 말씀을 떠나 살면 안 되는 것입니다. 마귀에게 틈을 주면 안 되는 것입니다. 마치 구약에 왕이 없던 사사시대 사람들처럼 날마다 말씀과 찬송과 기도를 떠나서 스스로 자기의 소견에 옳은 대로 행하고 살면 안 되는 것입니다. 삿21:25

사단도 한때는 하나님으로부터 기름부음 받은 존재라 **겔28:14** 부리는 영으로서 그 능력이 대단합니다. 그러나 그가 아무리 사람 앞에서 하나님처럼 영광을 받으려 해도 그에게는 없는 것이 있습니다. 사단은 부활과 생명과 말씀이 없습니다. 그래서 예수 안에서 하나님을 거부하는 세상 사람들은 사단의 영향을 받으며 결국은 정신이 육체를 지배하며 감정과 마음에 이끌림을 따라 삽니다.

그러나 성령으로 거듭난 성도는 사단이 없는 부활의 생명으로 하나님의 말씀에 정신이 지배를 받으며 육체를 말씀에 순복하며 살아가야 합니다. 그래서 성도는 하나님의 말씀이 없는 세상 사람들처럼 스스로 죄성을 가진 마음에 이끌림 받아 느낌대로 살면 안 되는 것입니다. 그것은 결국 성령과 예수와 하나님 아버지를 떠나 사는 것입니다. 하나님의 풍성한 자원을 거부하고 나의 제한된 자원으로 하나님의 풍성한 생명을 떠나 사는 것입니다.

눅16:15 예수께서 이르시되 너희는 사람 앞에서 스스로 옳다 하는 자들이나 너희 마음을 하나님께서 아시나니 사람 중에 높임을 받는 그것은 하나님 앞에 미움을 받는 것이니라

또한 요10:10의 생명이 풍성하다는 것은, 날마다 말씀과 찬송과 기도로써 주님과 하나를 이루며 살아갈 때 내 안에 주님의 다스림의 영역이 점점 확장됨으로 그로 인한 예수의 생명이 풍성하다는 것입니다. 나를 통한 예수의 살아 내심이 풍성할 때 곧 하나님의 생명이 풍성한 것입니다.

영원한 복음 천국 복음

갈2:20 그래서 주님이 이렇게 기도하신 것입니다.

> **요17:2** 아버지께서 아들에게 주신 모든 사람에게 영생을(하나님의 생명)
> 주게 하시려고 만민을 다스리는(주님의 다스림) 권세를 아들에게 주셨
> 음이로소이다
> **요12:50** 나는 그의 명령이(순종으로 인한 다스림) 영생인 줄 아노라…

　내 안에 주님 다스림의 풍성함과 생명의 풍성함은 동일한 것입니다. 그래서 영생은 날마다 말씀과 찬송과 기도로 주님과 교제 가운데 하나를 이루며 살아갈 때 하늘 아버지의 생명이 예수 안에서 우리에게도 풍성한 것입니다. 그래서 날마다 주님과 교제를 거부하고 스스로 사는 자들은 살아 있으나 실상은 죽은 자들입니다.

> **계3:3** …내가 네 행위를 아노니 네가 살았다 하는 이름은 가졌으나 죽은
> 자로다

　경건의 모양은 있으나 경건의 능력인 사랑, 즉 아버지의 사랑이 부어짐이 없는 자들입니다. 아버지의 사랑은 날마다 성령 안에서 성자 예수와 교제 가운데서 부어진 바 되기 때문입니다. **롬5:5**

　인간의 모든 비극이 어디서 출발했습니까? 하나님을 떠난 것에서 출발했습니다. 하나님을 떠난 것에서 지옥 갈 운명, 영원히 죽을 운명, 심판과 멸망받을 운명, 온갖 질병과 죄로 물든 삶들이 바로 하나님을 떠난 것

에서 비롯된 것입니다. 그러므로 오늘도 내일도 사나 죽으나 하늘에서나 땅에서나 초막이나 궁궐이나 내주 예수를 모시고 예수 안에서 하나님과 임마누엘 함께 사는 것이 구원이고 천국이고 영생이고 복 그자체입니다. 반대로 그 어디에서나(교회 안에서도) 예수와 함께 살지 못하고 예수를 떠나 사는 것이 불법이고 죄이고 심판이고 멸망이고 지옥이고 저주이며 영원한 죽음입니다.

> **마7:21** 나더러 주여 주여 하는 자마다 다 천국에 들어갈 것이 아니요 다만 하늘에 계신 내 아버지의 뜻대로 행하는 자라야 들어가리라

여기서 먼저 아버지 뜻대로 행하지 않는 것은 무엇입니까? 그것은 날마다 예수와 함께 살지 않는 것입니다. 우리를 향하신 하나님의 뜻은 당신 아들의 형상을 닮는 것입니다. 왜 그렇습니까? 인류는 아담 안에서 하나님의 형상을 잃어버렸기 때문에 하나님이 다시 하님의 완전한 형상으로 예수를 보내시어 우리로 자든지 깨든지 예수와 함께 살므로 예수를 닮게 하시어 우리를 다시 하나님의 형상으로 재창조하시기 때문입니다.

> **롬8:29** 하나님이 미리 아신 자들을 또한 그 아들의 형상을 본받게 하기 위하여 미리 정하셨으니…
> **엡4:24** 하나님을 따라 의와 진리의 거룩함으로 지으심을 받은 새 사람을 입으라
> **엡2:22** 너희도 성령 안에서 하나님이 거하실 처소가 되기 위하여 그리스도 예수 안에서 함께 지어져 가느니라

그러므로 사람들이 예수를 거부하고 안 믿는 것과 또한 오늘날 예수를 믿는다고 하면서도 날마다 예수와 함께 살지 못하고 말씀과 찬송과 기도를 떠나 사는 자들과, 또한 말씀과 기도보다 사람을 더 따르고 좇는 사람들은 살아 있으나 실상은 죽은 자들입니다. 그래서 경건의 모양은 있으나 경건의 능력은 없는 자들입니다. 성경은 이 같은 자들에게서 돌아서라고 합니다. 상종하지 말라고 합니다.

딤후3:5 경건의 모양은 있으나 경건의 능력은 부인하니 이 같은 자들에게서 네가 돌아서라

그렇습니다. 예수님과 하나가 되는 것은 전적으로 하님의 은혜 가운데 이루어지는 사건입니다. 그러나 예수와 하나 됨에서 날마다 하나를 이루고 사는 것은 전적인 우리 자유의지의 반영입니다. 예수를 믿는 것은 하나님의 은혜입니다. 그러나 예수와 함께 살고 안 살고는 우리 자유의지입니다. 예수님이 나의 구세주 되심은 전적인 하나님의 은혜입니다. 그러나 그분이 나의 왕으로 주님 되심은 전적인 우리 자유의지의 반영입니다. 신앙의 본질은 그분이 나의 구세주에서 나의 왕 나의 주님이 되시는 것입니다. 빌2:5-11

우리의 구원이란 결국 에덴의 조상들이 창조주로부터 찬탈한 우리의 주권을 다시 돌려드리는 것이기에, 예수는 우리 인생의 왕으로 주님이 되시려고 우리의 구세주가 되신 분입니다. 그러므로 그분이 우리의 구세주 되심은 우리의 믿음으로만 이루어지지만, 그러나 그분이 나의 왕 나의 주

님 되심은 날마다 말씀과 찬송과 기도로써 그분과 풍성한 생명의 교제 가운데서만 이루어지기 때문에 항상 판단은 여러분 자유의지의 몫입니다.

그래서 날마다 주님과 생명의 교제 가운데 사는 삶이란 하나님이 이 땅에 모든 성도들에게 주신 은혜의 적극적인 수단입니다. 이것은 하나님이 창세전에 그리스도 안에서 이미 정하신 답정너입니다. 이러한 성도의 삶은 우리가 40일 금식기도한다고 변하지 않습니다. 왜 그렇습니까? 우리의 머리 되신 그리스도께서 이미 그렇게 사셨기 때문입니다.

예수께서 이미 날마다 순간마다 말씀과 기도로 새벽이든 밤이든 하나님과 함께 하나를 이루는 삶을 사셨기 때문입니다. 그래서 예수님도 날마다 말씀과 기도로써 아버지와 교제하시는 삶으로 우리에게 본을 보이신 것입니다.

요13:15 내가 너희에게 행한 것 같이 너희도 행하게 하려 하여 본을 보였노라

무슨 말입니까? 너희도 나처럼 이렇게 살라는 것입니다. 그래서 이것은 이 땅의 모든 천국 백성들의 삶의 매뉴얼입니다. 그래서 성도의 모든 선한 열매와 활동과 순종의 동력은 바로 여기에서 발생하는 것입니다. 그러나 이것을 날마다 거부하고 나의 힘과 능력으로 선한 삶을 살아내며, 사람들 앞에서나 하나님 앞에서 인정받으려는 것이 이 시대의 신율법주의자들입니다. 마7:21-23

고전16:22 만일 누구든지 주를 사랑하지(사랑의 본질인 날마다 예수와 하나 되지) 아니하면 저주를 받을 지어다…

마7:21 나더러 주여 주여 하는 자마다 다 천국에 들어갈 것이 아니요 다 만 하늘에 계신 내 아버지의 뜻대로 행하는 자라야 들어가리라

그럼 여기서 하나님의 뜻대로 행한다는 말씀이 무엇입니까? 깨든지 자든지 예수와 함께 사는 것입니다. **살전5:10** 신랑과 신부가 교회와 그리스도가 머리와 몸이 함께 하나 되어 사는 것입니다. 아담과 하와가 머리와 몸으로 함께 사는 것이 하나님의 뜻입니다. 머리와 몸의 분리를 곧 죽음입니다. 그래서 몸은 머리의 다스림을 받으며 함께 하나 되어 사는 것이 창조의 섭리입니다.

엡1:22-23 22. …그를(그리스도) 만물 위에 교회의 머리로 삼으셨느니라
23. 교회는 그의(그리스도) 몸이니…

그러므로 그리스도 안에 거하는 삶이란 날마다 말씀과 찬송과 기도로 주님과 생명의 교제 가운데 사는 것이 그리스도 안에 거하는 삶입니다. 천상천하에서 가장 안전한 곳이 바로 그리스도 안입니다. 앞글 죄의 기원에서, 죄는 사람이 하나님처럼 되려는 것에서 비롯된 것이며, 구원은 반대로 하나님이 사람이 되신 것에서 비롯된 것이라고 말했습니다.

그럼 오늘 이 시대 우리가 하나님처럼 되려는 것은 무엇입니까? 그것은 하나님처럼 스스로 살려는 것입니다. 주님의 그 어떤 간섭도 받지 않고

스스로 생각하고 판단 결정하고 자기 자신을 위하여 사는 것입니다. 주님을 떠나서 각기 제 길에서 스스로 사는 것입니다. 사53:6

그러나 천상천하에 스스로 사시는 분은 오직 창조주 하나님 한 분이십니다. 출3:14 하나님은 그 무엇에 의존하며 사시는 분이 아닙니다. 그러나 인간은 창조주를 의존하며 살도록 하나님의 형상으로 지은 바 되었습니다. 그러므로 인간이 창조주를 의존하지 않고 스스로 결정하고 사는 것이 바로 하나님처럼 되려는 죄입니다. 이것이 바로 마귀의 사상이자 마귀의 정신입니다.

그래서 예수를 떠나서 스스로 사는 자들은 결국 마귀를 따라 마귀가 가는 지옥으로 갑니다.

> 마25:41 또 왼편에 있는 자들에게 이르시되 저주를 받은 자들아 나를 떠나 마귀와 그 사자들을 위하여 예비된 영원한 불에 들어가라

하나님은 지옥을 인간을 가두려고 만드신 것이 아닙니다. 마귀와 그를 따르는 타락한 천사들을 가두려고 만드신 곳이 지옥입니다. 그런데 바로 마귀사상을 가지고 날마다 예수와 교제를 거부하고 스스로 결정하고 스스로 착한 일을(율법) 이루며 사는 자들이 결국 그들을 따라 지옥으로 함께 가는 것입니다. 세상 사람들은 예수를 모르고, 창조주를 모르므로 그럴 수 있다고 하지만, 그러나 성도들이 마치 예수 믿기 전처럼 마귀사상을 가지고 스스로 살면 안 되는 것입니다.

영원한 복음 천국 복음

그래서 성도는 항상 하나님처럼 스스로 살려는 것을 경계하며 예수를 전적으로 의존하며 살아가야 합니다. 에덴에서 아담과 하와가 선악과를 먹은 죄보다 더 무섭고 끔찍한 것은 하나님으로부터 분리되는 영적 죽음입니다. 여기서 인류의 모든 비극이 시작된 것입니다. 오늘날도 마찬가지입니다. 우리가 구원받는 것보다 훨씬 더 중요한 것은 범사에 예수를 전적으로 의존하므로 예수 안에서 하나님과 임마누엘 함께하는 것입니다.

> **미6:8** …여호와께서 네게 구하시는 것은 오직 정의를 행하며 인자를 사랑하며 겸손하게 **(예수 안에서)** 네 하나님과 함께 행하는 것이 아니냐

그래서 성화의 본질은 날마다 죄 안 짓고 착하고 선하게 사는 삶이 아니라 날마다 예수와 함께 교제하는 삶입니다. 예수 안에서 날마다 하나님과 동행하는 삶이 성화의 본질입니다. 그래서 죄짓고 안 짓는 것으로 천국 가고 지옥 가는 것이 아니라 날마다 예수와 함께 살고 안 살고로 천국 가고 지옥 가는 것입니다. 그래서 우리가 예수를 믿는 이유는 예수와 함께 살기 위한 도구이고 수단입니다.

> **살5:10** 예수께서 우리를 위하여 죽으사 우리로 하여금 깨어 있든지 자든지 자기와 함께 살게 하려 하셨느니라

그렇습니다. 어느 분의 외침처럼 신학은 학문이 아니라 생명이듯이, 우리가 예수를 믿으면 구원받는다는 것을 알고 예수를 믿는 것만은 신앙의 본질이 아닙니다. 예수를 믿는 믿음이란 결국 예수와 함께 살기 위한 도

구이고 수단입니다. 먼저 예수를 믿어야 함께 살 수 있기 때문입니다. 그래서 우리가 죄에서 구원받은 것은 예수와 교제 가운데 함께 살기 위한 것입니다.

> **살전5:10** 예수께서 우리를 위하여 죽으사 우리로 하여금 깨어 있든지 자든지 자기와 함께 살게 하려 하셨느니라
> **고전1:9** 너희를 불러 그의 아들 예수 그리스도 우리 주와 더불어 교제하게 하시는 하나님은 미쁘시도다
> **요5:39-40** 39. 너희가 성경에서 영생을 얻는 줄 생각하고 성경을 연구하거니와 이 성경이 곧 내게 대하여 증언하는 것이니라 40. 그러나 너희가 영생을 얻기 위하여 내게 오기를 원하지 아니하는 도다

무슨 말입니까? 성령 안에서 오늘의 시대로 해석하면 사람들이 구원과 천국과 영생을 얻으려고 교회는 열심히 다니는데 그러나 정작 구원과 천국과 영생의 실제 되시는 예수께는 오지를 않는다는 것입니다. 입만 열면 주님! 주님! 믿습니다. 믿습니다. 하면서도 날마다 주님과 교제는 거부하고 외면하고 산다는 것입니다. 외부의 그 무엇이 아니라 예수님 자신이 곧 구원이고 천국이고 영생인데 날마다 예수를 떠나 살면서 구원과 천국과 영생 얻으려 한다는 것입니다.

그러므로 신앙의 본질은 예수를 믿는 그 믿음으로 그분과 날마다 교제 가운데서 그분의 생명이 내 안에서 살아지는 것이 신앙의 본질입니다. 그러므로 예수를 믿는 것은 전적인 하나님 은혜이지만 그러나 예수와 함

께 살고, 안 살고는 전적인 우리 자유의지의 문제입니다. 우리의 구원은 에덴의 선악과 먹기 전으로 돌아간 것입니다. 그리고 날마다 주님과 함께 살고 안 살고는 이 시대에 또 다른 새로운 선악과입니다.

그래서 날마다 예수와 함께 살므로 선악과가 아닌 생명나무를 먹어야 하는데 그러나 오늘도 예수를 믿는다는 수많은 사람들이 여전히 예수를 떠나 날마다 선악과를 먹으며 생명나무 예수를 떠나 살고 있습니다.

창3:22 여호와 하나님이 이르시되 보라 이 사람이 선악을 아는 일에 우리 중 하나 같이 되었으니 그가 그의 손을 들어 생명나무 열매도 따먹고 영생할까 하노라 하시고

뿐만 아니라 지금 이 나라에 교회 공동체에 소속되기를 거부하고 주일마다 사명자가 아닌 방랑자처럼 이 교회 저 교회 좋은 설교, 좋은 분위기 찾아다니며, 그러다 좋은 설교 들으면 마치 자신이 좋은 사람이 된 것으로 착각하며 스스로 독립군처럼 종교 생활하는 사람이 너무나 많습니다.

또한 신학을 하고 목사 안수를 받고 교회를 개척하지 않은 상태에서 교회 공동체에 연합되기를 거부하고 자신의 집에서 기독교 방송이나 유튜브 같은 것을 들으며 혼자 스스로 예배드리는 사람들 역시도 너무나 많습니다. 그러나 이것은 비성경적이며 그래서 상당히 위험하며 건강하지도 않은 신앙입니다.

교회란 예수 그리스도의 몸 된 지체로 부름 받은 성도들이 하나로 모여 각자 받은 달란트로 예배하고 섬기며 봉사하고 헌신하여 건강한 그리스도의 몸을 세워 가는 곳이자, 날마다 말씀과 찬송과 기도로써 교회 머리 되신 그리스도의 다스림을 이루어 가는 곳입니다. 그래서 하늘 아버지의 뜻을 주님의 몸 된 교회를 통하여 이 땅에 이루어 가는 곳이 교회입니다. 이것이 구체화된 하나님의 뜻입니다. **엡1:22-23, 4:11-13**

> **마7:21** 나더러 주여 주여 하는 자마다 다 천국에 들어갈 것이 아니요 다만 하늘에 계신 내 아버지의 뜻대로 행하는 자라야 들어가리라

그러므로 교회 머리 되신 주님 앞에 성도로서 그 어떠한 명분도 교회 공동체를 떠나서 스스로 예배드리고 성화를 이루어 간다는 것은 결코 정당화될 수 없습니다. 주님의 몸 된 지체들은 항상 하나 되어 날마다 하나를 이루며 함께 붙어 있어야 비로소 몸이라 할 수 있는 것입니다.

> **행2:46** 날마다 마음을 같이하여 성전에 모이기를 힘쓰고 집에서 떡을 떼며 기쁨과 순전한 마음으로 음식을 먹고

그러므로 날마다 주님과 하나 되어 함께 살지 못하고 주님을 떠나 스스로 사는 것이 성도들의 죄라면, 또한 주님의 몸 된 교회 공동체를 떠나 혼자 스스로 사는 것 역시도 주님 앞에서는 죄 그 자체입니다. 그러므로 주님이든 주님의 몸 된 교회 공동체이든 날마다 하나 되지 못하고 떨어져 제각기 스스로 사는 것을 항상 경계해야 합니다. 하나님의 사랑은 하나

영원한 복음 천국 복음

를 이루는 본질이기 때문입니다.

예수는 그리스도이시며 우리의 구세주 되시자 왕이신 주님 되시며 지금도 살아 역사하시는 창조주 하나님의 아들이시며 어제나 오늘이나 영원토록 동일하신 분입니다. 아멘!

영과 진리의 예배란

요4:24 하나님은 영이시니 예배하는 자가 영과 진리로 예배할지니라

영과 진리의 예배를 잘 드리려면 먼저 영적인 것이 무엇인지를 알아야 합니다. 그래서 영적인 것은 창조주 하나님에 속한 것이므로 피조 세계의 시간과 공간 즉 시공간을 초월해야 합니다. 물리적 세계에 어떤 영향도 받지 않고 활동해야 합니다.

그럼 시공간 중에 먼저 시간으로는 과거와 현재와 미래를 자유자재로 오고 가야 영적인 것이 됩니다. 그리고 공간적으로는 건물이나 지하나 그 어떤 물리적 공간에 제한을 받으면 안 됩니다. 그럼 우리 몸에 이러한 영적인 요소는 무엇입니까? 그것은 우리의 생각이나 마음입니다. 먼저 시간적으로는 우리의 생각이나 마음은 지난날의 과거도, 오늘의 현재도, 내일이나 훗날의 미래도 자유롭게 생각할 수 있습니다.

그리고 공간적으로는 우리의 생각이나 마음은 물리적 건물에 매이지 않습니다. 나의 몸이 대한민국에 있지만 그러나 나의 생각과 마음은 미국에 가 있을 수도 있습니다. 때론 우리의 몸이 건물 안에 있지만, 건물 밖으로 나갈 수도 있는 것이 우리의 생각과 마음입니다. 그러므로 우리

안에 영적인 요소는 우리의 생각과 마음입니다.

영과 진리의 예배란 바로 이러한 원리로 드려야 합니다. 그래서 우리의 소리 나는 찬양이나 기도나 예물 드림으로 하나님 앞에 드리는 우리 몸의 모든 활동은 우리의 영적인 요소인 생각과 마음을 하나님 앞에 더욱 진실하게 드리기 위한 하나의 도구이고 수단입니다. 그래서 물질이 있는 곳에 우리의 마음도 있다는 것입니다. 마6:21

그러므로 영과 진리의 예배에서 중요한 것은 온전한 마음에서 나오는 진실한 믿음으로 드려야 하는 것입니다. 믿음이 없이는 하나님을 기쁘시게 할 수 없기 때문입니다.

히11:6 믿음이 없이는 하나님을 기쁘시게 하지 못하나니…

그래서 하나님이 기뻐하시는 그 믿음이 바로 영적 요소에서 나온 것입니다. 우리의 예배를 받으시는 하나님은 영이시기 때문입니다. 행함은 우리의 믿음이 참인지 거짓인지를 판단하는 기준입니다. 그래서 행함으로 믿음이 온전하게 되며 또한 행함 없는 믿음은 죽은 믿음이라는 것입니다. 약4:22, 24

나의 생각이 거부하는 것은 나의 마음도 거부합니다. 그래서 복음과 진리 안에서 우리의 바른 지식이 아닌 상태에서 부르는 예수 이름은 구원의 이름이 아니라 저주의 이름입니다.

롬10:13 누구든지 주의 이름을 부르는 자는 구원을 받으리라

이런 사람들이 바로 행19:15에 나오는 사람들입니다.

행19:15 악귀가 대답하여 이르되 내가 예수도 알고 바울도 알거니와 너희는 누구냐 하며

무조건 예수 이름을 부른다고 구원받는다는 것은 착각입니다. 주의 이름을 부른다는 것은 주님을 예배하는 것을 말합니다. 그래서 누구든지 주님을 예배하는 자, 정확히 성령으로 예수 안에서 하나님을 예배하는 자는 구원을 받습니다. 우리나라 교회 안에 예수에 대한 바른 지식 없이 주님의 이름을 부르는 자, 그래서 구원에서 멀어진 자들이 성경적으로 약 50%에 해당합니다. **(마25:1-13, 열 처녀 비유)**

마7:21-22 21. 나더러 주여 주여 하는 자마다 다 천국에 들어갈 것이 아니요 다만 하늘에 계신 내 아버지의 뜻대로 행하는 자라야 들어가리라 22. 그 날에 많은 사람이 나더러 이르되 주여 주여 우리가… **(22절의 많은 사람들이 결국 23절에서 지옥으로 갑니다.)**

교회 안에는 알곡도 가라지도 쭉정이도 심판 날까지 공존한다는 것이 성경의 가르침입니다. **마13:29-30** 그러므로 성도 스스로가 하나님과 예수에 대하여 먼저 바로 알아야 합니다. **요17:3** 먼저 머리에서 바른 지식으로 하나님과 예수에 대하여 바로 받아들여야 마음에서 바른 믿음이 나오는

영원한 복음 천국 복음

것입니다.

머리가 거부하면 마음도 거부합니다. 마음이 믿음으로 받아들이려면 먼저 머리가 바른 지식을 바르게 받아들여야 합니다. 그래서 결국 인류는 하나님과 예수를 아는 것과 모르는 것으로 천국과 지옥으로 나누어집니다. **호4:6, 요17:3** 그래서 하나님은 이렇게 말씀하십니다.

> **호6:6** 나는 인애를 원하고 제사를 원하지 아니하며 번제보다 하나님을 아는 것을 원하노라
> **벧후3:18** 오직 우리 주 곧 구주 예수 그리스도의 은혜와 그를 아는 지식에서 자라 가라…

세상의 이방 종교는 신을 몰라도 얼마든지 신을 섬기는 것이 가능합니다. 귀신을 몰라도 점을 보고 굿을 합니다. 부처를 몰라도 108배나 1008배나 3000배를 합니다. 그러나 기독교는 신을 모르면 예배자체가 불가능합니다. 그래서 성경은 이렇게 경고합니다.

> **요4:22** 너희는 알지 못하는 것을 예배하고, 우리는 아는 것을 예배하노니…

기독교는 신을 알아야 예배가 가능하며 뿐만 아니라 신을 아는 그 만큼만 예배를 드리게 되는 것입니다. 왜 그렇습니까? 머리가(**지식**) 거부하는 것은 곧 마음도(**믿음**) 거부하기 때문입니다.

그러므로 하나님과 예수를 모르고도 예배의 자리에 앉아 있는 것만으로도 이 예배를 하나님이 받으신다는 생각, 그 자체가 바로 미신이자 샤머니즘이고 사이비입니다. 이방 종교인들은 스님이나 무속인 앞에서 제사에 참여하는 참여자가 되지만 기독교는 성도 한 사람 한 사람이 예배의 주체자(벧전2:9, 제사장)가 되기 때문입니다. 그래서 만인 제사장이라는 것입니다.

그래서 먼저 바른 지식을 바탕으로 머리의 바른 생각으로 예수를 바로 알아야 합니다. 그래야 나의 마음에서 예수를 바르게 받아들이는 것입니다. 그래서 먼저 바른 복음에서 바른 신앙이 나오는 것입니다. 성도는 신앙이 먼저가 아니라 바른 복음이 먼저입니다. 바른 복음에서 바른 신앙이 나오는 것입니다.

그러므로 믿음 없이 하나님과 예수에 대한 무지에서 비롯된 예배, 마음이 실종된 영혼 없는 예배, 몸은 예배당 안에 있지만 마음은 세상에 나가있으면 그것은 빈껍데기 예배, 헛된 예배입니다. 인간의 종교성이 만들어 낸 진리가 아닌 우상의 하나님을 예배하는 것입니다. 착각하지 말아야 합니다. 우리의 예배를 무조건 하나님이 받으신다는 것은 우리의 착각입니다. 행7:42 주님은 사람의 영적 요소인 마음이 떠나 있는 예배는 헛된 예배라고 이미 경고 하셨습니다.

마15:8-9 8. 이 백성이 입술로는 나를 공경하되 마음은 내게서 멀도다 9. 사람의 계명으로 교훈을 삼아 가르치니 나를 헛되이 경배하는도다 하였주와 합한 자는 한 영입니다. **고전6:17** 이는 예수는 우리와 머리와 몸, 신랑과 신부, 왕과 백성 주님과 종으로 하나이듯이 또한 예수와 하나님은 아버지와 아들, 머리와 몸으로 하나이십니다. **고전11:3, 요10:30** 그러므로 우리는 먼저 성령 안에서 성자와 하나이며 또한 성자 안에서 결국 성부와도 하나입니다. **요14:20, 17:21-22**

그러므로 우리의 기도는 예수님께 드려도 하나님께 드리는 것이며 하늘 아버지께 드려도 하나님께 드리는 것이며 성령님께 드려도 하나님께 드리는 것입니다. 그래서 기도는 성부와 성자와 성령께 드려도 모든 기도는 결국 하나님께 드리는 기도입니다. 하나님은 한 분이시기 때문입니다. **딤전 2:5**

그래서 우리는 성령 안에서 성자로 말미암아 성부에게로 나아가는 것입니다. 우리의 찬양, 기도, 예배 등 성령으로 진리와 함께하는 우리의 모든 행위는 오직 성령으로 성자로 말미암아 성부 하나님 즉 삼위일체 하나님의 신성의 영광에 참여하는 예식입니다. **사43:7**

그래서 성령 안에서 성자와 하나 되어 성부 하나님께 드리는 기도도 예배이며 찬양도 예배이며 말씀 통독도 성경 공부도 복음 전도 역시도 예배이며 산 제물의 순종의 삶으로 드리는 모든 행위도 결국은 예배입니다. **롬12:1** 십자가처럼 수직으로는 하나님께, 수평으로는 성령 안에서 이웃들

과 형제들과 함께 나누는 사랑과 섬김 역시도 영적 예배입니다. **롬12:1**

물론 수요 저녁, 금요 저녁, 매일 새벽 주일의 공동체의 모든 공식적인 예배 또한 예배입니다. 그러므로 성령으로 성자 예수 안에서 살아가는 우리의 모든 삶 그 자체도 예배입니다. 몸으로 드리는 산 제물의 예배입니다. 오늘날 교회 안에 유대주의가 들어와서 하나님의 성전을 성도의 몸이 아닌 예배당 건물을 성전이라 가르칩니다. 그리고 예배는 주일날 예배당에서 한 시간 드리는 것만 공식 예배로 가르칩니다. 사람들 앞에 주의 종 자신의 위대함을 인정받으려고 선교와 구제로 사용해야 될 헌금으로 수십 수백억을 드려 예배당 건물을 지어 놓고, 이것을 성도들의 헌금으로 유지하려고 성전은 성도의 몸이 아닌 건물을 성전이라 가르치고, 예배는 성전 된 성도의 삶이 아닌 주일날 성전이라는 건물 안에서 한 시간 드리는 것을 정식 예배라 가르치며 사단의 종노릇합니다. 이것이 유대주의입니다. **요2:19-21**

오늘날 그렇게 성전과 예배가 하나님이 내주하신 성도 자신과 그의 삶이 아닌 건물에 묶여 버렸습니다. 그래서 성도의 삶이 세상 사람과 구분이 안 되는 것입니다. 그러나 아닙니다. 성전은 하나님이 내주하신 성도의 몸이며, 예배는 성전 된 그 몸으로 순종의 삶으로 드리는 예배가 가장 아름다운 영적인 예배입니다. 왜 그렇습니까? 예배는 아무 데서나 드리는 것이 아니라 성전에서만(**성도의 몸**) 드리는 것이기 때문입니다.

기독교는 2천 년 전 십자가에 죽은 예수만을 믿는 것이 아닙니다. 그 예수님이 부활하시고 승천하시어 하늘과 땅의 모든 권세를 가지시고 왕으로서 성령으로 지금 우리 안에 내주하시어 날마다 교제 가운데서 나를 다스리시는 그 예수를 믿는 것입니다. 마16:28, 요18:37 그래서 기독교가 믿는 하나님 역시도 구약 백성들처럼 몸 밖의 하나님이 아니라, 성령으로 예수 안에서 나와 함께 임마누엘하시는 삼위일체 하나님, 성령으로 예수 안에서 나를 다스리시는 삼위일체 그 하나님을 믿는 것이 기독교입니다. 빌1:6, 2:13 성령으로 성자 예수 안에서 나의 몸을 성전 삼으신 삼위일체 그 하나님을 믿는 것이 기독교입니다. 엡2:20-22 그러므로 성전과 예배는 하나님의 본질과 동일하게 거룩해야합니다. 그래서 하나님이 내가 거룩하니 너희도 거룩 하라 하신 것입니다. 요2:21, 고후6:16

> 고전3:16-17 16. 너희는 너희가 하나님의 성전인 것과 하나님의 성령이
> 너희 안에 계시는 것을 알지 못하느냐 17. …하나님의 성전은 거룩하니
> 너희도 그러하니라

그럼 하나님이 왜 우리 몸을 당신의 성전 삼으신 것입니까? 답을 가슴 깊이 새기시기 바랍니다. 그것은 우리의 힘으로는 사43:7에서처럼 창조의 섭리대로 하나님 영광의 거룩한 자녀의 삶이 불가능하기 때문입니다. 롬3:23에서처럼 모든 사람이 죄를 범하였으매 하나님의 영광에 이르지 못한다는 것입니다. 그래서 우리의 순종으로 드리는 거룩한 산 제물의 예배를(하나님 영광) 회복하기 위해, 예수께서 먼저 죄인들을 위해 죽으시고 부활 승천하시어 성령으로 우리 안에 내주하심으로 죄인 된 우리가 그리스도 안에서 거룩함을 회복한 것입니다. 엡1:4, 골1:22

그래서 우리 몸이 거룩한 성전이 된 것입니다. 그러므로 먼저 우리 몸을 성전 삼으시려고 내주하신 것이 우선이 아니라, 우리의 심히도 부패한 마음을 바로잡아, 하나님의 거룩한 자녀 된 영광의 삶을 위해 성령으로 우리 안에 내주하심으로 인해 우리 몸이 하나님이 거하시는 성전이 된 것입니다. 이것이 앞서 말한 새 언약입니다. 그러므로 이제 성령 안에서 말씀과 찬송과 기도 같은 은혜의 수단으로 날마다 먼저 그리스도와 하나를 이룰 때(**영과 진리의 예배**) 그리스도의 마음이 부패한 우리의 마음을 주장하여 날마다 우리 삶으로 드리는 거룩한 산 제물의 예배로 이루어 주시는 것입니다. **(앞글 생명의 성령의 법 참고)**

> **롬12:1** 그러므로 형제들아 내가 하나님의 모든 자비하심으로 너희를 권하노니 "너희 몸을" 하나님이 기뻐하시는 거룩한 산 제물로 드리라 이는 너희가 드릴 "영적 예배니라"

그럼 왜 몸으로 삶으로 드리는 산 제물의 예배가 영적 예배입니까? 사람은 먼저 생각대로 말하고 말한 대로 몸으로 행동하며 사는 존재이므로 사람의 말과 행동은 결국 영적 요소인 생각에서 출발하기 때문입니다. 그래서 세상 사람은 정신이 육체를 지배하지만 성도의 정신은 영적인 진리의 말씀에 다스림을 받아 살아가므로 결국 성도의 순종에서 나오는 모든 행동이 바로 가장 영적인 예배가 되는 것입니다. 그래서 순종이 제사보다 낫다는 것입니다. **삼상15:22**

그러므로 영과 진리의 예배란 성령 안에서 성자 예수의 진리 말씀으로

영원한 복음 천국 복음

성부 하나님 앞에 나아가는 것입니다. **벧전1:3:8** 그래서 예배란 성령 안에서 성자 예수로 말미암아 삼위일체 하나님 그 신성의 영광에 참여하는 것이며, 신앙이란 날마다 신령한 복락(예수의 모든 것)을 향유하고 누림으로 이웃과 형제들에게 나를 통하여 예수를 나타내고 드러내는 행위가 바로 신앙의 정의입니다. **찬송가 288장 3절**

그래서 성도는 작은 예수라는 것입니다. 성도는 나의 자원으로 사는 자들이 아니라 예수의 자원으로 사는 자들입니다. 그리스도인이란 그리스도의 영으로 그리스도를 살아내는 자들이며 그리스도의 것으로 살려면 그리스도의 모든 것을 향유해야 하며 그리스도의 모든 것을 향유하려면 날마다 말씀과 찬송과 기도로써 예수 그리스도와 하나를 이루어야만 합니다.

그래서 예수와 하나된 것은 오직 하나님의 은혜이지만 그러나 날마다 말씀과 찬송과 기도 속에서 예수와 하나를 이루며 예수로 살아내려면 우리 자유의지가 절대적으로 반영되어야 합니다. 흔히 말하는 대로 은혜는 공짜이지만 은혜받는 자리까지는 우리의지로 나아가야 합니다.

한걸음 더 들어가 봅니다. 영과 진리의 예배, 여기에는 두 가지 깊은 의미가 있습니다. "영"은 성령을 말씀하시는 것입니다. 하나님 앞에 나아가는 주체는 인간이 먼저가 아니라 항상 성령님이십니다. 인간은 영이 죽은 상태입니다. 그래서 하나님 앞에 나아가는 주체는 인간이 먼저가 아니라 항상 성령님이십니다.

기도 역시도 찬송 역시도 예배 역시도 복음 전도 역시도 모든 주님의 일에 주체는 인간이 먼저가 아니라 항상 성령님이시라는 것을 알아야 합니다. 주와 합한 자는 한 영이기 때문입니다. 이것이 앞에서 말한 새 언약의 천국 복음이고 진리입니다. 구약의 옛 언약의 율법 아래 사는 자들이 하는 모든 일의 주체는 인간이었습니다.

그러나 신약의 새 언약의 생명의 성령의 법아래 사는 자들의 주체는 인간이 아니라 성령이십니다. 그래서 먼저 성령의 인도를 받을 때 율법이 요구하는 사랑의 삶으로 율법의 완성을 이루는 것입니다. **롬8:4, 13:10**

그리고 **"진리"**에는 심오한 의미가 있습니다. 여러분이 눈을 감고 성자 예수를 생각하거나 묵상하거나 떠올려 보시기 바랍니다. 그런데 인간의 어떤 얼굴의 형상이 나타난다면 그것은 위험한 것입니다. 저나 여러분이나 예수님의 얼굴을 본 적이 없습니다. 예수님의 정확한 얼굴 사진이나 그림은 존재하지 않는 것으로 압니다. 하나님을 생각하는 것도 마찬가지입니다.

영이신 하나님을 생각한다고 어떤 형상을 떠올린다면 이 또한 위험한 것입니다. **십계명 2계명** 그래서 우리는 예수와 하나님을 생각할 때 어떤 형상이 아니라 예수께서 하신 일이나 또는 앞으로 하실 일들, 정확히는 예수 안에서 예수로 말미암아 하나님이 하신 일과 앞으로 행하실 일들을 떠올립니다. 그것이 바로 진리의 성경 말씀입니다.

성경은 하나님과 예수에 대하여 또한 예수께서 그가 누구신지 그분이 하나님을 위하여 죄인을 위하여 무엇을 하셨는지 또한 앞으로 하실 일들을 기록하고 있습니다. 그래서 모든 성경은 예수를 증거하고 있습니다. 요5:39 예수 안에서 하나님을 증거하고 있습니다. 그래서 영과 진리의 예배란 진리의 성령 안에서 진리 되신 예수를 증거하는 진리의 성경 말씀을 깨달음과 믿음으로 구원의 감사함으로 하나님 앞에 나아가는 것입니다. 그래서 예수께서 '내가 곧 길이요 진리요 생명이니…' 하신 것입니다.

> 요14:6 예수께서 이르시되 내가 곧 길이요 진리요 생명이니 나로 말미암지 않고는 아버지께로 "올" 자가 없느니라

여기서 예수로 말미암지 않고는 아버지께로 "갈" 자가 아니라 "올" 자가 없다는 것입니다. 아버지께로 가려면 다른 데로 가지 말고 예수님 자신에게로 오라는 것입니다. 예수 안으로 오라는 것입니다. 요14:20 예수와 아버지는 하나이시며, 삼위일체는 분리되지 않으시기 때문입니다. 요10:30 이것이 영과 진리의 예배가 결국 삼위일체 하나님 신성의 영광에 참여하는 예배라는 것입니다. 성령으로 성자 예수 안에서 성부 하나님 즉 삼위일체 하나님 신성의 영광에 참여하여 성령으로 하나를 이루는 것입니다. 요17:21-22, 사43:7

이 부분을 한 번 더 강조할 필요가 있습니다. 기독교의 구원은 성령으로 성자 안에서 성부와 함께 하나를 이룰 때 이루어지는 것입니다. 요14:20 앞글에서 말한 기독교의 신비한 4연합의 한 주체가 되었을 때 이루

어지는 것입니다. 성경은 절대 내가 단독으로 예수와 1대 1로 예수만 믿으면 구원받는다고 하지 않습니다. 예수는 하나님 아버지 앞으로 나아가는 길입니다. 요14:6, 벧전13:8

그래서 성령 안에서 성자께 나아가고 성자 안에서 성부께 나아가는 것입니다. 요17:21-23과 요14:20을 깊이 묵상해 보시기 바랍니다. 요17:21-23은 주님이 십자가 지시기 전 유언과도 같은 기도입니다. 기도의 핵심은 우리가 죄 사함 받아 성령으로 성자 안에서 성부와 하나를 이루는 것입니다. 성령으로 성자 진리의 말씀을 믿는 그 믿음으로 성부께 나아가서 함께 하나를 이루는 것입니다. 히11:6 이것이 하나님의 사랑입니다. 사랑은 하나를 이루는 본질이기 때문입니다.

이것이 영과 진리의 예배입니다. 그래서 성령은 성자께 나아가는 길이자 고전12:3 진리이자 요15:26 생명이며, 성자는 성부께 나아가는 길이자 진리이자 생명입니다. 요14:6 삼위는 분리되지 않으시며 영광과 권능이 동일하십니다. 성부께 있는 모든 것이 성자께도 있으시고 성자께 있는 모든 것이 성령께도 있으십니다.

그래서 성령으로 성자 안에서 성부와 하나 되어 삼위일체 하나님 신성의 영광에 참여하는 것입니다. 우리 안에 성령과 성자와 성부가 항상 함께 하십니다. 요14:16-20 그러므로 여러분이 정말 구원받았다면 예수 믿는다고 입술로만 말할 것이 아니라 하나님이 예수와 하나 되게 하신 것에서 날마다 말씀과 찬송과 기도로써 예수와 하나를 이루는 삶을 살아야 합니다.

영원한 복음 천국 복음

그러므로 영과 진리의 예배란 진리의 성령 안에서 성자 진리의 말씀으로 성부 하나님 앞에 나아가는 것입니다. 성령 안에서 성자와, 성자 안에서 성부와 하나 되는 것, 그래서 예배란 성령 안에서 성자로 말미암아 성부 하나님 즉 삼위일체 하나님 신성의 영광에 참여하여 하나가 되는 것입니다. 그래서 요17:21-22의 하나 됨의 결과가 23절에서 이렇게 나타납니다.

> 요17:23 곧 내가 그들 안에 있고 아버지께서 내 안에 계시어 그들로 온전함을 이루어 하나가 되게 하려 함은 아버지께서 나를 보내신 것과 또 나를 사랑하심 같이, 그들도 사랑하신 것을 세상으로 알게 하려 함이로소이다

참으로 은혜 되는 말씀입니다. 하나님 사랑의 제1 근원인 예수를 향하신 하나님의 사랑이 성령 안에서 우리들에게도 임한다는 것, 이것이 기쁜 소식의 **복음입니다.** 그럴 때 예수 안에서 하나님은 나의 아버지 되시고 나의 하나님이 되시어 에덴의 아담 안에서 죄악으로 잃어버린 아버지 하나님과의 관계가(샬롬) 회복되는 것입니다. **눅3:38 (에덴의 죄악이 있기 전 하나님은 인류의 아버지셨습니다.)**

> 요20:17…너는 형제들에게 가서 이르되 내가(예수님) 내 아버지 곧 너희 아버지, 내 하나님 곧 너희 하나님께로 올라간다 하라…

그리고 그 하나 됨에서 성자의 모든 것을 향유하고 누림으로 세상에 예수를 나타내고 드러내며 사는 것입니다. 예수를 세상에 나타내려면 먼저

예수를 누려야 합니다. 그래서 날마다 말씀과 찬송과 기도로써 머리 되신 예수와 생명의 교제 가운데서 예수의 모든 것을 향유하고 누리는 것입니다. 예수의 모든 것으로 이 땅에 예수를 나타내며 사는 것, **이것이 신앙의 정의입니다.**

그럴 때 비로소 우리는 성령 안에서 산 제물의 순종의 예배를 드리게 되는 것입니다. 영과 진리의 예배는(**믿음의 예배**) 산 제물의 예배로(**행함의 예배**) 나타나고 드러나야 합니다. 행함으로 믿음이 온전하게 되듯이 산 제물의 예배로 영과 진리의 예배가 온전하게 되는 것입니다.

영과 진의 예배를 잘 드리려면…

영과 진리의 예배를 잘 드리려면 먼저 하나님과 예수에 대하여 잘 알아야 합니다. 우리는 하나님과 예수를 아는 만큼의 믿음의 분량으로 예배를 드립니다. 아는 만큼 우리의 마음을 드릴 수 있습니다. 또한 하나님과 예수에 대하여 잘 알려면 성경 말씀이나 이스라엘 역사보다는 복음의 깊이와 넓이를 잘 알아야 합니다. 그래야 그 앎으로 풍성한 예배를 드리는 것입니다.

호6:6과 벧후3:18과 요17:3이 말씀하시는 하나님과 예수를 아는 지식이란 먼저 성경을 통하여 복음의 깊이와 넓이를 아는 지식입니다. 복음을 알아야 하나님과 예수를 바로 아는 것입니다. 이스라엘 역사를 아무리 잘 안다고 하나님과 예수를 잘 안다 말할 수 없습니다. 복음을 깊고 넓게 알지 못하고 하나님과 예수를 안다는 것은 어불성설입니다.

그래서 예수를 아는 지식에서 자라가라는 말씀은 복음을 깊고 넓게 아는 지식으로 자라가라는 말씀입니다. **벧후3:18** 예수님 자신이 복음의 시작이시기 때문입니다. **막1:1** 그러므로 복음의 깊이를 모르고도 아무생각 없이 성경을 그냥 앵무새처럼 읽는 것만으로 만족하며 사는 사람들에게 성경은 하나의 죽은 문자에 지나지 않습니다.

그런 것은 예수를 거부하는 스님이나 무속인이나 불신자도 얼마든지 할 수 있는 일입니다. 그러므로 하나님과 예수를 알려면 먼저 복음을 바르게 제대로 알아야 합니다. 그래서 그 지식이 먼저 머리에서 받아들여질 때 또한 마음에서 믿음으로 받아들이는 것입니다.

거듭 말하지만 이스라엘 역사보다는 머리에서 복음을 바로 알고 받아들여야 마음에서 믿음이 발생하는 것입니다. 그래서 머리가(**지식**) 거부하면 마음도(**믿음**) 거부한다는 것입니다. 그러므로 주의 종들은 성도들에게 이스라엘 역사만 가르칠 것이 아니라 율법만 가르칠 것이 아니라 먼저는 날마다 복음의 깊이와 넓이를 바로 가르쳐야 합니다.

복음은 날마다 반복적으로 들어야 합니다. 그래야 건강한 신앙에서 건강한 예배를 드립니다. 날마다 바른 복음에서 바른 신앙이 나오는 것입니다. 아마도 주의 종들에게 가장 힘든 일 하나를 꼽으라면 했던 말씀을 다시 해야 할 때일 것입니다. 그러나 그럼에도 그렇게 해야만 합니다. 아니면 결국 배는 산으로 올라가 율법이나 세상 이야기가 날마다 강단에서 흘러나올 것입니다.

그러므로 마음으로 영과 진리의 예배를 온전히 드리려면 먼저 머리에서 복음을 바르게 받아들여야 합니다. 그래야 영과 진리의 예배를 온전히 드릴 수 있습니다. 바른 믿음으로 예배를 드리려면 바른 지식이 먼저 있어야 합니다. 먼저 머리에서 복음에 대한 바른 지식이 결여된 예배는 온전한 마음과 믿음으로 예배를 드릴 수가 없습니다.

그래서 결국 마음에도 없는 형식만 갖춘 헛된 예배, 영혼 없는 죽은 예배를 드리게 되는 것입니다.

> **마15:8-9** 8. 이 백성이 입술로는 나를 공경하되 마음은 내게서 멀도다 9. 사람의 계명으로 교훈을 삼아 가르치니 나를 헛되이 경배하는도다 하였느니라 하시고

또한 영과 진리의 예배를 잘 드리는 또 다른 방법은, 우리가 흔히 아는 말로 컵에 공기를 비우려면 컵을 거꾸로 들것이 아니라, 컵에 물을 채우라는 말이 있습니다. 우리 자신 역시도 마찬가지입니다. 일주일 동안 세상에 살면서 보지 말아야 할 것들을 보고, 듣지 말아야 할 것들을 듣고, 생각하지 말아야 할 것들을 생각하고, 말하지 말아야 하는 것들을 말함으로 인하여 우리 안에 세상의 온갖 더럽고 추하고 음란하고 부정한 것들이 있습니다.

그런 상태로는 영과 진리의 예배를 드린다는 것은 불가능합니다. 그래서 내 안에 더럽고 추한 것들을 쫓아내야 하는데 그 방법은 우리가 거꾸로 물구나무를 서는 것이 아니라 컵에 물을 채우듯이 예배드리기 전에 먼저 내 안에 진리로 채워야 합니다. 그 채움이 바로 예배드리기 20분 전에 미리 오셔서 성경을 소리 내어 읽거나 또는 가능하면 복음성가가 아니라 진리의 곡조인 찬송가를 소리 내어 뜨겁게 많이 불러야 합니다.

그럴 때 우리 안에 서서히 진리가 채워짐으로 내 안에 추하고 더러운 것들이 내 안에서 떠나갑니다. 그래서 예배는 시작 20분 전부터는 찬송을 인도해야 하며 또한 성도들 역시도 20분 전에 오셔서 찬송을 함께 부르며 예배 시간에 앞에서 말한 내 안에 영적 요소인 나의 생각과 마음이 예배에 집중할 수 있도록 성령께서 나의 생각과 마음을 진리가운데 붙들어 달라고 기도를 해야 합니다. 그래서 영과 진리의 예배를 위하여 하나님께 나아가는 주체이신 성령의 인도를 구하는 모든 성도들의 간절한 통성 기도가 반드시 있어야 합니다.

앞에서 말한 대로 하나님께 나아가는 주체는 우리가 먼저가 아니라 성령님이라고 말했습니다. 그래서 먼저 성령께서 나의 생각과 마음을 진리가운데 붙들어 달라는 간절한 기도가 반드시 먼저 있어야 합니다. 성령은 진리의 성령이시기 때문입니다. &15:26 그럴 때 성령의 인도하심으로 영과 진리의 온전한 예배를 드리게 되는 것입니다.

뿐만 아니라 진리의 말씀을 전하는 주의 종을 성령 충만으로 붙들어 달라는 기도를 반드시 해야 합니다. 그것은 곧 나를 위한 기도입니다. 종의 입술에서 나오는 영의 양식을 내가 받아먹기 때문입니다. 그래서 예배 시간에 주의 종을 위한 기도는 결국 나를 위한 기도입니다. 또한 성령 안에서 이 땅 모든 성도들을 위해 드리는 중보기도 역시도 결국 나를 위한 기도입니다. 이것이 바로 주님의 몸 된 천국 백성들의 하나님 나라 영적 질서입니다. 천국은 너를 위한 것이 곧 나를 위한 것이며, 너가 존재하므로 곧 내가 존재하는 곳입니다.

예수는 그리스도이시며 우리의 구세주 되시자 왕이신 주님 되시며 지금도 살아 역사하시는 창조주 하나님의 아들이시며 어제나 오늘이나 영원토록 동일하신 분입니다. 아멘!

성화는 십자가 예배로 나타난다

롬12:1 그러므로 형제들아 내가 하나님의 모든 자비하심으로 너희를 권하노니 너희 몸을 하나님이 기뻐하시는 거룩한 산 제물로 드리라 이는 너희가 드릴 영적 예배니라

하나님 경륜의 구속사에서 하나님이 크게 이루시고자 하시는 것은 두 가지입니다. 첫째는 예수를 닮은,**(하나님 형상으로 성화)** 둘째는 많은 아들들을 얻는 것입니다. 첫 아담 안에서 하나님 형상을 잃어버린 죄인들을 예수 십자가로 구원하시어 하나님의 참 형상이신 예수를 닮은 많은 아들들을 얻으시는 것입니다. 그래서 창1:26-28, 9:1의 문화명령을 하나님이 인류의 새로운 대표 둘째 아담 그리스도 안에서 이루시는 것입니다. **롬8:29**

그러므로 성도를 향하신 하나님의 뜻은 크게 두 가지입니다. 그중에 큰 뜻은, 예수를 닮는 것입니다. 기뻐하라 기도하라 감사하라 거룩하라 등은 모두 예수를 닮는 성화 안에 포함된 것입니다. 그래서 내 모든 소원 기도의 제목은 오직 예수님 닮는 것입니다. **찬송가 452장** 그리고 다른 한 뜻은, 성도 각자의 은사로 그리스도의 몸인 교회 공동체를 세우는 것과 관련된 것입니다.

그런데 우리를 향하신 하나님의 가장 큰 뜻인 예수를 닮는 성화를 이루는 것은 우리가 영과 진리의 예배만 잘 드린다고 되는 것이 아닙니다. 우리가 주일날 하나님 앞에 예배를 수백 번 드려도 영과 진리 예배만으로 예수 닮는 것은 분명 한계가 있습니다. 지난 수십 년 예배를 드린 우리 자신을 돌아보면 금방 아실 것입니다.

그러므로 예수를 닮는 성화는 먼저 수직적인 하나님과의 관계 회복으로 하나님 사랑이 나를 통하여 이웃과 형제 사랑으로 나타내고 드러낼 때 성화가 이루어지는 것입니다. 성화는 먼저 영과 진리의 수직 예배가 몸으로 드리는 산 제물의 수평 예배로 드려짐으로 이루어지는 것입니다. **요4:24, 롬12:1** 사랑은 말로만 하는 것이 아니라 행동으로 몸으로 실천하는 것입니다.

나타남이 없는 사랑은 사랑이 아닙니다. 영혼 없는 몸이 죽은 것처럼, 행함 없는 믿음이 죽은 믿음인 것처럼, 나타남이 없고 드러남이 없이 입술로만 하는 사랑은 사랑이 아니란 것입니다. 그래서 성경 66권 전체에서 하나님은 사랑이라 아무리 외쳐도 그 사랑이 예수를 통하여 나타남이 없었다면 인류 가운데 하나님을 사랑이라 부를 자는 단 한 사람도 없었을 것입니다. 그래서 하나님의 사랑이 예수 안에서 이렇게 나타난 것입니다. **요1서4:9-10**

롬5:8 우리가 아직 죄인 되었을 때에 그리스도께서 우리를 위하여 죽으심으로 하나님께서 우리에 대한 자기의 사랑을 확증하셨느니라 그래서 공의하신 하나님이 예수 안에서 마음 다해 목숨 다해 뜻을 다해 우리를 먼저 그렇게 죽기까지 사랑해주시고 이제는 다시 우리에게 그 사랑을 요구하십니다. 마22:37 그러므로 우리가 하나님을 목숨 다해 사랑하는 것은 우리 선택의 문제가 아니라 하나님 공의의 문제입니다. 그래서 가장 크고 작은 두 계명은 첫째가 하나님 사랑이고 둘째가 이웃 사랑입니다

또한 새 계명 역시도 사랑입니다. 요13:34 이는 십자가를 지신 예수님께서 십자가 사랑 즉 수직과 수평적인 사랑을 말씀하시는 것입니다. 예수님의 십자가 죽으심은 먼저 하나님 아버지를 죽기까지 사랑하셔서 순종하신 것이며, 한편으로는 또한 우리를 죽기까지 사랑하셔서 십자가에 피흘려 죽으신 것입니다. 그래서 십자가 사랑은 먼저 하나님과의 수직적인 사랑이 이웃과 형제들에게 영적인 사랑, 정신적인 사랑, 물질과 육적인 사랑으로 하나를 이루고 나타나고 드러나야 하는 것입니다. (앞글 생명 성령의 법 참고…)

그럼 우리가 영이신 하나님을 어떻게 사랑합니까? 하나님을 사랑하는 것은 그의 계명에 순종하는 것입니다. 요1서5:3 그리고 하나님의 새 계명은 주님이 우리를 사랑하신 것같이 우리도 서로 사랑하라는 것입니다. 그래서 하나님을 향한 사랑은 이웃과 형제 사랑으로 나타내고 드러내야 하는 것입니다.

그래서 지극히 작은 자에게 한 것이 곧 그의 머리 되신 주님께 한 것이라는 것입니다. 마25:40 진리 안에서 수직적인 하나님을 향한 사랑은 수평

적인 형제 사랑과 이웃 사랑으로 나타나고 드러나므로 완성되는 것입니다. 즉 머리를 향한 사랑은 몸의 섬김으로 나타내야 하는 것입니다. 이것은 이미 구약의 짐승의 제사를 통하여 나타나고 드러난 것입니다. 이 부분은 김경열 목사님의 책 《드라마레위기》 103면 이하에서 이렇게 말씀하고 있습니다.

오늘날 예배의 적용과 관련해서 그 목적에 따라 주목해야 할 제사는 번제, 화목제, 속죄제/속건제라 할 수 있다. 속죄제와 속건제는 죄 문제를 해결하기 위한 쌍둥이 제사로 속죄제가 둘을 대표한다. 번제, 화목제, 속죄제에서 배울 수 있는 것은, 예배란 십자가에 깃든 수직적 요소와 수평적 요소를 겸비해야 한다는 것이다. 우선 번제물은 수직적인 예배로 인간의 몫 없이 모두 불태워 하나님께 올려 드린다.

다만 가죽은 벗겨 내서 태우지 않고 집례하는 제사장의 수고비로 돌리는데, 이는 가죽이 타는 냄새가 고약하고 또한 잘 타지 않는 특징 때문일 것이다. 어쨌든 번제의 고기는 인간에게 할당되지 않고, 모두 하나님께 올려진다. 하나님께만 집중하는 것이다.

이것은 오늘날 예배에서도 가장 기본 태도일 것이다. 하나님은 이러한 번제를 "향기로운 냄새"로 받으시는데, 번제 편에서 설명한 대로 사실은 제물과 더불어 제물을 바치는 사람을 기쁘게 받으신다는 의미다(레1:3-4).

화목제는 짐승의 내장 부위의 기름 덩어리와 두 콩팥, 간엽을 하나님께

영원한 복음 천국 복음

바쳐 제단에서 태우고, 나머지 고기는 모두 사람이 나누어 먹었다. 가슴과 오른쪽 뒷다리는 화목제를 집례한 제사장에게 돌렸고, 나머지 몸통을 예배자가 집으로 가져가 가족, 친족, 이웃들과 함께 잔치를 벌인다. 따라서 화목제는 나눔의 제사로 수평적 제사라 할 수 있다.

번제와 화목제 모두 기본적으로 감사의 제사다. 다만 번제는 다양한 목적으로 바칠 수 있지만, 감사의 제물로 바칠 때는 전적으로 하나님께만 감사를 표하며 전적인 헌신과 내어 드림을 위해, 그리고 아마도 자신의 모든 것이 주님의 것임을 고백하면서 바쳤을 것이다.

화목제는 앞서 살핀 대로 세 가지 이유로 바쳤는데, 감사와 서원과 자원이 그것이다. 화목제를 바칠 때는 통상적으로 번제가 함께 드려진 것으로 보인다. 화목제는 일종의 단합을 위한 회식 자리이자 마을 잔치였다. 그러나 한번 실컷 먹어 보자는 뜻의 상차림은 결코 아니었다. 단순한 불고기 파티라면 화목제가 아니어도 일상생활 속에서 언제든지 가능했을 것이다. 화목제는 예배로서의 식탁 교제였다. 따라서 단순한 잔치가 아니라 하나님 앞에서 베풀어진 영적인 잔치였다고 할 수 있다.

오늘날 우리 예배와 교회 안에서의 공동체 삶 속에서도 화목제의 요소가 강조될 필요가 있다. 우리는 신앙의 선배들로부터 예배는 수직적으로 하나님께만 집중해야 한다고 배웠다. 이것은 선배들의 물려준 고귀한 신앙의 유산이 아닐 수 없다. 그런 훈련 덕택에 지금도 필자는 예배를 어떻게 드려야 하는지 늘 인식하며 살아가고 있다.

그러나 레위기의 제사를 통해 우리가 알 수 있는 사실은 예배는 수평적 나눔 또한 매우 중요하다는 점이다. 하나님은 화목제 잔치에 함께하실 만큼 우리와 가까이 계시는 아버지이시다. 그러므로 예배 시간에 성도들이 간증을 나누고, 감사의 박수를 치며 서로 격려하고 위로할 때, 하나님도 그들을 위해 진심으로 박수 치며 기뻐하실 것이다.

따라서 예배 시간에 형제자매를 향해 박수를 쳤다 해서 이것이 결코 하나님의 영광을 가리거나 그분을 욕되게 하는 일이라 할 수 없다. 우리의 예배 시간은 교제와 사귐의 화목제를 실현하기에는 너무 짧다. 따라서 교회는 예배 후에라도 화목제의 정신을 따라 성도의 교통과 사귐, 위로와 심방, 나눔의 식탁 등을 풍성히 가져야 할 것이다. 이렇듯 하나님에 대한 예배는 수직적이면서도 수평적이어야 한다.

필자는 이것을 '십자가 예배'라 칭하고 싶다. 우선적으로, '수직적인' 번제의 예배로 하나님께 온전히 집중해야 하고, 동시에 '수평적인' 화목제의 예배로 성도 간에 기쁨과 감사를 나누는 예배가 되어야 한다. 십자가는 그 자체로 그리스도의 희생의 속죄제를 의미한다.

우리는 예수님의 대속의 피 없이는 하나님께 나아가 예배드릴 수 없다. 그러므로 우리는 그리스도의 희생을 기리는 예배를 드려야 한다. 예배를 드릴 때마다 그것이 '십자가의 예배'임을 기억할 필요가 있다. **(참으로 귀중한 글입니다.)**

그러므로 먼저는 하나님과 수직적인 교제 가운데서 힘을 받아 이웃과 형제들과 수평적인 교제를 하는 것 이것이 곧 사랑입니다. 먼저 말씀과 찬송과 기도로써 예수와 교제 가운데 예수를 향유하는 누림이 있어야 합니다. 그리고 그 누림을 통하여 이웃과 형제들과의 나눔이 있는 것입니다.

수직적인 누림을 통하여 부음 받은 사랑으로 이웃과 형제들과 수평적으로 나눔입니다. 그래서 먼저 수직이 없으면 수평은 없습니다. 또한 수평이 없으면 수직이 있었다고 말할 수 없습니다. 무슨 말입니까? 이웃 사랑과 형제 사랑이 없다면 먼저 하나님과의 사랑도 없었다는 것입니다. 수직으로 바른 예배가 있었다면 반드시 수평으로도 성령 안에서 이웃들과의 섬김의 예배로 드러난다는 것입니다.

그래서 행함으로 그 사람의 믿음을 아는 것입니다. 이웃의 섬김의 예배로 하나님께 온전한 예배를 드린 것인지를 아는 것입니다. 이것이 하늘의 뜻이(**하나님 사랑**) 땅에서도(**이웃 사랑**) 이루어지는 것입니다. 그래서 하늘은 땅을 위해 존재하고 땅은 하늘을 위해 존재하는 것입니다. 에덴의 죄악으로 잃어버린 샬롬이(**평화**) 하늘과 땅을 통일하신 예수 안에서 하나님과 형제와 이웃들에게 완전히 회복되는 것입니다.

그러므로 주일날 하나님께 드리는 예배도 중요하지만 성도들과의 식사 교제, 사랑의 교제, 섬김과 봉사의 교제도 주일뿐만 아니라 주중에도 반드시 필요한 것입니다. 그래서 교회 안에서의 공식적인 주일 예배는 식사 교제까지가 예배입니다. 물이 높은 곳에서 흘러 낮은 곳으로 흐르듯이 진리 안에서 하나님의 사랑이 예배 가운데 성령 충만으로 나에게 흘러넘쳐 그 사랑이 이웃과 형제 사랑으로 흘러가는 것입니다.

그러므로 예배는 수직과 수평이 다 회복되어야 합니다. 수직만도 아니요 수평만도 아니라 수직수평 모두 사랑의 관계 회복이 일어나야 합니다. 그래서 주님이 제정하신 성만찬은 수직과 수평입니다. 먼저 수직적인 주님과의 관계 안에서 그분의 살과 피를 수평으로 서로 나눔으로 그분의 몸 된 지체로 연합되어 들어가는 의식입니다. **(최소한 성찬식을 매월 첫 주는 꼭 드려야 합니다.)**

그러므로 예수의 살과 피를 먹는 예식인 성만찬에 참여할 때 성령 안에서 둘째 아담 예수는 우리를 이렇게 정의합니다.

> 창2:23 아담이 이르되 이는 내 뼈 중의 뼈요 살 중의 살이라 이것을 남자에게서 취하였은즉 여자라 부르리라 하니라

그리스도의 영을 받은 성도는 성령 안에서 둘째 아담 예수의 몸이라는 것입니다. **엡1:23, 롬8:9**

> 롬8:9 …누구든지 그리스도의 영이 없으면 그리스도의 사람이 아니라
> 눅24:39 내 손과 발을 보고 나인 줄 알라 또 나를 만져 보라 영은 살과 뼈가 없으되 너희 보는 바와 같이 나는 있느니라

영원한 복음 천국 복음

그렇습니다. 우리는 스스로 생각할 때 교회를 앞으로 10년 20년 다니면 우리는 성화되겠지라고 생각하지만 그것은 우리 자신을 스스로 속이는 것입니다. 우리가 예수 안에서 완전히 뒤집어지지 않는 한 교회를 수십 년 다녀도 별다른 성화는 없습니다. 성화는 하나님과 수직적인 관계만 잘한다고 되는 것이 아니기 때문입니다.

구제하고 기도 잘하고 예배만 잘 드리면 성화가 잘 이루어질 것으로 생각하지만 그것은 자기기만입니다. 반드시 주님과의 수직적 관계와 이웃과 형제 사랑으로 수평적 관계가 회복되어야 성화가 일어나는 것입니다. 성화란 이웃과 형제에게 사랑의 나타남으로만이 아는 것이기 때문입니다. 그래서 행함이 없으면 믿음도 없다는 이치입니다.

그래서 성화는 반드시 먼저 수직적인 관계 안에서 하늘 아버지의 사랑이 나에게 부어진 바 되어 그 사랑이 나를 통하여 이웃 사랑과 형제 사랑으로 흘러나갈 때 비로소 우리는 예수를 닮는 성화가 이루어지는 것입니다. 그래서 이것 역시도 앞서 말한 새 언약인 생명의 성령의 법으로만 가능한 것입니다.

이처럼 성도들의 믿음은 행함으로 나타나야 그 믿음이 온전하게 되는 것이며, 하나님 사랑은 이웃 사랑으로 나타나야 하는 것이며, 영과 진리의 예배는 산 제물의 예배로 나타나야 합니다. 십자가 예배처럼 하나님을 향한 예배는 이웃 사랑의 섬김과 나눔의 예배로 나타나야 합니다. 그러므로 행함의 근원은 믿음이며, 이웃 사랑의 근원은 하나님 사랑이며,

산 제물의 예배 근원역시도 영과 진리의 예배입니다.

예수는 그리스도이시며 우리의 구세주 되시자 왕이신 주님 되시며 지금도 살아 역사하시는 창조주 하나님의 아들이시며 어제나 오늘이나 영원토록 동일하신 분입니다. 아멘!

경륜의 복음

16

엡1:4 곧 창세전에 그리스도 안에서 우리를 택하사 우리로 사랑 안에서 그 앞에 거룩하고 흠이 없게 하시려고

롬16:25 나의 복음과 예수 그리스도를 전파함은 영세 전부터 감추어졌다가

고전2:7 오직 은밀한 가운데 있는 하나님의 지혜를 말하는 것으로서 곧 감추어졌던 것인데 하나님이 우리의 영광을 위하여 만세 전에 미리 정하신 것이라

앞의 글 "죄의 기원"에서 말한 대로 죄와 구원의 시작은 먼저 하늘에서 일어났습니다. 그래서 특히 엡1:4은 참으로 많은 생각을 하게 합니다. **먼저** 하나님이 창세전에 우리를 택하셨다는 말씀 속에는 우리가 쉽게 알지 못하는 하나님의 엄청난 경륜이 숨겨져 있습니다. 하나님이 창세전에 우리를 택하셨다는 말씀은 하나님이 인류의 타락을 이미 창세전에 아셨다는 것입니다. 죄의 원인이 하늘에서 먼저 있고 없고를 떠나서 하나님은 창세후 땅에서의 아담과 하와의 반역을 이미 창세전에 아셨다는 것입니다. 그래서 하나님은 전지전능하십니다.

그래서 우리를 창세전에 택하셨다는 것입니다. 만약에 에덴의 반역이

지금까지 없었다면 수많은 인류의 무리 가운데서 하나님은 굳이 자기 백성들을 별도로 구별하여 택하실 이유가 전혀 없으십니다. 그래서 전지전능하신 하나님은 이미 창세전에 에덴의 인류의 타락을 아시고 당신의 백성들을 구별하여 택하셨다는 것입니다.

> **엡1:4** 곧 창세전에 그리스도 안에서 우리를 택하사 …하나님의 기쁘신 뜻대로 우리를 예정하사 예수 그리스도로 말미암아 자기의 아들들이 되게 하셨으니
>
> **행13:48** 이방인들이 듣고 기뻐하여 하나님의 말씀을 찬송하며 영생을 주시기로 작정된 자는 다 믿더라
>
> **롬8:29** 하나님이 미리 아신 자들을 또한 그 아들의 형상을 본받게 하기 위하여 미리 정하셨으니 이는 그로 많은 형제 중에서 맏아들이 되게 하려 하심이니라
>
> **마1:21** 아들을 낳으리니 이름을 예수라 하라 이는 그가 자기 백성을 그들의 죄에서 구원할 자이심이라

그래서 예수 이름의 뜻은 "자기 백성"을 그들의 죄에서 구원하러 오신 이름입니다. 그러므로 예수는 이미 창세전에 하나님 백성으로 구별하여 미리 예정하신 당신의 백성들을 그들의 죄에서 구원하러 오신 분입니다. 그래서 창세전에 영생 주시기로 작정된 자는 예수가 믿어지는 것입니다. 이 말은 인간의 영혼이 창세전부터 존재했다는 "영혼 선재설"이 아니므로 오해하는 일이 없기를 바랍니다.

그러므로 하나님은 모든 인류를 사랑하시는 것이 아니라 그것도 창세 전에 그리스도 안에서 택하신 자기 백성들만을 사랑하시는 것입니다. 하나님이 모든 인류를 사랑하신다는 말은 어떤 면으로는 하나님을 모독하는 말입니다. 그것은 모든 인류를 사랑하시는 전지전능하신 하나님이 무엇이 부족하여 지금도 빛의 속도로 지옥에 들어가는 수많은 사람들을 구원하지 못하고 그저 바라보고만 계시는 무능한 분으로 말하는 것이 되기 때문입니다. 에덴에서부터 지금까지 또한 앞으로도 얼마나 많은 인류가 지옥으로 가고 갑니까?

아이를 너무도 사랑하는 능력 많은 부모가 아이를 잃어버린다면 이는 아이의 문제라기보다 부모가 무능한 것입니다. 그런데 아이를 잃어버린 것보다 더한, 아이가 지옥으로 가는 것을 보고만 있다면 우리는 그런 부모를 어떻게 정의해야 합니까? 지금 하나님이 모든 인류를 사랑하셔서 당신의 독생자를 십자가에 세우셨다고 말하는 우리가 바로 하나님을 그렇게 모독하고 있는 것입니다.

자칫하면 이는 하나님의 전지전능을 모독하는 것입니다. 그래서 하나님은 모든 인류를 사랑하신 것이 아니라 창세전 그리스도 안에서 택하신 자기 백성들을 그리스도 안에서 그리스도처럼 사랑하시는 것입니다. 요 **17:21-23, 엡1:3-6**

그리고 엡1:4이 주는 **두 번째** 하나님의 경륜은 하나님은 이미 창세전에 에덴의 타락을 아시고 성자 예수를 이 땅에 그리스도 구세주로 이미 창세전에 예정하셨다는 것입니다. 하나님이 당신의 백성들을 택하시기 전에 먼저 당신의 성자를 이 땅의 그리스도 구원자로 먼저 택하시고, 그리고 그리스도 안에서 그리스도의 백성들을 택하신 것입니다. 그래서 "자기 백성"이라는 것입니다. **마1:21**

> **엡1:4-5** 4. 곧 창세전에 그리스도 안에서 우리를 택하사 우리로 사랑 안에서 (하나님의 사랑과 기쁨의 제1 근원인 성자 그리스도 안에서) 그 앞에 (하나님 앞에) 거룩하고 흠이 없게 하시려고 (원죄도 자범죄도 없게 하시려고) 5. 하나님의 기쁘신 뜻대로 우리를 예정하사 예수 그리스도로 말미암아(그리스도와의 연합) 자기의(하나님) 아들들이 되게 하셨으니

그러므로 하나님은 창세전에 에덴의 반역을 미리 아시고 당신의 성자 예수를 이 땅에 구원자 그리스도 즉 하나님의 어린양 대속 제물로 이미 창세전에 예정하셨다는 것입니다. 그리고 그 어린양 예수 안에서 당신의 백성들을 택하셨다는 것이며 예수는 바로 이러한 하나님의 백성들을 그들의 죄에서 구원하러 세상에 오셨다는 것입니다. **마1:21 (이처럼 창세전에 택하신 그리스도와 교회의 이러한 모티브로 창세후에 세상에서 아담과 하와, 신랑과 신부, 주님과 종, 왕과 백성, 아버지와 아들 등이 나오는 것입니다.)**

또한 이러한 말씀을 죄의 삯은 사망과 피 흘림이 없이는 사함이 없다는 "하나님 공의에 입각하여" 한걸음 더 들어가면, 하나님은 이미 창세전에 성자 예수를 자기 백성들을 구원할 어린양으로 그의 피를 담보처럼 잡으셨다는 것입니다. 앞글 하나님의 창세전 깊은 시름에서 하나님의 사랑

과 공의와 갈등이 바로 창세전에 담보처럼 잡으신 예수의 피에서 먼저 화해를 하신 것입니다.

이는 마치 은행에서 담보를 잡고 돈을 빌려주듯이 공의하신 하나님은 이미 창세전에 어린양의 피를 담보처럼 잡으셨기에 창세후 에덴에서 창 3:15 같은 원시복음을 말씀하실 수 있었으며, 또한 구약의 이스라엘 백성들에게 역시도 그들이 그림자에 불과한 짐승의 피로서 장차오실 구세주 어린양 예수를 믿음으로 구원받은 것입니다. **요8:56, 창22:17-18**

그리고 신약의 백성들은 실제로 오신 어린양 예수의 피를 믿음으로 구원받는 것입니다. 이처럼 하나님은 이미 창세전에 당신의 성자 예수를 세상을 구원할 어린양 대속 제물로 그의 피를 담보처럼 잡으시고 창3:15의 에덴에서 그리고 구약의 이스라엘 백성들과 신약의 성도들의 모든 죄를 어린양 예수를 믿음으로 사함 받게 하신 것입니다. 마치 은행에서 담보를 잡고 돈을 빌려주듯이 말입니다. **마20:28**

그리고 엡1:4이 주는 **세 번째는** 자기 백성들을 "그리스도 안에서" 택하셨다는 말씀은 하나님은 자기 백성을 그리스도를 담는 그릇으로 지으셨다는 것입니다. 인간은 하나님의 영광을 위하여 하나님의 형상으로 지음 받은 것이 하나님의 인간 창조 목적입니다. **창1:27, 사43:7**

그러나 그러한 인간이 아담 안에서 하나님의 형상이 죄의 형상으로 마귀의 형상으로 타락하고 부패할 것을 하나님이 이미 창세전에 아셨습니다. 그래서 당신의 독생자 예수를 죄인의 구세주이신 그리스도로 먼저 택하시고 그리스도 안에서 그의 백성들을 택하셨다는 것은 그리스도를 담는 그릇으로 창조하셨다는 것입니다.

그래서 성도는 예수 그리스도로 말미암아 하나님의 아들이 되는 것입니다.

> **엡1:4** 곧 창세전에 그리스도 안에서 우리를 택하사 …하나님의 기쁘신 뜻대로 우리를 예정하사 예수 그리스도로 말미암아 자기의 아들들이 되게 하셨으니
>
> **롬8:29** 하나님이 미리 아신 자들을 또한 그 아들의 형상을 본받게 하기 위하여 미리 정하셨으니 이는 그로 많은 형제 중에서 맏아들이 되게 하려 하심이니라

그리스도는 어떤 분입니까? 그리스도는 하나님 영광의 광채이자 본체의 형상입니다. **히1:3** 아담은 반역으로 하나님의 타락한 형상이지만 둘째 아담 그리스도는 하나님 영광의 광채이시자 본체의 형상입니다. 그래서 창세전에 아담 안에서 타락한 무리 가운데 그리스도 안에서 택하신 그의 백성들을 그리스도를 담는 그릇으로 창조하셨다는 것입니다.

마치 신발은 발을 넣으려고 만들듯이 그리스도의 택함 받은 백성, 영생 주시기로 작정된 그리스도의 백성들은 그리스도를 담는 그릇으로 창조된 것입니다. 그래서 그리스도는 교회를 통하여 살고 교회는 그리스도로

말미암아 함께 하나 되어 살아가게 하시는 것입니다. **갈2:20**

> 살5:10 예수께서 우리를 위하여 죽으사 우리로 하여금 깨어 있든지 자든
> 지 자기와 함께 살게 하려 하셨느니라
> 요6:57 살아 계신 아버지께서 나를 보내시매 내가 아버지로 말미암아 사
> 는 것 같이 나를 먹는 그 사람도 나로 말미암아 살리라

몸은 머리의 다스림으로 살고 머리는 몸의 순종으로 말미암아 사는 것이 교회 머리 되신 그리스도 안에서 성도들을 택하신 목적입니다. 이것을 천국의 언어로 바꾸면, 몸은 머리의 섬김으로 살고 머리는 몸의 섬김으로 사는 것이 머리 되신 그리스도 안에서 그의 몸 된 성도를 택하신 목적입니다.

그래서 그리스도의 영이 없으면 그리스도의 사람이 아니란 것입니다. **롬8:9** 그리스도는 영이시며 교회는 그리스도의 뼈 중에 뼈이자 살 중에 살입니다. 그래서 머리와 몸입니다. 마치 아담이 하와를 보고 이는 내 뼈 중에 뼈요 살 중에 살이라 한 것처럼 **창2:23** 둘째 아담 그리스도와 교회도 이와 같은 관계입니다.

그래서 예수의 살과 피를 먹는 예식인 성만찬에 참여할 때 성령 안에서 둘째 아담 예수는 우리를 이렇게 정의합니다.

> 창2:23 아담이 이르되 이는 내 뼈 중의 뼈요 살 중의 살이라 이것을 남자

에게서 취하였은즉 여자라 부르리라 하니라

그리스도의 영을 받은 성도는 성령 안에서 둘째 아담 예수의 몸이라는 것입니다. **엡1:23, 롬8:9**

> **눅24:39** 내 손과 발을 보고 나인 줄 알라 또 나를 만져 보라 <u>영은 살과 뼈가 없으되</u> 너희 보는 바와 같이 나는 있느니라

그래서 그리스도의 영으로 거듭난 교회는 머리 되신 그리스도의 살과 뼈 즉 몸이자 영광이자 그리스도의 충만 그 자체입니다.

> **엡1:22-23** <u>교회는 그의 몸이니 만물 안에서 만물을 충만하게 하시는 이의 충만함이니라</u>

몸과 머리는 서로 각각 분리되어 사는 것이 아니라 몸은 머리의 다스림을 받으며 머리와 하나 되어 함께 살아가는 것이 창조의 질서입니다. 그래서 교회는 날마다 말씀과 찬송과 기도로써 진리의 성령 안에서 예수로 충만해야 합니다. 교회가 예수로 충만하여 예수를 나타내고 드러내야 한다는 것입니다. 이것이 하나님의 창조 섭리이며 교회의 존재 목적이며, 교회의 모든 신앙과 사명이 예수로 충만해야 하는 이유가 바로 여기서 출발해야 하는 것입니다.

오늘날 교회가 왜 세상에 지탄의 대상이 됩니까? 그것은 교회가 예수로

충만한 것이 아니라 여전히 자신들로 충만해서 그렇습니다. 한마디로 복음을 바로 알지 못해 그렇습니다. 복음이란 내가 죽고 예수께서 나를 통하여 당신을 살아 내는 것입니다. 그래서 내가 죽어야 한다는 것입니다. 바울처럼 날마다 자기부인이 있어야 한다는 것입니다.

> **갈2:20** 내가 그리스도와 함께 십자가에 못 박혔나니…
>
> **고전15:31** …너희에 대한 나의 자랑을 두고 단언하노니 나는 날마다 죽노라

그래서 천국은 꽃가마 타고 가는 곳이 아니라 꽃상여 타고 가는 곳입니다. 백마가 아니라 주님처럼 나귀 새끼를 타고 가는 곳입니다.

> **마16:24** 이에 예수께서 제자들에게 이르시되 누구든지 나를 따라오려거든 자기를 부인하고 자기 십자가를 지고 나를 따를 것이니라

그래서 전적으로 타락하고 무능하고 부패한 내가 그리스도와 함께 세례를 통하여 십자가에 죽었다는 것입니다. **롬6:3** 그런데 많은 이들이 자신은 죽지 않고 날마다 예수를 죽이고 내가 살려고 합니다. 그러나 날마다 내가 죽어야 예수가 나를 통하여 삽니다. 복음이란 나는 날마다 예수로 인하여 죽고 예수는 날마다 죽은 나로 인하여 사는 것입니다. 그래서 세례 요한이 나는 쇠하고 예수는 흥해야 한다는 것입니다. **요3:30**

다시 본론으로 돌아와서, 그래서 타락한 인간은 성령 안에서 그리스도

를 담을 때만이 그리스도 안에서 하나님의 형상으로 회복되는 것입니다. **엡2:21-22** 하나님의 아들들로 회복이 되는 것입니다. 그래서 그리스도의 영을 받을 때 성령 안에서 그리스도의 전부를 받는 것입니다. 성령 안에서 그리스도의 모든 것을 그리스도와 함께 향유하고 누리는 것입니다.

그리스도의 의, 생명, 이름, 영, 마음, 진리, 찬송, 기도, 아버지, 아들신분, 마귀의 일을 멸하는 권세와 능력, 천국, 평안, 희락, 의, 지혜, 믿음, 사랑, 거룩, 천사 섬김, 보혈, 죽음, 부활, 새 하늘 새 땅, 등 그리스도의 모든 것을 성령 안에서 그리스도와 함께 영원히 향유하는 것입니다. **마28:20**

그러므로 성도는 항상 예수 이름 나의 이름, 예수 권세 나의 권세, 예수 죽음 나의 죽음, 예수 부활 나의 부활, 예수 승리 나의 승리 등을 늘 인식하고 고백하며 살아가야 합니다. 예수의 그 모든 것이 성령 안에서 나의 모든 것도 되는 것입니다 그래서 향유하는 것입니다. 이것이 성경이 말하는 가장 큰 복입니다.

그래서 타락한 인간은 오직 자신 안에 그리스도를 담을 때만이 하나님 앞에서 인간의 가치를 존중받습니다. **고후13:5** 하나님께서 사람을 하나님의 형상과, 모양(영광)대로 창조하셨습니다.

> **창1:26** 하나님이 이르시되 우리의 형상을 따라 우리의 모양대로 우리가 사람을 만들고…

모양이란 실체를 담는 그릇입니다. 그러므로 그리스도는 하나님의 실체이시고, 우리는 하나님의 실체이신 그리스도의 모양, 즉 그리스도를 담는 그릇입니다. 그래서 우리는 우리 안에 그리스도를 담을 때만이 하나님의 형상으로 재창조되는 것입니다. **엡4:24** 성도를 통하여 그리스도를 보고 그리스도를 통하여 하나님을 보는 것입니다. 이것이 머리와 몸의 관계입니다. **고전11:3**

그래서 하나님은 창세전에 장차 우리에게 보내 주실 예수 그리스도의 형상을 따라 인간을 창조하셨습니다. 그리스도를 담기 위해서 하나님의 형상대로 창조하셨습니다. 그래서 죄인은 오직 그리스도 안에서만이 하나님의 영광으로 재창조되는 것입니다. 그리스도만이 하나님 본체의 형상이자 영광의 광체이십니다.

> **히1:3** 이는 (예수 그리스도) 하나님의 영광의 광채시요 그 본체의 형상이시라…
>
> **롬8:9** …누구든지 그리스도의 영이 없으면 그리스도의 사람이 아니라

그래서 타락한 죄인은 그의 심령 안에 그리스도를 담아야 비로소 하나님 영광의 형상으로 회복되는 것입니다. 첫 아담 안에서의 타락에서 둘째 아담 그리스도 안에서 죄 사함 받고 성령 안에서 예수와 함께 하나님의 영광으로 재창조되어 가는 것입니다. **엡2:22, 4:24**

그러므로 우리의 구원이란 창조의 근원으로 돌아가는 것입니다. 복음

이란 창조의 근원으로, 우리의 힘이 아니라 오직 하나님의 은혜로 돌아간다는 기쁜 소식입니다. 낙동강의 발원지가 태백의 황지연못이고 한강의 발원지가 태백의 검룡소이듯이 우리의 창조 근원은 오직 그리스도 안입니다.

우리는 오직 그리스도 안에서 택함 받았습니다. 그래서 그리스도 안으로 돌아가야 합니다. 천상천하에서 하나님의 진노로부터 가장 안전한 곳은 그리스도 안입니다. 그래서 창조의 근원, 그리스도 안으로 돌아가려고 우리가 죄에서 구원받은 것입니다.

> **엡1:4** 곧 창세 전에 그리스도 안에서 우리를 택하사…
>
> **롬8:1** 그러므로 이제 그리스도 예수 안에 있는 자에게는 결코 정죄함이 없나니…

우리의 앞일을 예정하신 하나님, 그 앞일을 마음의 소리와 말씀과 꿈과 환상으로 보여 주시는 하나님, 보여 주신 뜻을 따라 소원의 기도를 인도하시는 하나님, 기도를 들으시고 이루시는 하나님, 영광받으시기에 합당하시어 모든 영광을 받으시는 삼위일체 하나님, 여기까지 우리가 할 일은 날마다 성령으로 말씀과 찬송과 기도로 예수와 하나를 이루는 것뿐입니다. 이처럼 날마다 성령으로 예수 그리스도와 관계 안에서 함께 하나 되어 살아가는 것, 이것이 곧 하나님과 함께하는 임마누엘이며 하나님의 영광이고 찬송이며 구원이고 영생이며 다스림이고 순종이며 거룩이고 천국이며 이는 곧 예배입니다. 그러므로 인류의 모든 역사가 주에게서 나

오고 주로 말미암고 다시 주에게로 모든 영광이 돌아가는 것, 이것이 기
독교의 복음입니다.

> **사43:7** 내 이름으로 불려지는 모든 자(성령으로 예수와 하나 된 자) 곧 내가
> 내 영광을 위하여 창조한 자를 오게 하라 그를 내가 지었고 그를 내가 만
> 들었느니라
> **롬11:36** 이는 만물이 주에게서 나오고 주로 말미암고 주에게로 돌아감
> 이라 그에게 영광이 세세에 있을 지어다 아멘

경륜의 복음

1 여호와의 말씀이 육신이 되어 주 십자가 위에서 승리 주셨네.
예수님의 보혈의 능력의 피로 영영 죽을 내 영혼 생명 주셨네
흐-르네 흐-르네 어린양 보혈 생명 시내 강가로 날 인도하네

2 성령님의 권능이 내게 임하면 땅 끝까지 이르러 증인되리라
모든 민족 나라들 치유하면서 구원받은 백성들 돌아오리라 강
하라 담대하라 두려워 말라 이 세상 끝까지 함께하리라

3 창세전에 우리를 택하신 사랑 주 십자가 위에서 이루신 사랑
주를 믿는 우리와 연합된 사랑 나를 통해 사시는 영광의 사랑 끊
을 수가 없는 사랑 영원한 사랑 영원부터 예정한 경륜의 사랑
- 김승준 -

예수는 그리스도이시며 우리의 구세주 되시자 왕이신 주님 되시며 지금도 살아 역사하시는 창조주 하나님의 아들이시며 어제나 오늘이나 영원토록 동일하신 분입니다. 아멘!

영원한 복음 천국 복음

천국 복음

마24:14 이 천국 복음이 모든 민족에게 증언되기 위하여 온 세상에 전파되리니 그제야 끝이 오리라

천국 복음을 이해하기에 앞서 먼저 성경에 대하여 한 가지 분명히 이해하고 넘어가야 할 것이 있습니다. 다름 아닌 성경은 인류의 두 명의 대표이자 두 왕에 대한 이야기라는 것입니다. 성경에는 많은 인물들이 나오지만 결국 아담과 둘째 아담 그리스도에 대한 이야기입니다. 그래서 성경을 크게 구분하면 창1-3장까지가 아담의 이야기이며 창3장~요한계시록까지가 둘째 아담 그리스도에 대한 이야기입니다. 요5:39

창1~3장까지가 인류의 대표인 아담에 대한 이야기이며, 창3장~구약의 마지막 말라기서까지가 창3:15의 원시복음에서 계시된 여자의 후손으로 오실 인류의 새로운 대표 그리스도에 대한 이야기며, 신약의 사복음서는 육으로 오신 그리스도에 대한 이야기며, 사도행전~유다서까지는 대부분 성령 안에서 영으로 오신 그리스도에 대한 이야기며, 요한계시록은 부활의 영광의 몸으로 심판주로 다시 오실 그리스도에 대한 이야기입니다.

그러므로 인류는 두 부류, 즉 아담 안에서 죄인으로 태어나 새로운 인

류 대표 그리스도를 거부하고 하나님 앞에 죄인으로 살아가는 자와, 또한 새로운 인류 대표 그리스도를 구세주와 주님으로 영접함으로 성령으로 거듭나 그리스도 안에서 하나님 앞에 의인으로 살아가는 자들로 구분되는 것입니다. 아담 안에 거하는 자와 둘째 아담 그리스도 안에 거하는 자들로 구분되는 것입니다.

이제 천국 복음을 이해하기에 앞서 다음의 성구를 찬찬히 묵상해 보시기 바랍니다.

> **롬5:12** 그러므로 한 사람으로(인류의 대표 아담) 말미암아 죄가 세상에 들어오고 죄로 말미암아 사망이 들어왔나니 이와 같이 모든 사람이 죄를 지었으므로 사망이 모든 사람에게 이르렀느니라
>
> **롬5:19** 한 사람이(인류의 대표 아담) 순종하지 아니함으로 많은 사람이 죄인 된 것 같이 한 사람이(인류의 새 대표 그리스도) 순종하심으로 많은 사람이 의인이 되리라
>
> **고전15:21-22** 21. 사망이 한 사람으로(아담) 말미암았으니 죽은 자의 부활도 한 사람으로(그리스도) 말미암는도다 22. 아담 안에서 모든 사람이 죽은 것 같이 그리스도 안에서 모든 사람이 삶을 얻으리라
>
> **고전15:45-47** 45. 기록된 바 첫 사람 아담은(인류의 대표) 생령이 되었다 함과 같이 마지막 아담은(인류의 새 대표) 살려 주는 영이 되었나니 46. 그러나 먼저는 신령한 사람이 아니요 육의 사람이요 그 다음에 신령한 사람이니라 47. 첫 사람은 땅에서 났으니 흙에 속한 자이거니와 둘째 사람은 하늘에서 나셨느니라

여기에 나오는 두 사람은 하나님의 형상이자 아들이자 제사장이자 선지자이자 인류의 왕이자 대표인 첫 사람 아담과 둘째 아담으로 오신 예수 그리스도입니다. 그러므로 성경에 많은 여러 사람이 나오지만 결국은 이 두 사람에 대한 이야기입니다. 아담과 둘째 아담 그리스도에 대한 이야기입니다. 창조주 하나님은 세상을 스스로 직접 다스리지 않으시고 사람을 통하여 다스리시기로 작정하셨기 때문입니다. **창1:26-28, 시115:16**

그래서 그 첫 사람이 아담이고 둘째 사람이 바로 사람의 몸을 입으신 그리스도이십니다. 구약에 하나님이 다윗 왕을 통하여 이스라엘을 다스림같이 하나님이 왕 되신 예수 그리스도를 통하여 아브라함의 후손인 육적, 영적**(갈3:29, 성령으로 거듭난 교회)** 이스라엘을 다스리시고 또한 그들을 통하여 세상을 다스리십니다. 땅만 다스리시는 것이 아니라 십자가 사건의 부활 후부터는 예수의 권세가 땅에서 하늘로 확장되어 하나님은 예수 그리스도를 통하여 하늘과 땅 모든 피조 세계를 다스리십니다. **빌2:5-11, 마28:18**

> 사9:6-7 6. 이는 한 아기가 우리에게 났고 한 아들을(마1:21의 예수 그리스도) 우리에게 주신 바 되었는데 그의 어깨에는 정사를 메었고 그의 이름은 기묘자라, 모사라, 전능하신 하나님이라, 영존하시는 아버지라, 평강의 왕이라 할 것임이라 7. 그 정사와 평강의 더함이 무궁하며 또 다윗의 왕좌와 그의 나라에 군림하여 그 나라를 굳게 세우고 지금 이후로 영원히 정의와 공의로 그것을 보존하실 것이라 만군의 여호와의 열심이 이를 이루리라

요18:37 (십자가 지시기 전) 빌라도가 이르되 그러면 네가 왕이 아니냐 예수께서 대답하시되 네 말과 같이 내가 왕이니라 내가 이를 위하여 태어났으며 이를 위하여 세상에 왔나니…

십자가 지시기 전, 예수님의 이 같은 말씀이 오순절 후부터는 성령 안에서 이렇게 이루어집니다.

마16:28 진실로 너희에게 이르노니 여기 서 있는 사람 중에 죽기 전에 인자가 그 왕권을 가지고 (부활 승천 후 오순절 날 영으로) 오는 것을 볼 자들도 있느니라

요14:20 그 날에는(오순절) 내가 아버지 안에, 너희가 내 안에, 내가 너희 안에 있는 것을 너희가 알리라

계11:15 …세상 나라가 우리 주와 그의 그리스도의 나라가 되어 그가 세세토록 왕 노릇 하시리로다 하니

그러므로 오직 예수 그리스도만이 만왕의 왕이시며 만주의 주가 되십니다. 계19:16 그래서 성경은 결국 두 나라에 대한 이야기입니다. 세상 나라와 하나님 나라에 대한 이야기입니다.

첫 사람 아담이 하나님이 아닌 사단에 순종함으로 사단이 임금으로 아버지 노릇 하는 하나님의 진노 아래 놓인 세상 나라에, 예수 그리스도께서 먼저 구세주로 오시어 자기 백성들을 사망의 원인인 죄에서 구원하여, 왕으로 주님으로서 다스림 안에서 영생 주시어 하나님 나라 천국 백성 삼

영원한 복음 천국 복음

는 이야기입니다. **요8.44, 엡2:1-3**

> **골1:13** 그가 우리를 흑암의 권세에서 건져내사 그의 사랑의 아들의 나라
> 로 옮기셨으니
> **계1:5-6** 5. …우리를 사랑하사 그의 피로 우리 죄에서 우리를 해방하시
> 고 6. 그의 아버지 하나님을 위하여 우리를 나라와 제사장으로 삼으신…

그래서 세상 나라 마귀 자녀 된 자들을 예수 안에서 구원하여 하나님 나라 하나님의 자녀 삼는 것입니다. **요1:12** 이것을 구약 이스라엘 백성들이 애굽 바로 왕의 종살이한 데서 출애굽하는 것으로 예표로 그림자로 보여 주신 것입니다. 그래서 주님이 이렇게 말씀하신 것입니다.

> **마12:28** 그러나 내가 하나님의 성령을 힘입어 귀신을 쫓아내는 것이면
> 하나님의 나라가 "이미" 너희에게 임하였느니라

그러므로 우리가 어떻게 하면 죄에서 구원받는가는 좋은 소식의 복음은 맞지만 그러나 성경이 궁극적으로 말하는 복음은 아닙니다. 성경이 말하는 복음은 예수 믿고 죄 사함 받은 나에게 예수 안에서 하나님이 나의 아버지와 하나님이 되어 주시고 영생 주시어 나를 하나님 자녀답게 천국 백성답게 살도록 다스려 주시고(**생명 성령의 법**) 통치하신다는 하나님 나라 천국 복음이 궁극적 복음입니다. **겔11:19-20**

> **계21:7** 이기는 자는 이것들을 상속으로 받으리라 나는 그의 하나님이 되

그래서 성경이 말하는 온전한 복음은 십자가의 도를 믿음으로 죄에서 구원받는 것이 전부가 아니라 예수로 말미암아 죄에서 구원받고 내 안에 하나님 나라 천국의 다스림이 이 땅에서부터 "이미" 임한다는 것이 복음입니다. 마18:28 그러므로 우리가 믿는 예수는 십자가에 죽으신 예수만이 아니라 부활 승천하시고 하늘과 땅의 모든 권세를 가지시고 성령으로 지금 우리 안에 오시어 나를 다스리시는 왕 되신 예수를 믿는 것입니다. 그래서 예수께서 나의 왕 되심은 죽어서가 아니라 지금 살아서 이 땅에서부터 이미 관계가 시작된 것입니다. 또한 우리는 이미 이 땅에서 천국 백성이 된 것입니다. 골3:20, 벧후2:9, 눅16:16

그러므로 결론적으로 말씀드리자면 첫 아담 안에서 죄인으로 살다 지옥 갈 것인가 아니면 둘째 아담 그리스도 안에서 죄인에서 의인으로 거듭나 천국 백성으로 살아갈 것인가 하는 것입니다. 아담 안에서 타락한 본성대로 자신 스스로가 주님 되고 왕이 되어 마귀 종 노릇 하며 살 것인가, 아니면 새로운 인류의 대표이자 왕이신 그리스도를 구세주로 주님으로 왕으로 영접하여 하나님의 종으로 순종하며 살 것인가 하는 것입니다.

그러므로 신구약성경 전체는 바로 이것을 구체화하여 여러 각도로 말씀하는 것입니다. 그래서 구약성경의 대표적인 인물들은 다시 오실 인류의 새 대표인 그리스도의 그림자입니다. 모세는 선지자로 오실 그리스도를, 아론은 대제사장으로 오실 그리스도를, 다윗은 왕으로 오실 그리스도를, 솔로몬은 하나님의 지혜로 오실 그리스도를, 아브라함은 믿음의 근원으로 오실 그리스도를 증거하는 것입니다. 그래서 그리스도는 이렇게 말씀하신 것입니다. **눅24:27, 44**

> **요5:39** 너희가 성경에서(구약) 영생을 얻는 줄 생각하고 성경을 연구하거니와 이 성경이 곧 내게 대하여 증언하는 것이니라

그러므로 천국 복음은 먼저 이러한 이해 안에서 함께 나누어야 이해가 빠릅니다. 또한 이제부터 천국 복음 관련된 글에서 특히 반복되는 부분이 여러 곳 있을 것입니다. 그것은 글의 흐름상 빠른 이해를 위해 의도한 것이니 넓은 이해로 읽어 주셨으면 합니다. 반복학습은 저 역시도 성경에서 예수님과 사도 바울에게 배운 것입니다.

그럼 세상을 지으신 하나님의 경륜은 무엇입니까? 그것은 앞서 말한 대로 땅에서 하늘을 반영하는 것입니다. 그럼 하늘의 무엇을 땅에 반영하는 것입니까? 그것은 영이신 하나님을 물리적 몸을 입은 아들들이 아버지의 선하신 성품을 나타내고 드러내는 것입니다. 아버지의 그러하심 같이 아들들 역시도 그러한 것입니다. 이것이 사43:7에서 말씀하는 영광입니다.

그래서 하늘에선 믿음을 송출하고 땅에서는 행함을 나타내는 것입니다. 하늘이 본체라면 땅은 모니터 역할입니다. 그래서 하늘 아버지에 대한 믿음을 땅의 아들들이 순종의 행함으로 나타내고 드러내서 하늘과 땅

이 통일 이루게 하시는 것입니다.

땅의 아들들이 하늘 아버지와 사랑의 교제 가운데서 땅에 하늘 아버지를 나타내고 드러내는 것입니다. 그래서 하늘에서나 땅에서나 아버지의 그 어떠함이 아들들을 통하여 나타나고 드러나는 것입니다. 이것이 곧 하나님 아버지의 영광입니다.

> **마5:48** 그러므로 하늘에 계신 너희 아버지의 온전하심과 같이 너희도 온전하라
>
> **말2:15** 그에게는 영이 충만하였으나 오직 하나를 만들지 아니하셨느냐 어찌하여 하나만 만드셨느냐 이는 경건한 자손을 얻고자 하심이라…
>
> **사43:7** 내 이름으로 불려지는 모든 자 곧 내가 내 영광을 위하여 창조한 자를 오게 하라 그를 내가 지었고 그를 내가 만들었느니라

그러므로 하나님이 세상을 지으신 경륜은 하나님의 참 형상인 그리스도를 닮은 경건한 자손들을 하늘이 아닌 이 땅에서 많이 얻는 것입니다. 그래서 하늘과 땅을 통일 즉 하나 되게 하시는 것입니다. 그리스도는 하나님 본체의 형상이요 영광의 광체이십니다.

> **히1:3** 이는 하나님의 영광의 광채시요 그 본체의 형상이시라…
>
> **롬8:29** 하나님이 미리 아신 자들을 또한 그 아들의 형상을 본받게 하기 위하여 미리 정하셨으니 이는 그로 많은 형제 중에서 맏아들이 되게 하려 하심이니라

영원한 복음 천국 복음

그럼 왜 그리스도를 닮은 많은 아들을 얻으려 하십니까? 이 부분에서 복음에 대해 바르게 알아야 할 것이 있습니다. 창세전에도 후에도 지금도 하나님의 사랑과 기쁨의 제1 근원은 오직 예수 그리스도이십니다. 그래서 잠언서 8장은 의인화된 태초의 지혜의 말씀입니다. "창세전"의 하나님의 사랑과 기쁨의 근원이 누구신지에 대한 말씀입니다.

> **잠8:30-31** 30. 내가 그 곁에 있어서 창조자가 되어 날마다 <u>그의 기뻐하신 바가 되었으며 항상 그 앞에서 즐거워하였으며</u> 31. 사람이 거처할 땅에서 즐거워하며 인자들을 기뻐하였느니라
>
> **요17:24** 아버지여 내게 주신 자도 나 있는 곳에 나와 함께 있어 <u>아버지께서 창세전부터 나를 사랑하시므로</u> 내게 주신 나의 영광을 그들로 보게 하시기를 원하옵나이다

이처럼 창세전 성자 예수 그리스도를 향하신 성부 하나님의 사랑이 이제 창세후에 이렇게 나타납니다.

> **마3:17** 하늘로부터 소리가 있어 말씀하시되 <u>이는 내 사랑하는 아들이요 내 기뻐하는 자라</u> 하시니라
>
> **마17:5** 말할 때에 홀연히 빛난 구름이 그들을 덮으며 구름 속에서 소리가 나서 이르시되 <u>이는 내 사랑하는</u> 아들이요 내 기뻐하는 자니 너희는 그의 말을 들으라 하시는지라

말씀을 정리하면, 창세전에 하나님은 당신의 사랑과 기쁨의 근원이신

성자 예수 그리스도를 닮은 많은 아들들을 하늘이 아닌 땅에서 얻으시고 그들로 땅에서 하늘 아버지를 나타내고 드러내어 온 땅에 하나님 아버지의 영광들로 번성하고 충만하게 하시려는 것입니다. **창1:28** 마치 밤에는 하늘에 수많은 별들이 땅을 비추며 창조주의 영광을 타나내듯이 반대로 낮에는 땅에서도 수많은 빛의 자녀들이 순종의 삶으로 다시 하늘의 하나님을 반영하는 것입니다. 이것이 성경이 말하는 하늘과 땅의 통일이며, 영광이며 예배이며 구원이며 영생이며 하나님 나라 천국입니다. 또한 여기서 그리스도를 닮는다는 것은 그리스도와 똑같은 쌍둥이가 아니라 그리스도를 닮은 아들입니다. 그래서 그리스도를 닮는다는 것은 날마다 의와 진리와 거룩함 안에서 하나님 아버지와 친밀한 사랑의 교제 가운데서 그분의 말씀에 순종의 삶으로 예배드리는 것을 말합니다. **엡4:24, 롬12:1** 그래서 성화의 본질은 착하고 선하게 사는 것이 먼저가 아니라 먼저 날마다 의와 진리와 거룩 되시는 예수 안에서 하나님 아버지와 사랑의 친교를 갖는 것이 성화의 본질입니다.

> **마5:16** 이같이 너희 빛이 사람 앞에 비치게 하여 그들로 너희 착한 행실을 보고 하늘에 계신 너희 아버지께 영광을 돌리게 하라

그러므로 땅에서 하늘 아버지와 사랑의 교제로 순종하는 많은 아들들을 얻으시어 순종의 삶으로 온 땅을 하나님을 예배하는 성소로 만드시는 것입니다. 순종이 제사보다 나은 영적 예배입니다. **롬12:1** 그래서 하나님은 땅이 부족해서도 아니요 흙이 모자라서도 아니요, 영이 충만 하시면서도 오직 한 사람을 지으신 것은 그로 인하여 천사들처럼 객체가 아닌 혈

영원한 복음 천국 복음

통으로 하나님의 사랑과 기쁨의 근원인 예수를 닮은 경건한 자손들로 생육하고 번성하여 온 땅에서 충만하게 얻으시려는 것입니다. **말2:15**

행17:26 인류의 모든 족속을 한 혈통으로 만드사 온 땅에 살게 하시고…

그래서 하나님은 이것을 땅에서 성취하시려고 먼저 아담을 당신의 형상으로 창조하시고 아담에게 이렇게 명하신 것입니다. **창1:26-27**

창1:28 하나님이 그들에게 복을 주시며 하나님이 그들에게 이르시되 생육하고 번성하여 땅에 충만하라, 땅을 정복하라…

여기서 하나님 나라 천국에 대하여 바로 이해할 것은, 앞서 말한 이러한 경륜을 이루시고자 하나님은 태초에 땅의 에덴을 천국으로 만드신 것입니다. 죄가 들어오기 전의 땅인 에덴은 천국이었습니다. 죄가 들어오기 전에는 하늘도 천국이고 땅도 천국 그 자체였습니다. 태초에 하나님이 하늘은 천국으로 땅은 지옥으로 만들지 않으셨습니다. 그래서 하나님은 태초에 에덴의 천국 땅을 거니신 것입니다. **창3:8**

그러므로 특히 신약성경에 나오는 천국이란 단어를 생각할 때 먼저 바른 이해는 죽어서 가는 천국도 천국이지만, 그러나 먼저는 하나님과 예수님 그 자체가 성경이 말하는 천국이란 것입니다. 만약에 여러분이 죽어서 온갖 화려한 보석과 금은보화로 장식된 어느 장소에 갔는데 그곳에 예수 그리스도가 없다면 그곳은 천국이 아니라 지옥입니다.

물어볼 것도 없이 지옥 그 자체입니다. 그래서 먼저 하나님과 예수님 그 자체가 성경이 말하는 천국이며, 또한 그분을 모신 곳이 성경이 말하는 하나님 나라 하늘나라 천국입니다. **찬송가 438장**

> **눅17:20-21** 20. …하나님의 나라는 볼 수 있게 임하는 것이 아니요 21. 또 여기 있다 저기 있다고도 못하리니 하나님의 나라는 너희 안에 있느니라
> **마12:28** 그러나 내가 하나님의 성령을 힘입어 귀신을 쫓아내는 것이면 하나님의 나라가 "이미" 너희에게 임하였느니라

그래서 하나님은 앞서 말한 경륜을 이루시려고 에덴 천국에서부터 세상을 직접 다스리시지 않으시고 항상 사람을 통하여 다스리십니다. 하나님은 창조 때부터 이 땅에서 인간과 별개로 일하시지 않고 항상 인간을 통하여 일하시기로 작정하셨습니다. 이것은 변할 수 없는 하나님의 영원한 작정입니다. 만약에 하나님이 세상을 직접 다스린다면 지금처럼 세상엔 살인과 죄악과 기근과 심각한 환경파괴는 없었을 것입니다. **창1:26-28**

> **시115:16** 하늘은 여호와의 하늘이라도 땅은 사람에게 주셨도다
> **찬송가 63장** 주가 세상의 피조물을 인간에게 다 맡기고 순종하라는 말씀으로 그 권위를 주셨도다…

그래서 그 사람이 아담에서 아담의 반역으로 노아로 옮겨간 것입니다. 아담의 반역으로 세상이 죄악으로 가득하자 하나님은 세상을 홍수로 심

판하시고 다시 한번 시작된 인류의 대표 겪인 노아를 통하여 앞서 말한 경륜을 이루시려고 아담에게 주신 사명을 노아에게도 동일하게 주심으로 이렇게 말씀하셨습니다.

> **창9:1-3** 하나님이 노아와 그 아들들에게 복을 주시며 그들에게 이르시되 생육하고 번성하여 땅에 충만하라 (2-3절을 찾아 창1:26-28절 찾아 비교하며 읽어 보시기 바랍니다.)

그러나 결론적으로 말하자면, 사단의 방해와 아담의 반역과 노아의 술취함으로 하나님의 경륜이 포기되신 것이 아니라 오히려 당신의 사랑과 기쁨의 근원이신 성자 예수 그리스도를 통하여 더욱 아름답고 완전하게 이루신 것입니다. 아담과 노아에게 명령하신 것에서 그들의 반역과 술취함으로 이제는 하나님이 인류의 새로운 대표 그리스도 안에서 이루어 가시는 것입니다. 그리고 그것을 결과적으로 이렇게 성취하신 것입니다.

> **히2:10-11** 10. 그러므로 만물이 그를 위하고 또한 그로 말미암은 이가 많은 아들들을 이끌어 영광에 들어가게 하시는 일에 그들의 구원의 창시자를 고난을 통하여 온전하게 하심이 합당하도다 11. 거룩하게 하시는 이와 거룩하게 함을 입은 자들이 다 한 근원에서 난지라 그러므로 형제라 부르시기를 부끄러워하지 아니하시고
> **계19:1** 이 일 후에 내가 들으니 하늘에 허다한 무리의 큰 음성 같은 것이 있어 이르되 할렐루야 구원과 영광과 능력이 우리 하나님께 있도다

그러므로 지금 예수와 한 근원인 성령으로 거듭나 예수를 교회의 머리로 삼은 이 땅에 모든 교회들이 하는 일은 다름 아닌 창1:28과 창9:1을 이루어 가는 것입니다. 이것이 교회가 세계 선교와 복음 전도를 해야 하는 가장 근본적이며 본질적인 이유입니다. **롬8:29** 그래서 하나님의 말씀인 성경에서 하나님의 자녀인 성도에게 가장 중요하게 요구하는 것이 바로 사랑입니다. 그것도 자기의 유익을 구하지 않는 이타적 사랑입니다. **고전13:5** 사랑은 하나님 아버지의 본질이기 때문입니다. 사랑은 하나님의 성품이자 예수님의 성품이기 때문입니다. 결국 사랑의 섬김으로만이 땅의 아들로서 하늘 아버지를 반영하고 닮는 것이 가능하기 때문입니다.

그러므로 에덴 천국에서 아담에게 창1:28을 명령하신 하나님이 사람의 몸을 입고 이 땅에 오시어 구속사를 모두 이루시고 부활하시어 당신의 제자들과 장차 교회들에게 이렇게 말씀하시는 것은 창1:28을 염두에 두고 말씀하신 것입니다.

> **마28:19** 그러므로 너희는 가서 모든 민족을 제자로 삼아 아버지와 아들과 성령의 이름으로 세례를 베풀고 내가 너희에게 분부한 모든 것을 가르쳐 지키게 하라…
>
> **막16:15** …너희는 온 천하에 다니며 만민에게 복음을 전파하라
>
> **눅24:46-48** 46. 또 이르시되 이같이 그리스도가 고난을 받고 제삼일에 죽은 자 가운데서 살아날 것과 47. 또 그의 이름으로 죄 사함을 받게 하는 회개가 예루살렘에서 시작하여 모든 족속에게 전파될 것이 기록되었으니 48. 너희는 이 모든 일의 증인이라

영원한 복음 천국 복음

그래서 복음을 다른 각도에서 보면 복음이란, 하나님께서 아담에게 주신 사명인 창1:28을 그의 반역으로 당신의 독생자 예수 그리스도를 둘째 아담으로 이 땅에 보내시어 예수 안에서 예수로 말미암아 궁극적으로 하나님이 이루어 가신다는 것입니다. 그래서 하나님은 믿음의 조상인 아브라함에게 이렇게 말씀하신 것입니다. 하나님이 이렇게 이루어 주신다는 것입니다.

> 창22:17 내가(하나님) 네게(아브라함) 큰 복을 주고 네 씨가 크게 번성하여 하늘의 별과 같고 바닷가의 모래와 같게 하리니…

그렇습니다. 에덴 천국에서 일어난 일은 다름 아닌 죄악으로 하나님의 다스림이 단절됨으로 에덴 천국이 저주를 받아 지옥화가 된 것입니다. (창2:17 명령, 3:6 반역, 3:17 저주받음, 3:24 영적 죽음) 여기서 지옥화란 세상이 장차 지옥 불에 들어갈 온갖 어둠의 영들과 공존하는 세상이 되었다는 것입니다. 엡6:12

그래서 성자 예수께서 하늘에서 땅으로 성부로부터 보냄 받아 사람 몸을 입고 오시어 자기 백성을 죄에서 구원한 구세주에서 왕으로 주님으로서 다시 그들을 교제 가운데서 다스리시는 것이 이 땅에 임한 하나님 나라 천국입니다. 사람을 통하여 세상을 다스리시기로 작정하신 하나님이 사람 몸을 입으신 예수를 통하여 또한 예수 안에서 그의 몸 된 교회를 통하여 세상을 다스리시는 것이 이 땅에 임한 천국입니다. 빌2:13

하나님이 다윗 왕을 통하여 이스라엘 백성을 다스림같이 또한 예수 그리스도를 통하여 믿음의 조상인 아브라함의 후손인 영적 육적 이스라엘을 다스리시며 또한 그들을 통하여 세상을 다스리시는 것입니다. **갈3:29** 땅만 다스리시는 것이 아니라 십자가 부활 후부터는 예수의 권세가 땅에서 하늘로 확장되어 하나님은 예수 그리스도를 통하여 하늘과 땅 모든 피조 세계를 다스리시는 것입니다. **빌2:5-11, 마28:18** 그래서 예수 그리스도만이 만왕의 왕 만주의 주가 되십니다. **계19:16**

사9:7 그 정사와 평강의 더함이 무궁하며 또 다윗의 왕좌와 그의 나라에 군림하여 그 나라를 굳게 세우고 지금 이후로 영원히 정의와 공의로 그것을 보존하실 것이라 만군의 여호와의 열심이 이를 이루리라

사40:9-10 9. 아름다운 소식을(복음) 시온에 전하는 자여 너는 높은 산에 오르라 아름다운 소식을 예루살렘에 전하는 자여 너는 힘써 소리를 높이라 두려워하지 말고 소리를 높여 유다의 성읍들에게 이르기를 너희의 하나님을 보라 하라 10. 보라 주 여호와께서 장차 강한 자로 임하실 것이요 친히 그의 팔로(예수) 다스리실 것이라 보라 상급이 그에게 있고 보응이 그의 앞에 있으며

사52:7 좋은 소식을 전하며(복음) 평화를 공포하며 복된 좋은 소식을 가져오며 구원을 공포하며 시온을 향하여 이르기를 네 하나님이 통치하신다 하는 자의 산을 넘는 발이 어찌 그리 아름다운가

골1:19 아버지께서는 모든 충만으로 예수 안에 거하게 하시고

계11:15 …세상 나라가 우리 주와 그의 그리스도의 나라가 되어 그가 세세토록 왕 노릇 하시리로다 하니

그러므로 신구약 통틀어 성경이 말하는 복음이란 바로 이것을 말하는 것입니다. 죄인 된 인류를 죄에서 구원하여 영생 주시고 하나님이 그의 팔, 예수 그리스도 안에서 다시 다스려주신다는 것입니다. 에덴의 선악과 먹기 전처럼 하나님 노릇 아버지 노릇을 다시 해 주신다는 것이 성경이 말하는 복음입니다. 이것이 하나님이 다스리시는 하나님 나라 천국 복음의 핵심입니다. 그래서 주의 길을 예비하는 구약의 마지막 선지자인 세례 요한과 주님 역시도 공생애 출발에서 첫 외침이 바로 이것이었습니다.

> **마3:1-2** 1. 그 때에 세례 요한이 이르러 유대 광야에서 전파하여 말하되 2. 회개하라 천국이 가까이 왔느니라 하였으니
> **마4:17** 이때부터 예수께서 비로소 전파하여 가라사대 회개하라 천국이 가까웠느니라 하시더라

여기서 예수께서 회개하라 천국이 가까이 왔느니라고 하신 것은 하나님 나라 천국의 왕으로 오신 예수님 자신을 말씀하는 것입니다.

> **요18:37** 빌라도가 이르되 그러면 네가 왕이 아니냐 예수께서 대답하시되 네 말과 같이 내가 왕이니라 내가 이를 위하여 태어났으며 이를 위하여 세상에 왔나니…

그래서 회개와 천국을 각각 별도로 전하신 것이 아니라 동시에 함께 외치신 것입니다. 천국이란 죄가 없는 의에 나라이기 때문에 회개하여 죄 사함 받은 자에게만 임하는 것입니다. 그래서 그렇게 회개한 자에게 천

국은 죽어서가 아니라 먼저 이 땅에서 이렇게 임한다고 말씀하셨습니다.

> **눅17:20-21** 20. …하나님의 나라는 볼 수 있게 임하는 것이 아니요 21.
> 또 여기 있다 저기 있다고도 못하리니 하나님의 나라는 너희 안에 있느
> 니라

뿐만 아니라 자신이 알든 모르든 마귀의 종살이 하는 자들에게도 이렇게 말씀하셨습니다.

> **눅11:20** 그러나 내가 만일 하나님의 손을 힘입어 귀신을 쫓아낸다면 하
> 나님의 나라가 "이미" 너희에게 임하였느니라

그렇습니다. 하나님의 구속사 섭리 가운데 지금 이 땅에서 하나님 나라 천국은 볼 수 있게 임하는 것이 아닙니다. 하나님은 영이시기 때문입니다. 또 여기 있다 저기 있다고도 못합니다. 하나님 나라는 창조주의 나라이므로 전 우주를 포함한 영적 물리적 모든 피조 세계가 하나님의 나라이기 때문입니다. 그래서 어느 특정 지역 한곳을 지명하여 여기가 하나님 나라라고 말할 수 없습니다.

그래서 하나님 나라 영원 천국은, 먼저 만왕의 왕 만주의 주되신 그리스도께서 강림하시어 세상을 심판하시고 새 하늘 새 땅으로 만물이 새롭게 되기까지는, 지금 이 땅에서 성령으로 예수 안에서 하나님의 다스림으로 임하는 것입니다. **계21:1-5, 빌2:13**

영원한 복음 천국 복음

요약하면…

천국의 실제가 되신 예수께서 이 세상에 오심 그 자체가 하나님 나라의 시작이요 하나님 나라 천국이 이 땅에 임한 것입니다. **마12:28, 요18:37** 그리고 예수께서 십자가 구속사를 이루시고 부활 승천하신 후 하늘과 땅의 모든 권세의 왕권을 가지시고 오순절 날 성령과 함께 이 땅에 영으로 오심으로 하나님 나라가 공식적으로 "이미" 이 땅에 <u>영적으로 실제적으로</u> 임하였습니다. **고후13:5, 마1:23, 요14:20**

> **마12:28** 그러나 내가 <u>하나님의 성령을 힘입어 귀신을 쫓아내는 것이면 하나님의 나라가 "이미" 너희에게 임하였느니라</u>
>
> **마16:28** 진실로 너희에게 이르노니 여기 서 있는 사람 중에 죽기 전에 <u>인자가 그 왕권을 가지고</u> **(부활 승천 후 오순절 날 영으로)** <u>오는 것을 볼 자들도 있느니라</u>

그래서 하나님 나라 왕으로 오신 예수께서 사람이 물과 성령으로 거듭나지 않으면 하나님 나라에 들어갈 수도 없다고 하신 것입니다.

> **요3:5** 성구 예수께서 대답하시되 진실로 진실로 내게 이르노니 사람이 <u>물과 성령으로 나지 아니하면 하나님의 나라에 들어갈 수 없느니라</u>

또한 그래서 예수님은 성령을 받으라고 하신 것입니다. 성령을 받고 주님의 다스림 안에서 이 세상에서 먼저 하나님 나라 천국 백성이 되어라는 것입니다.

요20:22 그들을 향하여 숨을 내쉬며 이르시되 성령을 받으라

따라서 성령받은 우리 안에는 영적으로 하나님 나라 천국이 이미 임한 것입니다.

눅17:20-21 20. …하나님의 나라는 볼 수 있게 임하는 것이 아니요 21. 또 여기 있다 저기 있다고도 못하리니 하나님의 나라는 너희 안에 있느니라

그리고 그 천국을 이미 이렇게 영적으로 누리고 있는 것입니다.

롬14:17 하나님의 나라는 먹고 마시는 것이(육체) 아니요 오직 "성령 안에" 있는 의와 평강과 희락이라(영혼)

정리하면, 그래서 먼저 천국은 이 땅에 영적으로 성령 안에서 예수의 다스림으로 임하여 성령받은 천국 백성들의 전도와 선교와 기도를 통하여 세상을 먼저 영적 천국에서 장차 그날에 새 하늘 새 땅 물리적 영원 천국으로 이루어 가는 것입니다.

그래서 장차 영원 천국은 다른 곳이 아니라 지금 우리가 사는 이 세상에 들어서는 것입니다. 이 세상에 죄의 원흉인 마귀와 그를 따르는 무리들과 왕 되신 예수의 다스림을 거부하는 모든 자들을 지옥으로 분리하고 이 세상이 새 하늘 새 땅 영원 천국이 되는 것입니다. 창1:1, 계1:1-8

예수님 강림에 대하여… 성경적으로 예수는 이 땅에 육으로, 영으로, **(롬 8:9, 마16:28, 요14:20, 갈2:20, 고후13:5, 마1:23의 임마누엘이란 영으로 오신 성자 예수의 이름입니다. 육으로는 이 땅의 모든 성도들과 함께할 수 없습니다.)** 부활의 영광의 몸으로 세 번 강림하십니다. 성경에는 두 번이란 의미의 재림이란 말씀이 없습니다. 다만 강림이란 말씀이 15회 정도 나옵니다. 이것이 아니라면 주님이 말씀하신 마28:20, 살전5:10, 계 3:20, 같은 말씀은 모두 거짓말이 됩니다. 그러므로 재림이란 말은, 지금 이 땅에 성령으로 자기 백성들 안으로 하늘과 땅의 모든 권세를 가지시고 하나님나라 왕으로 오신 예수를 부인하게 하여, 오직 십자가에 죽으신 예수만을 믿게 하려는 사단의 미혹입니다. 그 어떤 교리도 성경보다 우위일 수는 없습니다.

오늘날 교회가 이것을 성도들에게 잘못 가르쳐 부활의 몸이 아닌 병든 육체를 입고 살아가는 인간 교주를 주님이라 부르고 숭배하며 본인은 물론이고 가족들까지의 일생을 망칩니다. 우리나라에 자칭 재림 예수가 50명이나 된다는 뉴스가 있습니다. 그러므로 장차 주님은 재림이 아니라 강림하시며 또한 강림하시면 부활의 영광의 몸으로 강림하십니다. **찬송가 179장, 행1:11**

병들지도 않으며 죽을 수도 없으신 시공간을 초월하는 부활의 영광의 몸 그대로 강림하십니다. 그러므로 이 땅에 자칭 재림 예수라 하는 50여 명의 자들 중에 예수님의 부활의 몸처럼 손과 발 옆구리에 못과 창 자국이 없는 자들과 병들거나 죽거나 늙어 가는 자들과 시공간을 초월하지 못

하는 몸을 가진 자들은 모두가 성경이 말하는 독사의 새끼들입니다. 마 23:33, 요20:27

마26:24 ⋯그는 차라리 태어나지 아니하였더라면 제게 좋을 뻔하였느 니라

그러므로 성경에서 말하는 천국이란 먼저 이 땅에서 천국의 실제 되신 하나님과 예수 안에서 관계 천국이(샬롬 회복의 심령 천국) 먼저 이루어지고, 그리고 그날에 우리의 부활의 몸과 모든 만물이 새롭게 되는 물리적인 새 하늘 새 땅에서 영원 천국이 실질적으로 이루어지는 것입니다. **계21:1-8**

그래서 이 땅에서 먼저 죄 문제가 해결되고 하나님과 다시 함께하는 임 마누엘이 회복되고 생명의 다스림이 회복되면 이 땅에 천국이 임한 것입 니다. 어떤 의미에서 예수 안에서 하나님의 다스림과 순종 그 자체가 바 로 천국입니다. 천국에는 반역과 불순종이 없으므로 온전한 다스림과 순 종 안에서 천국이 임하는 것입니다.

그래서 그 다스림과 순종은 바로 우리를 대신해서 예수님께서 먼저 이 루신 것입니다. 우리를 대신해서 먼저 예수님이 하나님 아버지께 죽기까 지 순종하셨습니다. **빌2:8** 그래서 이 땅에서 하나님 나라 천국은 오직 성 령으로 예수 안에서 만이 임하는 것입니다. 그래서 구세주 예수는 당신 의 십자가로 우리를 먼저 하나님 앞으로 인도하신 것입니다. **마1:21, 23**

영원한 복음 천국 복음

벧전3:18 그리스도께서도 단번에 죄를 위하여 죽으사 (죄 문제 해결) 의인

으로서 불의한 자를 대신하셨으니 <u>이는 우리를 하나님 앞으로</u>(임마누엘

안에서 다스림 회복) 인도하려 하심이라…

여기서 예수께서 우리를 하나님 앞으로 인도하신다는 말씀이 무슨 말

입니까? 선악과 반역의 죄로 하나님께로부터 쫓겨남에서 다시 하나님 앞

으로 돌아가는 것입니다. 우리가 예수 안에서 인류의 조상들이 선악과

먹기 전으로 돌아간다는 것입니다.

창3:22, 24 22. 여호와 하나님이 이르시되 보라 이 사람이 선악을 아는

일에 우리 중 하나 같이 되었으니 그가 그의 손을 들어 <u>생명나무 열매도</u>

<u>따먹고 영생할까 하노라 하시고</u>… 24. <u>이같이 하나님이 그 사람을 쫓아</u>

<u>내시고</u> 에덴동산 동쪽에 그룹들과 두루 도는 불 칼을 두어 <u>생명나무의 길</u>

<u>을 지키게 하시니라</u>

뿐만 아니라 이제는 예수님의 성찬식에 참여하여 예수와 하나 됨으로

금지된 생명나무 열매도 먹는 것이 회복된 것입니다.

요6:51, 54, 55 51. 나는 하늘에서 내려온 살아 있는 떡이니 사람이 <u>이 떡</u>

<u>을 먹으면 영생하리라</u> 내가 줄 떡은 곧 세상의 생명을 위한 내 살이니라

하시니라… 54. <u>내 살을 먹고 내 피를 마시는 자는 영생을 가졌고 마지막</u>

<u>날에 내가 그를 다시 살리리니</u> 55. 내 살은 참된 양식이요 내 피는 참된

음료로다

17. 천국 복음

그러므로 천국 복음이란 에덴 아담의 죄악으로 단절된 모든 것들이 둘째 아담 예수 그리스도 안에서 다시 회복된다는 것입니다. 그것도 단번에 말입니다. 죄 문제, 하나님 단절, 지옥 갈 운명, 마귀 자녀 영원히 죽을 운명에서, 죄에서 구원, 하나님과 동행, 천국 백성, 하나님 자녀, 영원한 생명, 예수 안에서 하나님의 다스림 등 모든 것은 죽어서가 아니라 이 땅에서 예수 안에서 예수로 말미암아 회복되는 것입니다.

　그래서 먼저 이 땅에 임한 천국이란 하나님의 통치나 다스림을 말하는데 하나님께서 사람 되신 예수 그리스도를 통하여 다스리시는 것입니다. **계11:15(이 말은 예수님의 신성을 부인하는 말이 아닙니다.)** 에덴의 아담을 왕으로 세우신 것에서 그의 반역으로 둘째 아담 예수 그리스도를 다시 세상의 왕으로 세우시어 다스리시는 것입니다. **요18:37, 마16:28**

　에덴의 아담이 지금까지 선악과를 안 먹었으면 지금 아담은 인류의 대표이자 이 땅의 왕이었습니다. 그래서 아담은 세상의 왕으로 하나님의 형상으로 아들로 지은 바 된 것입니다. 온 땅은 아담을 중심으로 하나님께 순종의 삶으로 예배하는 성소였습니다. 아담 안에서 생육하고 번성하여 온 땅이 하나님의 아들들로 충만하게 이루어지는 것입니다. **창1:28**

　그래서 아담은 하나님 형상이자, 아들이자, 왕이자, 하나님의 말씀을 전하는 선지자이자 제사장이듯이, 둘째 아담 예수역시도 하나님 형상이자, 아들, 왕, 선지자, 대제사장으로 오신 것입니다. 물론 아담과 둘째 아담 예수께서 하나님의 아들 됨은 서로 근본이 다릅니다.

　　　　　　　　　　　　　　　　　영원한 복음 천국 복음

아담은 창세후에 지은 바 된 하나님의 영광을 위한 아들이고 둘째 아담 예수는 창세전부터 존재하신 창조주 하나님의 아들이십니다. 성자 하나님이십니다. 그래서 아담은 땅의 흙으로 났고 둘째 아담 예수는 하늘로부터 나신 분이십니다. **고전15:47**

그래서 둘째 아담 예수도 아담처럼 사단의 시험을 받으신 것입니다. 아담이 하나님처럼 되려는 것에서 둘째 아담 예수는 하나님의 본체이시면서도 그것을 부인하셨고, 아담은 나무에 달린 것을 먹으므로 반역하지만, 둘째 아담 예수는 오히려 나무에 달리시어 피 흘려 죽으심으로 아담의 반역의 죄값을 나무 위에서 치르셨습니다. **빌2:5-11**

> **고전15:45** 기록된 바 첫 사람 아담은 생령이 되었다 함과 같이 마지막 아담은 살려 주는 영이 되었나니
>
> **롬5:19** 한 사람이(아담) 순종하지 아니함으로 많은 사람이 죄인 된 것 같이 한 사람이(예수) 순종하심으로 많은 사람이 의인이 되리라

그러므로 이러한 사람을 통한 하나님의 다스림을 구약에서 하나님의 택한 백성인 이스라엘의 다윗 왕을 통하여 예표로 보여 주신 것입니다. 그래서 이스라엘 백성은 성군으로서의 다윗 왕 같은 메시아사상을 가지고 있었습니다. 그런데 그렇게 기다리던 메시아가 다윗 왕같이 전쟁에 능하여 이스라엘을 로마의 압제에서 해방시켜 줄 왕이 아니라 갈릴리 지방의 목수 아들로 나신 예수가 메시아 그리스도라 하니 이스라엘 백성들이 처음에는 그를 거부한 것입니다. **막6:1-4**

그래서 신약의 천국 복음 즉 하나님이 통치하시는 나라는 이 땅에 육적 이스라엘뿐만 아니라 영적 이스라엘인 이방인들에게도 하나님의 나라가 임한다는 것과 예수 그리스도가 구세주와 주님이시자 그 나라의 영원한 왕이 되신다는 것입니다. 다시 말해 하나님이 사람 되신 예수를 통하여 다스리시는 나라는 이스라엘뿐만 아니라 이 땅 온 세상 모든 민족 이방인에게도 임한다는 것입니다.

그래서 신약의 초대교회 복음의 핵심은 이 땅에 임한 하나님 나라와 예수의 신분과 관련된 것입니다. 행8:12, 행28:31 이 부분에 대하여 안용성 목사님은 그의 저서 《로마서와 하나님 나라》 81면 이하에서 이렇게 말씀하고 있습니다.

1) 예언자들을 통해 약속된 복음 (롬1:2)

바울은 먼저 "이 복음은 하나님이 선지자들을 통하여 성경에 미리 약속하신 것"이라고 말한다(롬1:2). 앞서 우리는 이사야 52:7과 40:9-10을 통해 예언자들이 전한 복음이 무엇인지 확인했다. 하나님이 오셔서 통치하신다는 소식, 하나님 나라가 올 것이라는 약속이 곧 예언자들의 복음이었다. 복음을 정의하는 첫 절에서 바울은 자신의 복음이 바로 그 복음, 곧 예언자들이 약속한 하나님 나라의 복음이라고 말하는 것이다. 바울 시대의 사람들에게 "복음"이라는 말은 따로 설명하지 않아도 될 만큼 익숙한 단어였다. 물론 로마인들과 유대인들은 이 단어의 의미를 서로 다르게 이해했다.

그 당시 로마의 문헌에서 "복음"이란 황태자가 태어났다는 소식, 또는 전

영원한 복음 천국 복음

쟁에서 이겼다는 승전보를 의미했다. 그들에게는 그것이 가장 좋은 소식이었다. 반면 유대인들에게는 하나님이 다스리신다는 소식이 복음이었다. 유대인들에게는 바벨론이나 바사(페르시아)나 그리스 제국이 아니라, 또는 로마 제국과 그 제국들의 신이 아니라 하나님이 주님이 되신다는 소식이 가장 좋은 소식이었다.

복음의 그런 의미는 바울이 고안한 것도 아니었고 예수님이 처음 창안하신 것도 아니었다. 그 복음은 구약성경에(사52:7, 40:9-10) 이미 기록된 것으로서 예수님 시대의 유대인들은 구약의 약속에 따라 복음을 당연히 그렇게 이해하고 있었다. 문제는 그 하나님의 주 되심이 누구를 통해 이루어지는가였다.

그러므로 롬1:2에서 구약에 **사52:7, 40:9-10** 선지자들을 통하여 예언된 하나님의 통치가 롬1:3-4에서 다윗의 혈통으로 나시어 죽은 자 가운데서 부활하사 하나님의 아들로 선포되신 우리 주 예수 그리스도를 통하여 이루어진다는 말씀입니다. 즉 구약에 예언된 하나님의 통치가 부활하사 하나님의 아들로 선포되신 예수 그리스도를 통하여 이루어진다는 것입니다.

여기서 하나님의 아들이란 왕을 말하는 것입니다. 그래서 에덴의 아담도 아들이자 왕이었으며, 예수님도 아들이자 왕이시며, 우리들 역시도 예수 안에서 하나님의 아들이자 왕 같은 제사장인 것입니다. 그러므로 십자가 지시기 전까지 땅을 다스리는 예수님의 권세가 십자가에 죽으시고 부활하사 하늘로 확장되어 부활을 기점으로 하늘과 땅의 모든 권세를 가지신 하나님 나라 왕으로 선포되신 것입니다. 이것이 롬1:4입니다. 요17:2, 마28:18, 빌2:9-11

롬1:4 성결의 영으로는 죽은 자들 가운데서 부활하사 능력으로 하나님의 아들로(왕) 선포되셨으니 곧 우리 주 예수 그리스도시니라

(결국 바울이 전한 로마서의 복음이란 롬1:1-4에서 밝히듯이 하나님 나라 복음이며 롬1:17의 이신득의는 하나님 나라 백성이 되는 방법 중에 하나입니다. 율법을 행함으로 의롭다 함을 받아 하나님의 백성이 될 것인가, 아니면 예수를 믿음으로 의롭다 함을 받아 하나님의 백성이 될 것인가의 방법을 제시한 것입니다. 그러므로 이신득의는 로마서가 말하는 복음의 제목이 아닙니다. 뒷글에서…)

그래서 하늘의 하나님이 둘째 아담 예수를 통하여 아담 안에서 죄인 된 창세전에 그리스도 안에서 택한 자기 백성을 죄에서 구원하시어 예수 그리스도 안에서 성령으로 거듭난 자들을 다스리시는 것이 이 땅에 임한 하나님 나라 천국입니다. 빌2:13 그래서 예수는 하늘과 땅을 다스리는 권세를 가지셨습니다. 십자가 지시기 전까지는 세상의 왕으로서 땅을 다스리시는 예수님의 권세가 부활 후 죽기까지 순종하심으로 하늘까지 다스리는 권세로 확장된 것입니다. 요17:2, 빌2:5-11

반역하기 전 에덴의 아담은 죽음으로 하늘로 간 사람이 없으므로 땅의 권세만 가진 것에 비해, 둘째 아담 예수는 에덴에서부터 지금까지 죄에서 구원받아 하늘로 앞서간 성도들이 존재함으로 하늘 성도들이 있는 지

영원한 복음 천국 복음

금의 하늘과 지금 땅에 사는 모든 성도들의 머리가 되시므로 부활 후로는 하늘과 땅의 모든 권세를 가지셨습니다. 심지어 지옥 간 영들의 심판주로서의 권세까지도 가지셨습니다. 권세는 하나님 아버지로부터 받으신 것입니다. **요17:2, 마28:18, 엡1:22-23, 빌2:11**

그래서 지금 하늘의 하나님은 신성의 모든 충만으로 예수 안에 거하시고 **골1:19** 예수 안에서 하늘보좌 우편 사람 되신 예수를 다스리시고, 하늘보좌 우편의 예수는 부활의 몸으로는 앞서간 하늘의 성도들을 다스리시고 또한 영으로는 성령 안에서 이 땅에 성령으로 거듭난 자기 백성들을 다스리는 것입니다. 그래서 성도의 머리는 그리스도 그리스도의 머리는 하나님이십니다.

> **고전11:3** 그러나 나는 너희가 알기를 원하노니 각 남자의 머리는 그리스도요 여자의 머리는 남자요 <u>그리스도의 머리는 하나님이시라</u>

그래서 그리스도의 영이 없으면 그리스도의 사람이 아닌 것입니다. **롬8:9** 그러므로 하나님은 이렇게 예수 그리스도 안에서 하늘과 땅을 다스리심으로 하늘과 땅을 통일 이루셨습니다. **엡1:10** 그리스도 안에서는 이젠 하늘에서도 땅을 다스리시고 땅에서도 하늘을 움직입니다. 이 땅에 사는 하늘 백성인 교회가 천국의 열쇠인 기도로 땅에서 매이고 풀면 하늘에서도 매이고 푸는 것입니다. **마16:19** 그래서 교회는 만민이 기도하는 집입니다.

오직 그리스도 안에서 하늘에서도 땅을 다스리시고 땅에서도 하늘을 움직이는 공동체가 바로 교회입니다. 그래서 교회는 이 땅에 임한 천국 출장소입니다. 그러므로 이제는 죄가 들어오기 전의 에덴처럼 그리스도 안에서는 하늘도 천국이고 땅도 천국입니다. 그래서 주님은 천국을 이렇게 말씀하신 것입니다.

> **눅17:20-21** 20. …하나님의 나라는 볼 수 있게 임하는 것이 아니요 21. 또 여기 있다 저기 있다고도 못하리니 하나님의 나라는 너희 안에 있느니라

찬송가처럼 이젠 그리스도 안에서는 하늘이나 땅이나 초막이나 궁궐이나 살아서나 죽어서나 내주 예수를 모신 곳이 바로 하늘나라 곧 천국입니다. 하나님의 깊은 것까지도 통달하시는 성령께서 하늘 하나님의 뜻을 땅의 성도들에게 알게 하시고 또한 그 뜻을 땅의 성도들이 마음의 소원으로 품고 기도하게 하시고 그 기도를 하나님이 이루심으로 하나님은 인간의 자유의지를 전혀 침해하지 않으시고 기도의 소원함으로 인하여 다스리십니다. 그래서 순종이 제사보다 낫다는 것입니다. **고전2:10, 빌2:13**

그러므로 결국 그리스도는 하나님의 뜻대로 하늘보좌 우편에서 하늘과 땅을 다스리십니다. 그래서 성도의 기도 역시도 결국은 하나님의 뜻대로 구하는 기도로 성령께서 이끌어 주십니다. 예수님이 이 땅에서 행하신 모든 일은 아버지께서 성령으로 예수 안에서 당신의 일을 행하신 것입니다. **요14:10, 행10:38** 그래서 이 땅에서 성도들 역시도 행하는 모든 일은 주님이 성령으로 성도 안에서 주님의 일을 행하시는 것입니다. **갈2:20**

영원한 복음 천국 복음

그래서 성령 안에서 예수를 보는 것이 아버지를 보는 것이며, 또한 성령 안에서 성도를 보는 것이 성자 예수를 보는 것이 되어야 합니다. 그래서 성도는 성자 예수의 충만 그 자체입니다. 엡1:22-23

그러므로 하늘에서나 땅에서나 성도들이 순종하는 모든 일은 결국은 하나님의 뜻을 이루어 가는 것입니다. 사단이 제한된 범위 내에서 자신의 뜻을 사람들의 생각에 불어넣어 이 땅에서 자신의 뜻을 이루어 가듯이, 요13:2 하나님 역시도 성령으로 성자 예수 안에서 성도들의 생각과 마음에 하나님의 뜻을 불어넣어 기도하게 하시고 이 땅에서 하나님 아버지의 뜻을 이루어 가시는 것입니다.

이것이 주기도문에서 아버지의 뜻이 하늘에서와 같이 땅에서도 이루어지는 경로입니다. 그래서 주님이 교회의 머리라는 것은 주님은 성도의 생각과 마음을 주장하신다는 것입니다. 엡1:22-23, 빌2:5, 고전2:16 머리가 하는 일은 사람의 생각이나 마음을 주장하는 것입니다. 그래서 이것이 구약에 계시된 새 언약입니다. (생명 성령의 법 참고)

새 언약이란 우리 안에 하나님의 새 영과 새 마음을 주신다는 것입니다. 그래서 예수께서 하시는 일중에 하나는 성령 안에서 성도의 생각이나 마음에 하늘 아버지의 뜻을 주시어 소원을 품고 기도하게 하십니다. 아버지의 뜻을 하늘에서와 같이 땅에서도 이루시는 것입니다. 그래서 교회는 만민이 기도하는 집입니다. 교회는 이 땅에 하늘 아버지의 뜻을 이루어 가는 곳입니다.

그러므로 복음 전도란 무엇입니까? 바로 이 땅에 임한 천국인 예수의 나라를 전하는 것이 복음 전도입니다. 하늘과 땅의 모든 권세를 가지신 예수 그리스도께서 죄인의 구세주에서 만왕의 왕이시자 만주의 주가 되심을 전하는 것이 복음 전도입니다. 그래서 죄인으로서 그 다스림 안으로 들어가려면 먼저 회개함으로 죄에서 구원받아야 합니다. 이것이 주님께서 공생에 가장 먼저 회개와 천국을 동시에 외치신 이유입니다. 마4:17 그럼 왜 다스림을 받아야만 합니까? 그것은 새 언약에서도 말씀드린 대로 우리의 죄성으로는 하나님의 영광으로 살 수 없기 때문입니다. 그래서 날마다 교제 가운데 주님의 다스림을 받고 받아야만 합니다. 인간의 문제는 육체에 있는 것이 아니라 심히도 부패한 마음에 있기 때문입니다. 렘17:9 그래서 그 마음을 사람을 지으신 창조주만이 새롭게 하실 수 있기에 그분이 나의 마음과 생각을 주장해 주셔서 하나님의 영광으로 살도록 힘주시고 이끌어 주셔야만 하는 것입니다. 그래서 그분이 나를 통하여 사셔야만 합니다. 갈2:20 그래야만 하나님의 아들로 빛의 자녀답게 살 수 있기 때문입니다.

마5:16 이같이 너희 빛이 사람 앞에 비치게 하여 그들로 너희 착한 행실을 보고 하늘에 계신 너희 아버지께 영광을 돌리게 하라

그래서 그 복음 전도함으로 궁극적인 하나님의 뜻인 예수를 닮은 많은 아들들로 온 땅을 충만하게 하여 예수 안에서 하늘 아버지와 사랑의 교제 가운데 온 땅에 하늘 아버지를 반영하며 아버지께 순종하는 산 제물의 예배를 드리는 것입니다. 이것이 가장 아름다운 영적 예배입니다. 롬12:1,

8:29, 창1:28

그러므로 천국의 실제 되신 하나님 앞에서는 순종이 진정한 예배입니다. 천국에는 불순종이 없기 때문입니다. 순종이 제사보다 낫습니다. **삼상15:22** 하나님 앞에 순종 없는 제사는 아무 의미 없습니다. 그래서 영과 진리의 예배는 온전한 산 제물의 예배를 위한 것입니다. **요4:24, 롬12:1** 영과 진리의 예배는 산 제물 예배의 힘의 원천입니다. 땅의 존재 목적은 하늘을 반영하기 위함입니다. 회개는 의에 나라인 천국에(**주님의 다스림**) 들어가기 위한 출발점입니다.

예수는 창세전 그리스도 안에서 택함 받은 영생 주시기로 작정된 자기 백성들을 죄에서 구원하시어 천국 백성 삼으시려고 사람 몸을 입으시고 이 땅에 오신 것입니다. 그래서 공생에 가장 먼저 회개와 천국을 동시에 외치신 것입니다. 아담 안에서 모든 사람이 죄를 범하였으매 하나님의 영광에 이르지 못하므로 하늘과 땅이 단절 되었습니다. **롬3:23**

즉 아담 안에 있는 땅에 사람으로는 하늘 하나님의 영광으로서 하나님을 반영하는 것이 불가능해졌다는 것입니다. 아담 안에서 하나님의 영광이 단절된 것입니다. 그래서 둘째 아담 예수께서 하나님의 형상이자 영광의 광체로 오신 것입니다.

> **고전15:45-49** 45. 기록된 바 첫 사람 아담은 생령이 되었다 함과 같이 마지막 아담은 살려 주는 영이 되었나니… 47. 첫 사람은 땅에서 났으니

흙에 속한 자이거니와 둘째 사람은 하늘에서 나셨느니라⋯ 49. 우리가
흙에 속한 자의(아담) 형상을 입은 것 같이 또한 하늘에 속한 이의(그리
스도) 형상을 입으리라

하나님의 영광을 잃어버린 타락한 인류 가운데 택한 자들을 하나님의
완전한 형상이신 예수 안에서 다시 재창조하시는 것입니다. 이처럼 성경
해석은 오직 구원이 아닌, 하나님 창조의 경륜, 즉 세상 창조 목적에서 시
작되어야 합니다. 창조 목적을 이루시려고 죄인들을 구원하신 것이기 때
문입니다. 그래서 인류 구원의 목적은 땅에서 하늘을 반영할 하나님 당
신의 영광, 아들 형상의 회복입니다. 사43:7 그래서 이제 구원받은 성도의
삶은 오직 사랑, 공평과 정의로 하늘 아버지를 이 땅에 나타내고 드러내
야 하는 것입니다. 렘9:24

그러므로 하나님은 당신의 독생자 예수를 둘째 아담으로 땅으로 보내
시고 아담 안에서 죄인 된 자기 백성들을 구원하여 다시 그들을 통하여
하늘에서 땅을 다스리시는 것입니다. 다시 그리스도 안에서 그리스도의
영을 받은 성도들이 땅에서 순종의 삶으로 하늘 하나님을 반영하는 것입
니다. 그래서 날마다 예수로 말미암아 사는 이것이 영생이고 찬송이고
예배입니다. 이것이 이 땅에 임한 천국입니다. 그리스도 안에서 하늘과
땅을 통일이루셨습니다. 엡1:10

에덴 아담의 왕권을 아담이 하나님이 아닌 원수마귀에게 순종함으로
그 왕권이 원수마귀에게 제한적으로 넘어갑니다. 그래서 아담의 제한된

영원한 복음 천국 복음

왕권이 원수마귀에게로 넘어간 것에서 예수께서 모든 인류의 죄값을 십자가에 피 흘려 죽으심으로 치르시고 부활하심으로써 마귀의 권세를 완전히 무력화시키고 깨트리셨습니다. 한마디로 사단의 권세를 박살낸 것입니다. 이제 사단은 더 이상 세상 임금도 왕도 아닙니다. 하나의 더러운 영적 피조물에 불과 합니다.

그러므로 십자가 지시기 전까지 세상의 왕으로서 땅을 다스리시는 주님의 권세가 죽기까지 순종하심으로 부활 후부터는 앞서간 하늘 성도들이 있는 하늘까지 다스리는 권세로 확장된 것입니다. 둘째 아담 예수는 아담의 불순종의 반역과 달리 십자가에 죽기까지 순종하심으로 예수의 권세가 하늘과 땅, 세상에서 전 우주로 확장된 것입니다. 하나님 아버지로부터 땅에서 하늘의 모든 권세까지도 부여받은 것입니다.

그래서 자기 백성들을 죄에서 마귀의 종 노릇에서 구원하시어 다시 왕과 주님으로서 다스리시는 것이 이 땅에 임한 하나님 나라 예수의 나라인 천국입니다.

> 히2:14-15 14. 자녀들은 혈과 육에 속하였으매 그도(예수) 또한 같은 모양으로 혈과 육을 함께 지니심은 죽음을 통하여 죽음의 세력을 잡은 자 곧 마귀를 멸하시며 15. 또 죽기를 무서워하므로 한평생 매여 종 노릇 하는 모든 자들을 놓아 주려 하심이니
> 골1:13 그가 우리를 흑암의 권세에서 건져내사 그의 사랑의 아들의 나라로 옮기셨으니

첫 아담은 하나님처럼 되려고 반역함으로 참 사람보다 못한 죄인이 되었지만 둘째 아담 예수는 근본 하나님이시면서도 하나님과 동등됨을 취할 것으로 여기지 아니하시고 자기를 비움으로 죽기까지 순종하심으로 하늘과 땅의 모든 권세를 가지신 만왕의 왕이시자 만주의 주가 되신 것입니다. **계19:16, 빌2:5-11**

둘째 아담 예수님도 사람 몸을 입은 이상 아담처럼 얼마든지 죄를 짓고 반역하고 사단의 시험에 넘어갈 수도 있었습니다. 그래서 예수님의 순종이 참 빛을 발하는 것입니다. **마26:39** 우리는 예수님의 순종을 인간의 관점에서 가볍게 생각할 여지가 있습니다. 만약에 나도 하나님이 나의 목숨을 원하시면 얼마든지 드릴 수 있다는 생각으로 자신의 죽음을 예수와 동급으로 생각할 수 있습니다. 그러나 그분은 하나님의 본체이셨습니다.

그럼에도 하나님 아버지 앞에 죽기까지 순종하심으로 아버지로부터 하늘과 땅의 모든 권세를 취하심으로 만왕의 왕이시자 만주의 주가 되신 것입니다.

마28:18 예수께서 나아와 말씀하여 이르시되 <u>하늘과 땅의 모든 권세를</u> <u>내게 주셨으니</u>

그러므로 예수께서 십자가에 죽으심으로 우리를 하나님 앞으로 인도 하셨다는 것은 우리의 위치가 선악과를 먹은 죄인의 위치에서, 다시 선악 과 먹기 전으로 돌려놓으셨다는 것입니다. **벧전3:18** 하나님과 분리에서 임 마누엘의 관계로 다시 돌려놓으셨다는 것입니다. 그래서 이제 하나님이 예수 안에서 우리의 아버지 노릇, 하나님 노릇 해 주심으로 우리를 에덴 에서처럼 다시 다스려 주신다는 것입니다.

요20:17 …너는 형제들에게 가서 이르되 <u>내가(예수님) 내 아버지 곧 너희</u> <u>아버지, 내 하나님 곧 너희 하나님께로</u> 올라간다 하라…

선악과 먹기 전에 아담은 하나님의 형상이자 아들이자 왕이었습니다. 죄가 들어오기 전 에덴의 아담이 하나님의 아들이었다는 것에서, 아버지 와 아들의 관계를 육신의 아버지와 아들 관계로 먼저 생각하면 안 되는 것입니다. 땅의 아버지와 아들의 관계는 형상이며, 원형은 먼저 하늘에 서 하나님과 그리스도, 그리스도와 교회의 관계가 땅의 아버지와 아들 관 계의 원형입니다. **엡1:4, 고전11:3**

아들은 아버지의 영광입니다. 복음서의 돌아온 탕자 비유의 절정은 우 리가 돌아온 탕자라는 자각이 아니라 우리로 돌아온 탕자에서 아버지의 자리로 나아가 아버지를 살아내라는 것입니다. **마5:48** 그래서 창조주의

영광을 위하여 형상으로 지음 받은 아담은 하나님의 아들입니다. 눅3:38

그러므로 예수 안에서 구원받은 성령으로 거듭난 우리들 역시도 하나님의 형상이자 아들이자 왕 같은 제사장입니다. 벧2:9 그래서 하나님이 우리에게 에덴의 아담에게 하셨던 것처럼 하나님 노릇 아버지 노릇을 다시 해 주신다는 것입니다. 그래서 우리를 죄에서 구원하신 것입니다. 이것이 천국 복음의 궁극적인 목적입니다.

마4:17 회개하라 천국이 가까이 왔느니라

그러므로 하나님 나라란 말씀 그대로 하나님이 다스리시는 나라입니다. 그런데 그 하나님이 직접 다스리시지 않으시고 사람 되신 예수 안에서 예수를 통하여 세상을 다스리시는 나라입니다. 하나님은 사람을 통하여 이 땅을 다스리시기로 작정하시고 세상을 사람에게 맡기셨기 때문입니다. 그래서 그 사람이 아담에서 둘째 아담 예수 그리스도로 바뀐 것입니다. 아담과 그리스도는 각각 인류의 대표입니다. 고전15:45

성경에 수많은 인물들이 나오지만 그 누구도 하나님으로부터 아담과 예수 그리스도 외에는 인류의 대표자격을 받은 사람은 없습니다. 그래서 인류는 아담 안에 있는 자와 그리스도 안에 거하는 자로 구분 됩니다. 고전15:45-47, 롬5:12, 19

그러므로 하나님 나라, 천국이란 예수께서 자기 백성을 죄에서 구원한

영원한 복음 천국 복음

구세주에서 하늘과 땅의 모든 권세를 가지신 왕으로 주님으로서 자기 백성을 사랑과 공평과 정의로 다스리는 예수의 나라가 이 땅에 임한 하나님 나라 천국입니다. 미6:8, 사9:7

또한 하나님 나라란 창조주의 나라이기에 하늘과 땅 모든 피조세계가 하나님 나라의 영토입니다. 그래서 먼저 성경에서 말하는 천국이란 하나님의 주권이 미치고 그와 동행하는 임마누엘 상태가 하나님 나라 천국입니다. 그래서 주님이 하나님 나라는 너희 안에 있다고 하신 것입니다. 그러므로 주님이 너희는 먼저 그의 나라와 그의 의를 구하라는 것과 또한 주기도문에서 하나님의 나라가 하늘에서와 같이 땅에서도 임하기를 기도하라는 것은, 먼저 이러한 하나님의 주권적 다스림을 말씀하는 것입니다. 물과 성령으로 거듭나 성령 안에서 예수로 인한 하나님의 다스림이 나를 비롯하여 모든 열방 가운데 미치기를 기도하라는 것입니다. 그래서 지금 이 땅에서 성령으로 예수 안에서 하나님 나라의 주권과 (그리스도 안에서 하나님) 백성과 (성령의 인침을 받은 자) 영토로 (전 우주를 포함한 영적 물리적 모든 피조세계) 하나의 국가를 정의하는 주권. 국민. 영토의 3대요소가 이루어지는 것입니다.

그러므로 이 땅에서 먼저 천국 백성 된 성도의 신앙에서 가장 중요한 가치 중에 하나는 날마다 성령으로 예수 안에서 사랑과 공평과 정의를 행하며 사는 것입니다. 지금 하늘 하나님의 다스림은 이 땅 예수 안에서 그의 몸 된 천국 백성을 통하여 이 땅에 사랑과 공평과 정의를 행함으로 하늘의 하나님을 이 땅에 나타내시고 드러내시는 것이기 때문입니다.

렘9:24 자랑하는 자는 이것으로 자랑할지니 곧 명철하여 나를 아는 것과 나 여호와는 사랑과 정의와 공의를 땅에 행하는 자인 줄 깨닫는 것이라 나는 이 일을 기뻐하노라 여호와의 말씀이니라

이것이 넓은 의미에서 영생의 거룩한 삶이며 또한 영광이자 찬송이자 영적 예배입니다. **롬12:1** 그러므로 성도의 신앙에서 중요한 가치는 날마다 성령으로 예수 안에서 사랑과 공평과 정의를 행하므로 아버지의 그러하심을 이 땅에 아들들로서 나타내고 드러내는 것입니다. **마5:16, 48** 이것이 없이는 그날에 아무도 주를 보지 못할뿐더러 이것을 자신의 힘과 능으로 이루고 살려는 것이 앞서 말한 이 시대의 신율법주의자들입니다. **히12:14**

> **잠21:3** 공의와 정의를 행하는 것은 제사 드리는 것보다 여호와께서 기쁘게 여기시느니라

그래서 예수의 나라, 주님의 다스림은 날마다 말씀과 찬송과 기도로 주님과 풍성한 생명의 교제 가운데서 주님께서 나를 통하여 그분의 일을 하시는 것으로서 이루어지는 것입니다. 그래서 신앙이란 행위보다 관계가 먼저이며 항상 기도로써 목자이신 주님을 앞장세우는 것입니다. 그러므로 천국 복음이란 죄에서 구원받아 예수의 나라 주님의 다스림 안에서 영생을 누리며 하나님과 동행하는 것입니다.

> **미6:8** 사람아 주께서 선한 것이 무엇임을 네게 보이셨나니 여호와께서 네게 구하시는 것은 오직 정의를 행하며 인자를 사랑하며 겸손하게 네

이것이 주기도문에서 '아버지의 나라가 이 땅에 임하옵시며'의 뜻입니다. 이 땅에 예수가 왕으로 주님으로 다스리시는 예수의 나라가 임하는 것이 복음의 가장 중요한 핵심입니다. 그러므로 죄가 전혀 없는 의에 나라인 천국 백성이 되려고 우리가 죄에서 구원받은 것입니다. 그래서 예수께서 왕권을 가지고 자기 백성들을 다스리시는 것입니다. 이것이 예수 그리스도의 천국 복음입니다. 그래서 천국 복음은 죽어서가 아니라 살아서 이 땅에 주님이 다스리시는 주님의 왕국을 세우는 것입니다. 하나님의 아들 예수 그리스도께서 자기 백성을 죄에서 구원하시어 그들의 왕으로 주님으로서 다스리시고 통치하시는 것입니다. 그러므로 예수는 우리의 주님이 되시려고 죄인의 구세주가 되신 분이십니다. 예수는 우리의 왕이 되시려고 하나님의 고난받는 종이 되신 분입니다. <u>찬송가 38장 불러 보시기 바랍니다.</u>

그러므로 예수는 교회의 머리 되십니다. 몸은 머리의 영광입니다. 몸은 머리의 다스림을 받으며 머리와 하나 되어 함께 사는 것이 창조의 질서입니다. 몸은 머리를 표현하고 나타내며 사는 것이 창조의 질서입니다. 그래서 성도 한 사람 한 사람은 진리 되신 예수님의 충만입니다. 이제 성도는 진리로 충만해야 합니다. 성도를 통하여 예수가 나타나고 드러나야 합니다. 예수는 하나님의 형상이기 때문입니다. 지금 하나님께서는 아담 안에서 타락한 인류를 다시 둘째 아담 예수 안에서 당신의 형상으로 재창조하고 계십니다. 그래서 성도가 하나님의 형상이신 예수를 닮는 것이 하나님의 가장 큰 뜻입니다. **롬8:29** 내 모든 소원 기도의 제목은 예수를 닮는 것이란 찬송은 하나님 앞에 립 서비스가 아니라 간절한 곡조 있는 기도입니다. **찬452**

그러므로 삼위일체 하나님의 경륜 안에서는 예수께 하는 모든 것이 결국 예수 안에서 하나님께 하는 것입니다. 예수를 믿는 것, 영접하는 것, 섬기는 것, 사랑하는 것, 순종하는 것, 다스림 받는 것, 예배하는 것 등 성령 안에서 예수께 하는 모든 것이 곧 예수 안에서 하나님께 하는 것입니다. 그래서 예수와 하나님은 하나이십니다. **요10:30** 이것이 삼위일체의 신비입니다. 그러므로 성도로서 천국의 실제 되신 예수 그리스도의 다스림을 받는 것이 곧 예수 안에서 하나님의 다스림을 받는 것입니다. 그래서 예수님은 참 신인이십니다.

그러므로 이제 이 땅의 모든 성도들은 십자가 지신 예수를 믿고 죄 사함 받아 성령으로 거듭났다면, 이제는 우리 심령에 예수의 십자가를 과감히 뽑으시고, 승리의 왕 되신 예수의 면류관을 모셔야 합니다. **계4:10** "영광스런 주를 보라 고난받은 그 모습, 승리하고 오실 때에 만민 경배하리라 왕의 왕이 되신 주께 면류관을 드리세 왕의 왕이 되신 주께 면류관을 드리세 **찬33, 25장** 이것이 기독교입니다. 기독교는 십자가 지신 예수에서, 승리하신 예수, 왕 되신 예수 그리스도를 믿는 생명의 신앙 공동체입니다. **요18:37, 마16:28**

그러므로 이젠 예수 십자가의 자리에, 승리의 왕 되신 예수의 면류관을

영원한 복음 천국 복음

모셔야 합니다. 예수님은 우리의 왕이 되시려고 십자가를 지신 분입니다. **막10:44-45** 예수님은 우리의 주님이 되시려고 죄인의 구세주가 되신 분입니다. 그러므로 승리의 왕 되신 예수를 모시지 않고, 십자가의 예수만 모신다면 예수의 나라인 천국은 임하지 않습니다. 이것이 이루어지기 전에는 여러분 심령에 예수의 나라는 임하지 않습니다.

이 땅에 하나님 나라 천국은 예수를 구세주에서 왕으로 모실 때 비로소 이루어지는 것입니다. 왕이 없는 나라는 존재 자체가 무의미하기 때문입니다. 그래서 이것은 주기도문 "아버지의 나라가 오게 하시며"와 같은 의미입니다. 그러므로 이 땅 모든 교회들에서 십자가가 사라지기 전에는 왕 되신 예수의 나라는 그만큼 멀리서 더디게만 다가올 것입니다. 그래서 성도의 심령에 왕 되신 예수가 부인되는 이것은 원수마귀가 그토록 바라는 것입니다. 그래야 자신이 아직도 세상 신으로 임금으로 남아 있는 것처럼 보이기 때문입니다. **요12:31**

그러므로 이젠 우리 안에 십자가를 뽑으셔야 합니다. 그것도 날마다 뽑으셔야 합니다. 그래야 왕 되신 예수께서 사십니다. **마4:17** "회개하라 천국이 가까이 왔느니라"처럼 회개한자 안에는 날마다 왕 되신 예수의 나라를 세워야 합니다. 날마다 왕에 대한 자각이 먼저 있어야, 천국 백성에 대한 자각 또한 발생하는 것입니다. 그래야 예수께서 왕으로 다스리시는 하나님 나라 천국이 임하는 것입니다. **눅17:20-21** 그렇지 않으면 우리는 날마다 승리의 왕 되신 예수가 아닌, 십자가의 예수만 바라보고 날마다 죄짐에 눌려 율법주의로만 살아갈 것입니다. 그래서 예수의 십자가를 뽑고 그 자리에 승리의 왕 되신 예수의 면류관을 세우는 것에서 하나님은 영광을 받으시며, **빌2:11** 또한 그래서 예수의 십자가로 이 땅에 이루신 하나님 나라 천국 복음을 전하는 것이 이 땅 모든 교회들의 사명입니다.

> **계1:5-6** 5. …우리를 사랑하사 그의 피로 우리 죄에서 우리를 해방하시고
> 6. 그의 아버지 하나님을 위하여 우리를 나라와 제사장으로 삼으신 그에
> 게 영광과 능력이 세세토록 있기를 원하노라 아멘

예수는 그리스도이시며 우리의 구세주 되시자 왕이신 주님 되시며 지금도 살아 역사하시는 창조주 하나님의 아들이시며 어제나 오늘이나 영원토록 동일하신 분입니다. 아멘!

천국 복음을 전하라 1

마10:7 (12제자에게) 가면서 전파하여 말하되 천국이 가까이 왔다 하고
눅10:9 (70인에게) 거기 있는 병자들을 고치고 또 말하기를 하나님의 나라가 너희에게 가까이 왔다 하라
마13:11 …천국의 비밀을 아는 것이 너희에게는 허락되었으나 그들에게는 아니되었나니

견해가 충분히 다를 수 있습니다. 기독교에는 복음과 신앙이 있습니다. 복음은 믿음을 양산하고 신앙은 행함을 양산합니다. 그럼 믿음이 먼저입니까 행함이 먼저입니까? 믿음이 먼저입니다. 그러므로 믿으려면 먼저 바로 알아야 합니다. 알아야 믿습니다. 그래서 바른 복음에서 바른 신앙이 나옵니다. 바른 믿음에서 바른 행함이 나옵니다. 행함은 우리의 믿음이 참인지 거짓 인지를 판단하는 기준입니다.

성경에는 십자가 복음과 천국 복음이라는 두 개의 복음이 존재하는 것이 아니라 천국 복음 하나만 존재합니다. 십자가는 천국 복음의 중심 주제입니다. 천국의 실제가 되신 예수께서 공생에 첫 외침인 "회개하라 천국이 가까이 왔느니라." 선포하신 말씀에서 회개는 의에 나라인 천국에 들어가는 출발점입니다.

예수님은 이 땅에 천국을 선포하시려고 아버지로부터 보냄을 받아 오시어 눅4:43 십자가에 죽으시고 장사되시어 부활하시고 승천하시어 이제 선포하신 그 천국을 하늘이 아니라 먼저 우리가 사는 이 땅에 이루시려고 성령과 함께 오순절 날 영으로 오셨습니다. 임마누엘은 영으로 오신 성자 예수님을 말씀합니다. 육체로는 이 땅의 모든 성도들과 함께하실 수 없기 때문입니다. 요14:20, 마16:28, 1:23, 고후13:5

그래서 세례 요한과 예수님의 첫 외침은 "회개하라 천국이 가까이 왔느니라."였습니다. 마3:2, 4:17 뿐만 아니라, 예수님은 70인을 파송하실 때도 눅10:9 12제자를 파송하실 때도 다른 복음이 아닌 천국 복음을 전하라고 하셨습니다. 마10:7 그것도 하나님 나라 천국을 오늘의 교회들처럼 죽어서 가는 곳이 아니라 "천국이 가까이 왔다."고 전하셨으며, 또한 "가까이 왔다 하라."고 주님으로부터 명령을 받았습니다. 2천 년이 지난 오늘로 말하자면 "천국이 이미 왔다 하라."가 되는 것입니다.

> 마12:28 그러나 내가 하나님의 성령을 힘입어 귀신을 쫓아내는 것이면 하나님의 나라가 이미 너희에게 임하였느니라

그래서 "하나님 나라 천국이 이미 왔다 하라."는 주님의 명령은 오늘의 시대를 사는 이 땅의 모든 교회들에게도 성령 안에서 동일하게 하시는 명령입니다. 주님이 부활 승천하시고 이 명령은 한 번도 취소된 적이 없는 이 땅 모든 교회들에게 동일하게 하시는 명령입니다. 그래서 이방인의 사도라 불리는 사도 바울 역시도 천국 복음, 하나님 나라 복음을 전한 것입니다.

영원한 복음 천국 복음

행28:23, 31 23. …바울이 아침부터 저녁까지 강론하여 하나님의 나라를 증언하고… 31. 하나님의 나라를 전파하며 주 예수 그리스도에 관한 모든 것을 담대하게 거침없이 가르치더라

이처럼 예수님 공생에 첫 외침도 천국,마4:17 첫 설교도 천국,마5:3, 10 승천하실 때도 천국,행1:3 그리고 주님이 이 땅에 강림하실 때도 그 천국 복음이 온 세상에 전파되면 온다고 하셨습니다.

마24:14 이 천국 복음이 모든 민족에게 증언되기 위하여 온 세상에 전파되리니 그제야 끝이 오리라

심지어 종교개혁의 불씨가 되어 우리가 복음의 제목으로 착각하는 이신득의 근거가 되는 롬1:17 로마서 역시도 1장 1-4을 정말 심도 있게 연구하면, 1-4절의 복음이 바로 구약 사52:7, 40:9-10의 하나님 나라 복음이라는 것과 1장 2-3절의 "그의 아들"이 사9:6-7에서 증거하는 "한 아들" 곧, 마1:21의 "아들" 예수 그리스도라는 것을 아실 것입니다. **(앞글 천국복음 롬1:1-4 해석 참고 바랍니다)**

그래서 이것을 성령 안에서 해석하면 구약 이사야40:9-10, 52:7에서 예언된 하나님이 다스리시고 통치하시는 하나님 나라 천국이 가까이 왔다는 것이며, 또한 그 하나님의 다스림이 사40:10이 말씀하는 "그의 팔" 되시며, 사9:6-7에서 예언된 한 아들 되시는 예수 그리스도 안에서 이루어진다는 것이며, 그래서 이 말씀은 결과적으로 예수 그리스도께서 죄인의

구세주에서 만왕의 왕 만주의 주가 되시어 다스리시는 하나님 나라 천국이 가까이 왔으니 회개하고 예수를 먼저 구세주로 주님으로 믿고 영접하라는 것입니다.

그래서 하나같이 "회개하라 천국이 가까이 왔다."는 것입니다. 먼저 회개하고 죄 사함 받으면, 장차 요14:20이 말하는 "그 날" 오순절 날로부터 성령으로 예수 안에서 하나님의 통치가 이루어진다는 것입니다.

> **마16:28** 진실로 너희에게 이르노니 여기 서 있는 사람 중에 죽기 전에 인자가 그 왕권을 가지고 오는 것을 볼 자들도 있느니라

이처럼 성경이 말하는 복음은 오직 하나님 나라 복음만이 존재하는 것이며, 예수 십자가의 도는 하나님 나라 복음의 중심 주제가 되는 것입니다. 예수 십자가 안에서 회개하는 자에게만이 의에 나라 하나님이 다스리시는 천국 백성이 되기 때문입니다. 회개는 의에 나라인 천국에 들어가기 위한 출발점입니다. 그래서 다들 회개와 천국을 동시에 외치신 것입니다.

그래서 예수님은 사람이 물과 성령으로 거듭나지 않으면 하나님의 나라에 들어가지 못한다. **요3:5** 즉 이 땅에서 천국 백성이 되지 못한다. 다시 말해 성령이 아니고서는 예수 안에서 하나님의 다스림을 받을 수 없다는 것입니다. **고전12:3** 그래서 당시 이스라엘 백성들은 이미 구약에서 예언된 이 같은 그리스도 안에서 다스려지는 하나님의 나라 천국이 이 땅에 임하

영원한 복음 천국 복음

기를 소망하고 있었습니다.

> 요4:25-26 25. 여자가 이르되 메시야 곧 그리스도라 하는 이가 오실 줄을 내가 아노니 그가 오시면 모든 것을 우리에게 알려 주시리이다 26. 예수께서 이르시되 네게 말하는 내가 그라 하시니라
> 막15:43 아리마대 사람 요셉이 와서 당돌히 빌라도에게 들어가 예수의 시체를 달라 하니 이 사람은 존경 받는 공회원이요 하나님의 나라를 기다리는 자라

이처럼 모두가 한결같이 천국 복음을 증거하는 이유는 하나님 나라 천국은 하나님의 구속사 중심 그 자체이기 때문입니다. 그런데 오늘날 유럽을 비롯한 다수의 한국 교회의 복음은 오직 십자가 복음에만 함몰되어 있습니다. 즉 예수는 우리를 죄에서 구원하러 오셨고, 예수 믿고 죄 사함 받아 착하게 살다 죽으면 천국 간다고 합니다.

문제는 이것이 전부가 아닙니다. 또한 성경에서 천국은 먼저 천국의 실제 되신 예수 안에서 하나님과의 관계, 즉 예수와의 교제 가운데서 나오는 하나님의 다스림을 말하는데, 오늘의 교회들은 천국을 죽어서 가는 천국, 즉 관계가 먼저 아닌 지리적 장소 의미만으로 천국을 말하고 있다는 것입니다. 결과적으로 주님이 공생에 가장 먼저 외치신 천국을 변질시킨 것입니다.

또한 지금 이 땅에 하나님 나라는 성령 안에서 임하는 나라인데 그렇게

중요한 성령을 구하라는 것도 교단에 따라 아주 소극적이며, 결국 이것은 성경이 말하는 복음 중에 반쪽짜리 복음에만 함몰되어 이기주의 성도들만 양산하고 있습니다. 교회가 신앙인을 길러내지 못하고 종교인들만 양산하고 있습니다. 표현을 빌리자면 주일마다 오직 예수 피. 피, 피만 구하러 다니는 거머리 신자, 흡혈귀 신자들만 양산하고 있습니다.

그렇습니다. 십자가 복음은 완전한 복음이 아닙니다. 십자가 복음에 어떤 오류가 있거나 문제가 있다는 것이 아니라, 그 십자가 복음만을 전부인 것으로 받아들인 사람들에 문제가 있다는 것입니다. 오직 십자가 복음만을 전부로 받아 몰락해 가는 지금 유럽의 교회들과 오늘날 한국 교회의 이기주의와 세속화와 타락이 바로 그 증거입니다.

사람들은 합리화합니다. 몰락해 가는 유럽 교회와 무너져 가는 오늘날 한국 교회의 이유는 사람들이 교회를 떠나서 그렇다고 합니다. 그래서 지난해만도 130만 명이 교회를 떠났다고 합니다. 그러면 십자가 복음만을 전부로 받은 사람들은 왜 교회를 떠났습니까? 그것은 더 이상 교회가 또는 그들이 전한 복음이 소망을 주지 못했기 때문입니다.

그래서 CS 루이스는 <u>오늘날 교회가 이처럼 무기력해진 이유는 저들이 내세(천국)의 생각을 중단했기 때문이라고 합니다.</u> 성도는 위의 것을(천국과 영의 일) 생각하고 소망하며 살아야 하는데 골3:2 그러나 천국 복음을 전하지 않는데 어떻게 그들이 들을 수 있으며, 들을 수 없는데 어떻게 알 수 있으며, 알 수 없는데 어떻게 천국을 믿고 소망할 수 있겠습니까? 천국 백성에 대한 자의식이 없는데 어떻게 세상 사람과 구분된 삶이 나오겠습니까? 들은 대로 반응하는 것입니다.

하루 종일 기독교 방송을 들어도 천국이란 단어 한 번 듣기 힘들며 설령 듣는다 하여도 이미 이 땅에 임한 천국이 아니라 죽어서 가는 천국만 말할 뿐입니다. 주님 나라인 천국이 예수 안에서 이미 이 땅에 임하였는데도 그렇게 외면하고 부인하면서도 입만 열면 주님 나라 임하소서! 임하소서! 하며 찬양하며 기도합니다.

그러므로 기독교 복음이란? 세례 요한처럼, 예수님처럼, 12제자처럼, 70인처럼, 사도 바울처럼, 로마서와 사복음서가 복음으로 정의한 천국 복음을 먼저 바르게 가르치고 전해야 합니다. 십자가 복음만이 전부가 아니라 그 십자가로 이 땅에 이루신 천국 복음을 전해야 합니다. 그래야 거기서 성도들의 바른 신앙이 나오는 것입니다. <u>천국 복음은 항상 주님과의 바른 관계를 중요시하기 때문입니다.</u> 사복음서를 보면 12제자는 예수님이 십자가에 죽는다는 사실조차 정확히 모를 때부터 그들은 복음을 전했습니다. 그들은 무엇을 복음으로 전한 것일까요? 천국 복음입니다. 마3:2, 10:7

그래서 주님의 제자로 부름 받은 이 땅의 모든 교회들은 예수님이 십자가로 이루신 구원만이 전부가 아닌 그 십자가 구원으로 이 땅에 임한 하나님 나라 천국 복음을 전해야만 합니다. 주님이 보혈의 피를 흘리신 목적은 보혈을 지나서 아버지 품으로 가기 위함입니다. 성소를 지나 지성소로 가는 것이 목적입니다. 예수 십자가를 믿음으로 회개하는 목적은 내 안에 예수가 다스리시는 의에 나라인 천국이 임하는 완전한 구원을 이루기 위한 것입니다. 마4:17

세상 신이 믿지 아니하는 자들의 마음을 혼미하게 하여 그리스도 영광의 복음의 광체가 비치지 못하게 한다고 합니다. 고전4:4 그럼 그리스도 영광의 복음의 광체가 무엇입니까? 십자가 구원입니까? 아니면 그 십자가로 이 땅에 이룬 천국, 하나님 나라입니까? 사단에게 십자가보다 더 무서운 것은 천국입니다.

사단마귀는 십자가 근방에라도 서성거릴 수가 있지만 그러나 천국에는 사단마귀는 존재해서도, 존재할 수도, 존재할 가치도 없는 곳이 바로 천국이기 때문입니다.

> 눅11:20 그러나 내가 만일 하나님의 손을 힘입어 귀신을 쫓아낸다면 하나님의 나라가 이미 너희에게 임하였느니라

또한 주님이 팔복에서 심령이 가난한 자들이 받는 천국의 복을 말씀하신 후에 천국 백성의 바른 삶의 교훈인 산상수훈을 주신 이유는 우리가 예수 믿고 죽어 하늘에 가서 그렇게 살라고 주신 것이 아니라, 지금 이 땅에서 천국 백성답게 그렇게 살라고 주신 것입니다. 마5-7장, 벧전2:10

그러므로 이 땅의 모든 교회들은 복음서에 나오는 주님 제자들의 연장

선상에서 사역하는 것입니다. 그래서 이 땅에 임한 천국 복음을 전해야 하는 것입니다. 주님은 오늘도 성령 안에서 이 땅 모든 교회들에게 주님 12제자들과 동일하게 말씀하십니다. "모든 열방 모든 민족에게 가서 천국이 "이미" 이 땅에 임하였다 하라!" 이것은 이미 2천 년 전에 주님이 하신 명령입니다.

> 마10:7 (12제자에게) 가면서 전파하여 말하되 천국이 가까이 "왔다 하고"
>
> 눅10:9 (70인에게) 거기 있는 병자들을 고치고 또 말하기를 하나님의 나라가 너희에게 "가까이 왔다 하라"

초대교회 오순절 전에는 천국이 가까이 왔지만 그러나 오순절 이후부터는 천국이 이미 이 땅에 임한 것입니다. 요14:20

> 마16:28 진실로 너희에게 이르노니 여기 서 있는 사람 중에 죽기 전에 인자가 그 왕권을 가지고 오는 것을 볼 자들도 있느니라

그렇습니다. 천국 복음만이 완전하고 영원한 복음입니다. 왜 그렇습니까? 천국만이 완전하고 영원한 곳이기 때문입니다. 그래서 십자가로 이루신 천국 복음만이 영원하고 완전한 복음입니다. 예수님은 천국 복음이 모든 민족에게 증거되면 강림하신다고 하셨습니다.

> 계14:6 또 보니 다른 천사가 공중에 날아가는데 땅에 거주하는 자들 곧 모든 민족과 종족과 방언과 백성에게 전할 영원한 복음을 가졌더라

마24:14 이 천국 복음이 모든 민족에게 증언되기 위하여 온 세상에 전파되리니 그제야 끝이 오리라

여러분! 책을 잠시 내려놓고 찬송가 250장 전후에 있는 보혈찬송가 2곡을 불러 보신 후 이어서 234장 이후에 있는 천국찬송가 2곡을 부른 후 여러분 자신의 심령 상태를 한번 점검해 보시기 바랍니다. 보혈찬송과 천국찬송 중 어느 쪽을 부를 때 심령에 뜨거운 소망과 기쁨이 생기는지는 직접 불러 보면 바로 아실 것입니다.

아마도 보혈찬송보다는 천국찬송 부를 때 마음의 뜨거운 소망과 기쁨이 생길 것입니다. 보혈찬송을 부르지 말라는 것이 아니라 천국찬송을 외면하지 말고 보혈찬송과 천국찬송을 항상 함께 부르라는 것입니다. 그래서 주님처럼 회개하라!를 전했으면 이어서 이 땅에 임한 천국과 장차 이루어질 영원 천국도 함께 전하라는 것입니다. 그러므로 천국 복음 없는 십자가 복음은 처음부터 거짓된 복음이며, 반대로 십자가 복음 없는 천국 복음 역시도 거짓된 복음입니다. 십자가 복음과 천국 복음은 두 개의 복음이 아니라 하나의 복음입니다. 성경에서 복음이란 예수께서 십자가로 이루신 천국 복음만이 존재합니다. 안용성 목사님은《로마서와 하나님 나라》41, 120면 이하에서 그동안 연구한 것을 이렇게 밝힙니다. **(이 책을 적극 추천합니다.)**

41면 …복음이 수식되거나 설명되는 본문들을 찾아가며 성경이 말하는 복음이 무엇인지 확인해보면 한 가지 놀라운 사실에 직면하게 된다. 그것

영원한 복음 천국 복음

은 신약성경의 134개의 용례 가운데 복음을 명확하게 "십자가 속죄"로 규정하는 곳은 한 군데도 없다는 것이다.

120면 …우리는 십자가 복음에 몇 가지 한계가 있다는 인식에서 출발해 성경이 말하는 복음이 무엇인지는 구약성경, 복음서, 로마서의 용례들을 중심으로 살펴보았다. 그 결과 성경에 "복음"이 등장하는 용례 134개 가운데 복음을 명확히 십자가의 속죄로 규정하는 곳은 한 곳도 없으며 복음을 언급한 대부분이 일관되게 복음을 하나님 나라로 정의한다는 사실을 확인했다.

기독교가 믿는 예수는 십자가에 죽으신 예수만이 아니라, 그 예수님이 부활 승천하시어 성령으로 오순절 날 하늘과 땅의 모든 권세를 가지시고 지금 우리 안에 왕으로 오시어 날마다 나와 교제함으로 다스리시며 나와 더불어 사시는 그 예수님을 믿는 것입니다. 거듭 말해 십자가에 죽으시고 부활 승천하시어 하늘과 땅의 모든 권세를 가지시고 만왕의 왕으로 만주의 주로 지금 내 안에 나와 함께하시는 그 예수를 믿는 것입니다. 하나님 나라 왕으로 오신 예수를 믿는 것입니다. **고후13:5**

그러므로 우리는 이러한 예수께서 십자가로 이루신 천국 복음을 전해야만 합니다. 그리고 그 천국 역시도 죽어서 가는 천국이 먼저가 아니라 이미 이 땅에 임한 하나님 나라 천국 복음을 전해야 합니다. 그래서 주님이 가르쳐 주신 주기도는 이 땅 모든 나라 모든 민족에게 하나님 나라, 즉 예수 안에서 하나님의 다스림의 천국이 임하기를 기도하라는 것이며 또한

그래서 너희는 먼저 그의 나라와 그의 의를 구하라 하셨습니다. 마6:10, 33

여러분! 예수께서 왜 이 땅에서 죽은 자를 살리고, 병든 자를 고치고, 오병이어며, 마귀의 일을 멸하고, 바람을 꾸짖으시고, 영생과 평강을 주신 것입니까? 그것은 천국에는 죽음도 질병도 배고픔도 마귀도 자연재해도 근심 걱정도 없기 때문입니다. 그래서 예수님이 이 땅에서 일으키신 모든 영광의 표적들은 천국을 이 땅에 그대로 나타내시고 드러내시어 보여 주신 것입니다.

이 땅에 천국을 그대로 드러내신 것입니다. 이 땅에 하나님 나라를 드러내신 것입니다. 그러므로 우리 인생과 신앙의 모든 답은 오직 주님이 내 안에 이루어 주신 심령 천국이 원수마귀로부터, 또는 세상 온갖 것들로부터 침노당하지 않고 사수하는 데 있습니다. 그래서 성도는 날마다 여기에 목숨을 걸어야 합니다.

잠4:23 모든 지킬 만한 것 중에 더욱 네 마음을 지키라 생명의 근원이 이에서 남이니라

먼저 이 땅에서의 심령 천국이 그날에 새 하늘 새 땅 영원 천국으로 우리를 인도하기 때문입니다. 먼저 이 땅에서 예수 안에서 관계의 천국이 그날에 지리적인 영원 천국으로 인도하는 것입니다. 그러므로 죽어서 가는 천국보다 또한 장차 임할 영원한 천국보다도 먼저 지금 이 땅에서 예수로 말미암아 내 안에 이루어진 심령 천국을 먼저 자각하고 누리고 선포

영원한 복음 천국 복음

하며 살아야 하는 것입니다. 그래야 오늘의 천국이 내일의 천국이 되는 것입니다. 오늘의 원인이 내일의 결과가 되는 것입니다.

인류에 죄가 비롯된 것도 그 죄로 인하여 하나님과 분리된 것도 그래서 지옥 갈 운명과 영원한 죽음이 주어진 모든 것은 이 땅에서 일어난 일들입니다. 그러므로 이 땅에서 죄 문제, **마1:21** 하나님과 함께하는 임마누엘 문제, **마1:23** 영생 문제, **요1서5:12** 천국 백성 문제 **빌3:20** 등 에덴의 죄악으로 잃어버린 모든 복락들은 우리가 죽어서가 아니라, 반드시 살아서 또한 하늘에서가**(죽어서 가는 천국)** 아니라 먼저 이 땅에서 모두 회복되어야만 합니다.

그래서 죄 문제와 임마누엘과 영생과 천국은 모두가 하나로 연동된 것입니다. 왜 그렇습니까? 인간의 모든 비극은 죄 문제로 하나님을 떠난 것에서 비롯된 것이기 때문입니다.

> **벧전3:18** 그리스도께서도 단번에 죄를 위하여 죽으사 의인으로서 불의한 자를 대신하셨으니 이는 우리를 하나님 앞으로 인도하려 하심이라…

그래서 예수 안에서 가장 먼저 죄 문제가 해결된 이 땅에서 모든 것이 순차적으로 회복되는 것입니다. 그러므로 성도들이 장차 살 곳도 하늘이 아니라 바로 땅입니다. 그래서 주님은 지금도 부활의 몸으로 하늘보좌 우편에 계시며 또한 우리들 역시도 부활해야 하는 것입니다. 주님의 사명은 장차 이 땅에 오시어 세상을 심판하고, 우리 몸의 부활까지가 주님의 마지막 사명입니다. **요6:40, 빌3:21** 우리가 오늘날 성도들이 착각하는 대로 장차 하늘에서만 영원히 산다면 부활의 육체는 필요 없습니다.

영이신 하나님처럼 또는 영적 존재인 천사처럼, 주님이나 우리는 부활의 육체는 굳이 필요하지 않습니다. 하늘은 영적 존재로만 사는 곳입니다. 그러므로 주님이 지금 부활의 몸으로 하나님 보좌 우편에 계시는 이유는 장차 하늘이 아니라 땅에서 사시려고 부활의 몸을 입고 계신 것입니다. 그래서 새 하늘 새 땅입니다. **계21:1**

창조주 그리스도의 아버지이신 하나님께서는 그리스도 안에서 하늘과 땅을 통일 이루셨습니다. **엡1:10** 이제 그리스도 안에서는 하늘도 천국이고 땅도 천국이란 말입니다. 견해가 조금 다를 수 있지만 성경에서 하나님 나라, 하늘나라, 천국은 같은 말, 같은 의미입니다. 태초에 하나님이 하늘은 천국으로 땅은 지옥으로 창조하지 않으셨습니다.

태초엔 하늘도 천국 땅도 천국이었습니다. 그런 에덴 천국에 죄가 들어와 하나님과의 단절로 하나님의 다스림이 끊어진, 영적 죽음으로 에덴이 저주를 받아 지옥화된 것입니다.

> **창3:17** 아담에게 이르시되 네가 네 아내의 말을 듣고 내가 네게 먹지 말라 한 나무의 열매를 먹었은즉 땅은 너로 말미암아 저주를 받고 너는 네 평생에 수고하여야 그 소산을 먹으리라

그러므로 계21:1-5의 새 하늘 새 땅은 결국 창3:17에서 저주받은 처음 하늘과 처음 땅이 새롭게 재창조되는 것입니다. 그래서 만물을 "새롭게" 하신다는 것입니다.

> **계21:1, 5** 1. 또 내가 새 하늘과 새 땅을 보니 처음 하늘과 처음 땅이 없어졌고 바다도 다시 있지 않더라 5. 보좌에 앉으신 이가 이르시되 보라 내가 만물을 새롭게 하노라 하시고 또 이르시되 이 말은 신실하고 참되니 기록하라 하시고

여기서 중요한 것은 새 하늘 새 땅이 들어설 자리는 다름 아닌 처음 하늘과 처음 땅이 있던 이 땅이라는 사실입니다. 구원받은 백성은 장차 하늘이 아니라 땅에서 삽니다. 그래서 우리 몸의 부활까지가 구원의 완성입니다. 그러므로 하늘과 땅을 통일 이루신 그리스도 안에서는 이젠 하늘도 천국이고 땅도 천국입니다. 장차 살게 될 새 하늘 새 땅이 결국 영원 천국이 되는 것입니다.

그러므로 이 땅에서 살다 예수 안에서 죽으면 하늘에 가서 사는 것은 맞는 말이지만 그러나 하늘에서 영원히 사는 것은 아닙니다. 죽어서 가는 하늘나라는 영원에 비하면 잠시 사는 곳이지 영원히 사는 곳은 아닙니다. 그러므로 복음이 말하는 성도의 삶은 이 땅에서부터 천국 백성처럼 살라는 것입니다. 천국의 실제이신 예수를 향유하고 누림으로 천국을 전하며 살라는 것입니다.

거듭 말하지만 이제는 그리스도 안에서는 하늘도 천국이고 땅도 천국입니다. 그래서 예수님은 마4:17에서 회개와 천국을 선포하시고 23절에서 천국 복음을 전파하시며 백성 중의 모든 병과 약한 것을 고치시고 따르는 수많은 무리들을 산으로 이끄시어 천국 백성의 헌법인 산상수훈을 주신 것입니다. 마5-7장

묵상이나 감상용으로 주신 것이 아니라 실천용으로 주신 것입니다. 마치 구약에 모세를 산으로 불러 이스라엘 백성에게 십계명을 주신 그 하나님이 사람의 몸을 입으시고 이 땅에 오시어 다시 그를 따르는 무리들을 산으로 이끄시어 구약의 십계명을 구체화하여 이 땅에서 천국 백성으로 그렇게 지켜 행하며 살라고 가르쳐 주신 것이 산상수훈입니다.

그러므로 먼저 천국 복음의 진리를 알고 은혜를 입은 우리에게 진리 되신 예수 그리스도께서 그의 십자가로 이루신 천국 복음을 세상에 외치고 전파하며 가르쳐야 할 책임과 사명이 우리에게 먼저 주어진 것입니다. 하나님이 구약에서 열방 가운데 이스라엘을 제사장 나라로 먼저 택하신 것은 그들을 통하여 세상의 모든 열방을 구원하기 위해 그들을 먼저 택하신 것입니다.

그런데 그들이 선민의식에 빠져 세상에서 자기들만이 하나님의 선택받은 백성이란 모순에 빠져 자신들을 제외한 하나님을 모르는 세상 모든 이방 사람을 개라 부릅니다. 그러나 우리도 마찬가지입니다. 하나님이 세상에서 우리를 먼저 교회로 부르신 이유는 우리를 통하여 전도의 미련

한 것으로 세상을 구원하시려고 우리를 <u>먼저</u> 택하신 것입니다.

왜 전도에 목숨 걸어야 합니까? 그것은 새 하늘 새 땅에서 함께 살아갈 천국 백성들을 지금 이 땅에서 생육하고 번성해야 하기 때문입니다. 영원 천국에서는 시집, 장가를 가지 않습니다. **눅20:35** 그래서 이 땅에서 천국 복음의 진리로 천국 백성들을 낳아야 합니다. 아담과 하와는 생물학적인 방법으로 생육하고 번성해야 했다면, 둘째 아담 그리스도와 둘째 하와 교회들은 진리의 말씀으로 생육하고 번성해야 하기 때문입니다.

> **약1:18** 그가 그 피조물 중에 우리로 한 첫 열매가 되게 하시려고 자기의 뜻을 따라 <u>진리의 말씀으로 우리를 낳으셨느니라</u>
> **고전4:15** 그리스도 안에서 일만 스승이 있으되 아버지는 많지 아니하니 그리스도 예수 안에서 내가 <u>복음으로써 너희를 낳았음이라</u>

그렇습니다. 성도를 향한 하나님 경륜의 큰 뜻은 두 가지입니다. 먼저는 성도로서 하나님의 참 형상인 예수를 닮는 것과 두 번째는 예수를 닮은 많은 아들들을 얻는 것입니다. 그래서 예수를 닮은 많은 아들들로 생육하고 번성하여 아담과 노아에게 주신 사명을 하나님이 예수 안에서 예수로 말미암아 교회를 통하여 이루어 가시는 것입니다. **롬8:29, 히2:10, 창 1:28, 9:1**

왜 예수님이십니까? 예수님만이 하나님 본체의 형상이시자 영광의 광체이시며 예수님만이 하나님의 사랑과 기쁨의 제1 근원이시기 때문입니다. 그래서 믿음의 조상인 아브라함에게 하신 약속을 하나님의 신실하심으로 이루시는 것입니다. 창17:1-8, 22:17

그러므로 우리의 먼저 받은 구원과 천국 백성 됨을 특권으로 생각하지 마시고, 때를 얻든지 못 얻든지 천국 복음을 전하라는 것입니다. 하나님이 정말로 원하시는 전도 방법은 성도들 스스로 복음을 전하는 것입니다. 오늘날 한국 교회의 가장 큰 문제 중에 하나는 많은 성도들이 스스로 복음을 전하지도 않으며 전할 줄도 모른다는 것입니다.

그래서 전도한다는 것이 복음을 전하는 것이 아니라 성가대 자랑, 찬양팀 자랑, 교회 건물 자랑, 목사님 자랑, 많은 성도 수 자랑 같은 복음이 아닌 것들로 전도가 아닌 자랑을 한다는 것입니다. 정말 한국 교회가 회복해야 하는 것 중에 하나는 성도들이 사람들 앞에서 당당히 복음을 전할 수 있도록 가르쳐야 합니다.

마28:20 내가 너희에게 분부한 모든 것을 가르쳐 지키게 하라…

그래서 "우리 교회 와 보라!"가 아닌 직접 예수께서 십자가로 이루신 천국 복음을 전하라는 것입니다. 우리가 복음을 스스로 설명할 수 없다면 그것은 아는 것도 아니며 믿는 것도 아닌 세뇌당한 것입니다. 그래서 결국 주의 종을 신격화, 우상화하고 주님이 아닌 주의 종에게 맹종, 맹신하는 것입니다. 그래서 성도는 모르면 배우든지 배웠으면 가르치든지 전하든지 이 3가지 범주에 속하며 살아가야 합니다.

영원한 복음 천국 복음

여러분! 우리가 복음을 전할 때 가장 먼저 누가 듣습니까? 그것은 나 자신입니다. 나의 귀가 나의 입에서 가장 가깝습니다. 사람의 육은 흙으로 나서 땅에서 나는 소산물을 먹어야 살지만 영혼은 하늘로 와서 하나님의 말씀을 먹어야 삽니다. **마4:4** 그래서 복음을 전할 때 가장 먼저 나의 앞 사람이 아니라 나 자신이 가장 먼저 진리를 듣습니다.

그러므로 스스로 전하는 복음 전도는 상대방보다 먼저 나 자신이 사는 길입니다. 먼저 나의 영혼이 사는 길입니다. 복음 전도는 날마다 하나님 자녀 된 나 자신을 먼저 살리고 또한 세상을 살리는 하나님 구속사의 섭리입니다. 왜 하나님이 굳이 성경책을 직접 주라 하지 않고 우리더러 전하라고 하십니까? 성경은 성령의 감동으로 쓰여진 책이라서 성령으로 거듭나지 않는 사람이 읽으면 아무런 깨달음도 믿음도 없기 때문입니다. **벧후 1:20-21**

그래서 그가 아무리 박사 석사라도 성령으로 거듭나지 않은 사람이 읽으면 깨달음도 믿음도 없습니다. 그들에게 성경은 죽은 문자에 지나지 않습니다. 그래서 성령으로 먼저 거듭난 우리가 진리의 천국 복음을 입술로 전하므로 먼저는 우리 자신이 날마다 살고 그리고 세상도 살리라는 것입니다. **고전1:21**

그러므로 천국 복음을 배우든지 듣든지 읽든지 가르치든지 전하든지 하는 전도는 날마다 이루어져야 합니다. 건강한 사람은 건강검진을 한 번 받고 두 번 다시 안 받는 사람이 아니라 정기적으로 건강검진을 받는 사람이 건강한 사람이듯이 진리의 복음도 마찬가지입니다.

　진리의 천국 복음을 모두 안다고 앞으로 안 듣는 것이 아니라, 날마다 복음을 듣던지 읽던지 가르치든지 전하든지를 하므로 내 안에 나의 영이 먼저 살고 또한 우리의 죄성으로 자고 나면 세상 중심 나 중심으로 기울어진 나 자신을 날마다 예수 중심, 하나님 중심, 말씀 중심으로 바로 세우는 것입니다.

　그러므로 예수 십자가로 이루신 천국 복음을 모르면 배우시기바랍니다. 그리고 배웠으면 가르치든지 전하든지를 하시기 바랍니다. 그래서 배우든지 전하든지 가르치든지 이 3가지 범주에 속하며 날마다 승리하며 살아가시기 주님의 이름으로 축원합니다.

> 계1:5-6 …우리를 사랑하사 그의 피로 우리 죄에서 우리를 해방하시고 그의 아버지 하나님을 위하여 우리를 나라와 제사장으로 삼으신 그에게 영광과 능력이 세세토록 있기를 원하노라 아멘

천국 복음을 전하라 2

마10:7 (12제자에게) 가면서 전파하여 말하되 천국이 가까이 왔다 하고

눅10:9 (70인에게) 거기 있는 병자들을 고치고 또 말하기를 하나님의 나라가 너희에게 가까이 왔다 하라

행28:23 …바울이 아침부터 저녁까지 강론하여 하나님의 나라를 증언하고 모세의 율법과 선지자의 말을 가지고 예수에 대하여 권하더라

70인을 비롯하여 12제자는 예수님이 십자가에 죽으신다는 사실을 알기 전부터 이미 복음을 전하라는 파송을 받았습니다. **마10:7, 16:21** 세례 요한도 예수님이 십자가 지시기 전, 심지어 세례 받기 전, 공생에 시작 전부터 복음을 전했습니다. **마3:2** 그럼 세례 요한과 70인을 비롯하여 12제자들은 무슨 복음을 전했을까요? 오늘의 교회들처럼 "예수 믿고 구원받아 착하게 살다 죽으면 천국 간다."라고 전했을까요?

아닙니다. 중요한 것은 세례 요한도 70인도 12제자도 예수님도 사도 바울도 한결같이 천국 복음을 전했다는 것입니다. 그렇습니다. 사도 시대로부터 시작되어 온 율법에 관한 오류를 시정하기 위해 기록된 로마서나**(율법주의)** 야고보서나**(反율법주의)** 갈라디아서**(갈라디아주의)** 등은 신앙이 어느 한쪽으로 편향되어 교회 공동체 안에 심각한 문제를 야기할 위험

이 있는 성도들에 보내는 편지입니다.

그래서 율법의 행함으로 구원받는다고 미혹받을 수 있는 로마의 성도들에게 로마서에 이신득의를 편지한 것이며, **롬1:17** 그러나 구원은 오직 은혜의 믿음으로만 받으니 행함을 가볍게 여기는 성도들에게 행함의 중요성을 가르치고자 야고보서에 행함이 없는 믿음은 죽은 믿음이라고 편지한 것입니다. **약2:14-26**

또한 은혜로 구원받았으니 이제 우리가 완전한 율법을 준행함으로 우리의 구원을 유지하자는 성도들에게 갈라디아서에 너희가 성령받을 때 행함으로 받은 것이냐, 믿음으로 받은 것이냐를 **갈3:1-14** 강조한 것인데 오히려 이것이 마치 오늘날 복음의 제목이 되어 버린 것입니다. 하나님 백성으로 구원 얻는 하나의 방법이 복음의 제목이 되어 버린 현실입니다.

인간의 모든 비극은 하나님을 떠난 것에서 비롯된 것입니다. 그래서 이러한 비극을 종식 시키려면 반드시 하나님 앞으로 다시 돌아가야 하는데 그러나 더 불행한 것은 지금의 이 상태로는 백번 죽었다 다시 태어나도 돌아갈 수 없다는 것입니다. 하나님과 죄인은 함께할 수 없기 때문입니다. 그래서 거룩하고 의로우신 하나님 앞으로 돌아가려면 하나님이 인정하시는 의롭다 함을 받아야 하는데, 그럼 그 의를 어떻게 받을 것인가, 율법을 행함으로 받을 것인가 아니면 하나님의 의가 되시는 예수를 믿음으로 받을 것인가의 문제입니다. 그러므로 하나님 앞에 의롭다함을 받는 즉 구원을 얻는 하나의 방법을 제시한 것이 결과적으로 복음의 제목으로

영원한 복음 천국 복음

둔갑한 것입니다.

그래서 성경 교사이자 목회자인 <u>엠 알 디한</u>은 그의 저서 《율법이냐 은혜냐》 서문에서 이렇게 말씀하고 있습니다.

신약에서 세 권 이상이 주로 율법에 관한 오류를 시정하기 위해 기록되었습니다. 사도 시대로부터 시작되어 온 오류에는 세 가지가 있습니다. 그것은 율법주의, 반反율법주의, 갈라디아주의 등입니다. 첫째로 율법주의는, 사람이 율법을 지킴으로써 구원 받는다고 가르치며, 이 오류에 대한 대답이 바로 바울 사도의 로마서입니다. 둘째 오류는, 첫째 것의 정반대로 모든 것이 은혜이므로 우리가 어떻게 살든 상관할 바가 아니라고 가르칩니다. 이 오류에 대한 답변은 야고보 서신이 담당하고 있습니다. 셋째 오류인 갈라디아주의는, 가장 사특한 것으로 우리가 은혜로 구원을 받지만 율법을 완전히 지킴으로써 그 구원을 보존해 나가야 한다고 가르칩니다. 즉 우리가 믿음으로 구원을 받기는 하지만 궁극적인 구원은 우리의 행위에 의해 결정된다는 것입니다. 이 오류를 갈라디아주의라고 부르는 것은 이러한 사상이 갈라디아 교회에 창궐했기 때문입니다. 이 오류를 반증하기 위해 바울이 쓴 것이 바로 갈라디아서입니다.

그러므로 지금까지의 글을 돌아볼 때 로마서는 최소한 이 3가지는 분명합니다. 첫째, 로마서가 말하는 복음은, 앞서 말한 대로 롬1:1-4에 나오는 하나님이 왕 되신 예수 그리스도를 통하여 세상을 다스리신다는 하나님 나라라는 것입니다. 둘째, 로마서는 율법주의를 시정하기 위해서 기록되었다는 것입니다. 셋째, 당시 카톨릭 행위 구원의 영향을 받고 또한 그렇게 가르치던 루터가 로마서에서 발견한 이식득의는 루터 개인의 체험이라는 것입니다. 이것은 구원을 얻는 방법이지 성경이 말하는 복음의 제목은 아니라는 것입니다. 구원 얻는 방법은 복음의 중심 주제이지 그것이 복음의 제목은 아니라는 것입니다.

그래서 행함으로 구원을 가르치던 당시 카톨릭에 영향을 받던 루터가 어느 날 율법주의를 시정하기 위해 기록된 로마서1:17에서 이신득의를 발견하여 종교개혁에 불을 지핀 것인데 결과적으로 이것이 마치 로마서를 비롯한 성경 전체가 이신득의를 복음의 핵심으로 증거하는 것처럼 되어 버린 현실입니다.

그래서 오늘날 미국의 칼빈주의가 이신득의를 복음으로 공식으로 정의했으며 그 결과로 저를 비롯한 우리나라 장로교회가 그것을 따르는 것입니다. 그래서 결과적으로 오직 예수를 믿음으로 구원받는다, 착하게 살다 죽으면 천국 간다는 것이 복음의 전부가 되어 버렸습니다. 이 땅에 임한 천국을 외면하고 죽어서 가는 천국만을 강조하게 되어 버린 것입니다. 이 땅에 하늘과 땅의 모든 권세를 가지시고 왕으로 오신 예수는 부인하고, 오직 십자가에 죽으신 예수만을 강조하는 것입니다.

그러나 우리가 쉽게 간과하는 것은 특히 신약성경에서 왜 마태, 마가, 누가, 요한복음을 사복음서라고 말하는지를 알아야 합니다. 로마서나 고린도전서 같은 서신서는 그냥 서신서로 정의하는데 마태, 마가, 누가, 요한복음은 뒤에 복음이란 단어를 붙입니다. 왜 그렇습니까? 실상은 사복음서가 바로 복음의 핵심이기 때문입니다.

그러면 사복음서에 이신득의가 복음의 주제인지 아니면 천국 복음, 하나님 나라가 복음의 주제인지를 면밀히 살펴보아야 합니다. 뿐만 아니라 사복음서에 천국이란 죽어서 가는 천국을 먼저 말하는지 아니면 이 땅에 임한 천국을 먼저 말하는지를 말입니다. 저는 죽어서 가는 천국을 부정하는 것은 아닙니다.

그래서 안용성 목사님은 《로마서와 하나님 나라》 41면과 120면 이하에서 이렇게 밝힙니다. 중요한 부분이라 다시 한번 봅니다. 또한 이 책을 적극 추천합니다.

41. …복음이 수식되거나 설명되는 본문들을 찾아가며 성경이 말하는 복음이 무엇인지 확인해보면 한 가지 놀라운 사실에 직면하게 된다. 그것은 신약성경의 134개의 용례 가운데 복음을 명확하게 "십자가 속죄"로 규정하는 곳은 한 군데도 없다는 것이다.

120. …우리는 십자가 복음에 몇 가지 한계가 있다는 인식에서 출발해 성경이 말하는 복음이 무엇인지는 구약성경, 복음서, 로마서의 용례들을 중심으로 살펴보았다. 그 결과 성경에 "복음"이 등장하는 용례 134개 가운데 복음을 명확히 십자가의 속죄로 규정하는 곳은 한 곳도 없으며 복음을 언급한 대부분이 일관되게 복음을 하나님 나라로 정의한다는 사실을

확인했다.

그러므로 앞서 말씀드린 대로 70인을 비롯한 12제자와 세례 요한과 예수님, 사도 바울 모두는 천국 복음을 전했습니다. 그리고 그 천국도 죽어서 가는 천국이 아니라 이 땅에 임한 천국을 먼저 전한 것입니다. 천국은 죄가 없는 의에 나라이기에 이 땅에서 먼저 회개할 것을 외친 것입니다. 회개와 천국을 동시에 함께 가장 먼저 전하신 것입니다.

그렇습니다. 예수님 공생에 당시에 이스라엘 백성들이 기다린 복음은 예수 십자가 복음이 아니라 그들에게 하나님의 나라가 임한다는 것이었습니다. 다윗 왕 같은 그리스도를 통하여 하나님이 다스리시는 하나님 나라를 기다린 것입니다.

요4:25-26 25. 여자가 이르되 메시야 곧 그리스도라 하는 이가 오실 줄을 내가 아노니 그가 오시면 모든 것을 우리에게 알려 주시리이다 26. 예수께서 이르시되 네게 말하는 내가 그라 하시니라
막15:43 아리마대 사람 요셉이 와서 당돌히 빌라도에게 들어가 예수의 시체를 달라 하니 이 사람은 존경받는 공회원이요 하나님의 나라를 기다리는 자라

비록 그들의 메시아사상이 잘못되었지만 그들은 이스라엘을 다시 일으켜 세워 줄 메시아를 기다린 것입니다. 하나님이 그리스도를 통하여 다스려 주시는 하나님 나라 천국을 기다린 것입니다. 그래서 세례 요한

영원한 복음 천국 복음

도 주님도 때가 찼기 때문에 천국이 가까이 왔다. 즉 하나님의 나라가 가까이 왔다고 하신 것입니다. 구약에 예언된 복음이 때가 차매 왔다는 것입니다. 사40:9-10

> 사52:7 좋은 소식을 전하며(복음) 평화를 공포하며 복된 좋은 소식을 가져오며 구원을 공포하며 시온을 향하여 이르기를 네 하나님이 통치하신다 하는 자의 산을 넘는 발이 어찌 그리 아름다운가

여기서 복음은 '하나님이 통치하신다.'입니다. 그래서 하나님이 그리스도 안에서 그리스도로 말미암아 하늘과 땅 온 세상을 다스리신다는 것이 복음입니다. 그래서 하나님이 하늘과 땅의 모든 권세를 예수님께 주신 것입니다. 그러므로 성령 안에서 천국 백성 된 우리는 먼저 이 땅에서 지금부터 점진적으로 예수 안에서 하나님의 다스림과 통치의 천국이 임하여 장차 새 하늘 새 땅 영원 천국으로까지 완전하게 확장되는 것입니다.

그러므로 여러 복음서의 말씀들을 통해서 드러난 피할 수 없는 결론은 복음이란 하나님이 그의 팔로(예수) 다스리시는 하나님의 나라가 이 땅에 임할 것이라는 구약성경 예언의 말씀이 이 땅 예수 그리스도 안에서 예수 그리스도로 말미암아 성취되었다는 것이 복음입니다.

오직 예수 그리스도 안에서만이 하늘과 땅의 통일을 이루심으로 그 성취가 예수 안에서 이루어진 것입니다. 그래서 예수 이름은 아담 안에서 죄인 된 자기 백성을 죄에서 구원하는 이름이며, 임마누엘 이름은 이 땅

에서 먼저 우리 안에 하나님과 함께하는 천국의 다스림이 이루어지는 이름입니다. 임마누엘 성자 예수는 나의 왕 나의 주님이십니다. 그래서 세례 요한도 예수님도 가장 먼저 회개와 천국을 동시에 외치신 것입니다. 그러므로 천국은 소망하는 것이 아니라 먼저 선언하고 선포하는 것입니다. 왜 그렇습니까?

이미 내 안에 임한 것이기 때문입니다. 그리고 날마다 심령 천국을 침노당하지 않도록 사수해 나가야 합니다. 천국을 사수한다는 것은 우리의 심령에 천국이 임했다 사라지다를 반복한다는 것이 아니라 우리의 죄성으로 우리 안에 이루어진 심령 천국이 천국의 실제 되신 예수 중심에서 자고 나면 내 중심, 물질 중심, 세상 중심으로 다시 리셋되기 때문입니다. 물론 성도의 영적 상태에 따라서 다르게 나타날 수도 있습니다.

그래서 날마다 하루를 시작하기에 앞서 말씀과 찬송과 기도로써 천국의 실제 되시는 주님과 풍성한 생명의 교제 가운데 심령에 천국이 임한 것을 선포하고 누리며 사수해 나가야 하는 것입니다. 여기에서 성도의 아름다운 성화와 승리의 삶이 나오는 것입니다. 그래서 성도의 하루는 아침에 주님과 생명의 교제 가운데 심령 천국을 이루는 데서 그날의 하루가 결정되는 것입니다. 하루의 승리가 심령 천국에서 결정되는 것입니다.

잠4:23 모든 지킬 만한 것 중에 더욱 네 마음을 지키라 생명의 근원이 이에서 남이니라

이 말씀은 솔로몬이 혼자 하는 독백이 아니라 하나님의 명령입니다. 여기서 마음을 지킨다는 것이 무엇입니까? 어떻게 하는 것이 마음을 지키는 것입니까? 그냥 교회만 잘 다니면 마음이 지켜집니까? 아닙니다. 우리의 심령에 주님이 이루어 주신 심령 천국을 날마다 의지적으로 능동적으로 지키고 사수하라는 것입니다.

여러분! 천국 백성인 성도가 왜 죄를 짓거나 특히 자기 사랑, 물질 사랑, 투기, 미움, 다툼, 시기, 질투, 분냄, 증오, 저주 등을 하면 안 됩니까? 그것은 천국에는 그런 것들이 존재할 수도, 존재해서도 존재할 가치도 없기 때문입니다.

그래서 천국에는 죄가 없기에 예수 안에서 의롭다 함을 받으며, 죽음이 없기에 예수 안에서 영생을 받고, 질병이 없기에 예수 안에서 부활하며, 슬픔이 없기에 예수 안에서 기쁨을 받으며, 근심 걱정이 없기에 예수 안에서 평강이 임하는 것입니다. **롬14:17** 그래서 앞에서 말한 대로 천국의 실제 되시는 예수의 모든 것을 향유하는 것입니다.

또한 왜 죽도록 순종해야 합니까? 천국에는 불순종이 없기 때문입니다. 왜 서로 사랑해야 합니까? 천국에는 자기의 유익을 구하지 않는 사랑의 나라이기 때문입니다. **고전13:5** 그럼 천국에 존재할 수도 존재해서도 안 되는 원수마귀가 왜 자꾸 성도를 미혹합니까? 그것은 성도 스스로가 자신 안에 천국이 임한 줄도 모르고 살기 때문입니다.

하나님의 창조 질서 가운데 죄와 저주와 마귀와 불순종과 자기 사랑과 물질 사랑, 미움 같은 앞서 말한 것들은 천국에 존재할 수도 존재 가치도 존재해서도 안 되는 것들입니다. **딤후3:1-5**

> **마10:28** 그러나 내가 하나님의 성령을 힘입어 <u>귀신을 쫓아내는 것이면</u> <u>하나님의 나라가 이미 너희에게 임하였느니라</u>

그래서 이 땅에서 특히 천국의 길라잡이라 할 수 있는 주의 종들이 천국에도 없는 물질 사랑, 자기 사랑과 세속적인 것들에 몰두하면 안 되는 것입니다. 그러므로 천국을 사수한다는 것은 지금 성도 안에 심령 천국에 존재해야 하는 선한 것들과 존재해서는 안 되는 악한 것들을 잘 구분하여 때로는 간구로 취할 것은 취하고, 때로는 선포기도로 쫓아낼 것은 확실히 우리의 심령에서 예수 이름의 권세와 능력으로 선포기도로 쫓아내야 하는 것입니다.

이 부분은 성도들이 공부를 해야 합니다. 주의 종들이 바로 이것을 연구하고 성도들에게 가르쳐야 합니다. 그러므로 천국 복음에서 십자가는 거들 뿐입니다. 견해가 다를 수 있지만 십자가는 궁극적인 구원보다는 죄 사함이 그 본질입니다. 죄의 삯은 사망이 하나님의 공의이기 때문입니다. 그래서 예수 십자가를 믿음으로 회개하면 죄 사함 받고, 죄 사함 받으면 우리 안에 성령으로 천국이 임하는 것입니다.

그러므로 사람이 회개하고 돌아오면 구원받는다는 것은 맞는 말이지만 복음의 제목은 아닙니다. 구원이란 죄에서 구원받는 것이 전부가 아니라 우리의 주권을 예수 안에서 창조주 하나님께 다시 돌려드리는 것이 구원입니다. **빌2:11** 그러므로 복음의 제목은 성령으로 회개한 그 심령에 예수 안에서 하나님의 다스림의 통치가 임하는 하나님 나라 천국이 임한다는 것이 복음의 제목입니다. 또한 천국이 가까이 왔다는 것은 천국의 실제 되신 예수님 자신을 말씀하는 것입니다. 그래서 예수를 믿음으로 회개하여 성령받으면 성령 안에서 성자 예수와 함께하며, 이는 결국 성자 안에서 성부 하나님 즉 천국의 실제 되신 삼위일체 하나님 신성의 영광에 참여하여 하나가 되는 것입니다. **요17:21-23, 사43:7** 이 땅에서 심령 천국이 이렇게 이루어지는 것입니다.

> **고후13:5** …예수 그리스도께서 너희 안에 계신 줄을 너희가 스스로 알지 못하느냐 그렇지 않으면 너희는 버림 받은 자니라

그래서 이렇게 천국이 임하는 것이 바로 구원입니다. 이스라엘 백성들이 출애굽한 것이 구원은 맞지만 구원의 완성은 아닙니다. 구원의 완성은 천국의 그림자인 가나안 땅에 들어가는 것입니다. 이처럼 우리가 예수 믿고 죄 사함 받는 것은 죄에서 구원받은 것은 맞지만 그러나 구원의 완성은 아닙니다. 논리적으로 구원의 완성은 우리 안에 천국이 임하는 것입니다. 뿐만 아니라 예수 믿고 선하게 살다 죽어서 가는 천국조차도 구원의 완성은 아닙니다.

그것은 반쪽짜리 구원입니다. 구원의 완성은 우리가 부활의 몸으로 새

하늘 새 땅 영원 천국에서 주님과 함께 사는 것이 구원의 완성입니다. **빌 3:21** 그래서 예수 십자가에 흘리신 피는 우리의 죄책을 제거하는 것입니다. 피 흘림이 없이는 사함이 없는 것이 하나님의 공의이기 때문입니다. 예수 이름은 죄책에서 우리를 구원하신 이름입니다. **마1:21**

그래서 예수 십자가 피 흘려 죽으심은 죄책을 제거하는 것이 본질입니다. 죄 사함이 십자가의 본질입니다. 이제 보혈을 지나서 아버지 품으로 가야 하는 것입니다. 성소를 지나서 지성소로 나가야 하는 것입니다. 십자가 보혈을 지나서 우리 안에 심령 천국이 이루어져야 합니다. 우리가 죄에서 구원받은 것보다 더 좋은 복음의 소식은 하나님이 나의 하나님과 나의 아버지 되시어 나를 다스리고 통치하신다는 것입니다.

거듭 말하지만 우리의 구원은 에덴의 선악과 먹기 전으로 돌아가는 것입니다. 그래서 기쁜 소식의 복음은 하나님이 나의 참된 아버지가 되어 주신다는 하나님 나라 천국이 임한다는 소식입니다.

> **요20:17** …너는 형제들에게 가서 이르되 내가 (예수님) 내 아버지 곧 너희 아버지, 내 하나님 곧 너희 하나님께로 올라간다 하라…

창1장 당시의 이 땅의 에덴은 천국이었습니다. 당시에는 하늘도 천국이고 땅도 천국이었습니다. 그런데 에덴 천국이 죄악으로 지옥화된 것입니다. 하나님의 다스림이 끊어진 것입니다. 그런데 이제 예수 안에서 죄 문제가 해결되고 다시 하나님의 다스림을 받는 것입니다. 이 모든 것이

영원한 복음 천국 복음

하늘과 땅을 통일 이루신 그리스도 안에서 회복된 것입니다. **엡1:10**

그래서 하나님은 다시 우리의 아버지이시자 하나님이 되어 주신다는 것이 복음입니다. 이제 그리스도 안에서는 하늘도 천국이고 땅도 천국입니다. 그래서 이 땅에 임한 천국이란 에덴의 죄악으로 단절된 하나님의 다스림이 예수 그리스도 안에서 다시 회복되는 것입니다.

그래서 예수님이 회개하라 천국이 가까이 왔느니라 하신 것은 바로 이러한 하나님의 통치의 회복을 말씀하시는 것입니다. 먼저 예수를 그리스도 구세주로 믿음으로 회개하라 그러면 성령으로 예수 안에서 하나님의 다스림인 하나님 나라 천국이 회복된다는 것입니다. 그래서 예수께서 "천국이 가까이 왔느니라."고 하신 말씀은 천국의 실제 되시는 예수님 자신을 두고 하신 말씀입니다. 하나님 나라 왕으로 오신 예수님 자신을 두고 하시는 말씀입니다.

요한복음을 찬찬히 읽으시면 예수를 본 것이 하나님을 본 것이며 예수를 영접하는 것이 하나님을 영접하는 것이며 예수를 믿는 것이 하나님을 믿는 것이며 예수를 사랑하는 것이 또한 그를 이 땅에 보내신 하나님을 사랑하는 것입니다. 우리가 성령 안에서 예수께 하는 그 모든 것이 곧 예수 안에서 하나님 아버지께 하는 것으로 받아들여집니다.

아버지와 아들은 하나이십니다. **요10:30** 그러므로 예수의 이름을 예배하는 것과 예수의 다스림을 받는 것이, 곧 하나님을 예배하는 것이며 하

나님의 다스림을 받는 것입니다. 예수의 다스림이 곧 하나님의 다스림입니다. 계11:15, 사52:7

그래서 우리의 구원은 에덴의 조상들이 창조주로부터 찬탈한 우리의 주권을 성령으로 예수 안에서 다시 창조주 하나님께 돌려드리는 것입니다. 그럴 때 하나님은 예수 안에서 우리의 주님이 되어 주십니다. 이것은 전적인 우리 자유의지의 문제입니다.

우리가 구원받은 것과 예수님이 우리의 구세주 되신 것은 전적인 하나님 은혜입니다. 우리가 한 일은 없습니다. 그러나 우리가 날마다 순종함으로 두렵고 떨림으로 구원을 이루는 것과 빌2:12 하나님이 나의 주님 되시는 것은 전적인 우리 자유의지의 문제, 순종의 문제입니다.

그래서 예수 안에서 이 땅에 임한 하나님의 다스림인 그 천국을 날마다 의식하고 선포하고 사수하며 승리의 삶을 살아야 합니다. 천국 백성인 성도는 세상에서 성공과 행복이 아니라 오직 승리입니다.

계21:7 이기는 자는 이것들을 상속으로 받으리라 나는 그의 하나님이 되고 그는 내 아들이 되리라

그러므로 성도로서 날마다 천국을 의식하고 선포하는 것은, 원수마귀 앞에서 나의 신분과 내 안의 예수 권세와 능력과 예수의 이름이 있음을 선포하는 것입니다. 마귀의 권세를 박살낸 예수와 나는 하나라는 선언입

영원한 복음 천국 복음

니다. 하늘과 땅의 모든 권세를 가지신 왕 되신 예수와 나는 하나라는 선언입니다. 그래서 원수마귀 앞에서 날마다 나의 신분과 영역을 표시하는 것입니다.

> **행19:15** 악귀가 대답하여 이르되 내가 예수도 알고 바울도 알거니와 너희는 누구냐 하며

마치 일반 국민의 신분에서 군복을 입으면 나라에 대한 애국심과 충성심이 나오듯이 날마다 천국을 선포하는 것은 이 땅 세상 나라에서 나의 천국 백성 된 신분과 정체성을 확립하는 것입니다. 그럴 때 하나님 공의 앞에서 원수마귀는 심령 천국에 얼씬하지 못합니다. 심령 천국을 자각하는 성도는 만지지도 못합니다. **요1서5:18**

그런데 문제는 다들 십자가 죄 사함이 우리 구원의 종점인 것처럼 십자가의 넓은 의미인, 하나님이 예수 안에서 자기 백성을 다스리신다는 천국 복음은 보지 못하고, 속죄함이라는 십자가의 좁은 의미에만 함몰되어 살아갑니다. 십자가는 하늘과 땅, 하나님과 죄인을 다시 화목하게 하여 하나님께서 다시 창조 섭리대로 하나님 노릇, 아버지 노릇해주시는 도구이고 수단입니다. 그래서 십자가 어린양 예수를 화목제물이라는 것입니다. **롬3:25** 반복할 수밖에 없는 말씀입니다. 기독교가 믿는 예수는 십자가에 죽으신 예수만이 아니라, 그 예수님이 부활 승천하시어 성령으로 하늘과 땅의 모든 권세를 가지시고 지금 우리 안에 왕으로 오시어 나와 함께 날마다 교제함으로 다스리시며 나와 더불어 사시는 그 예수님을 믿는 것입

니다. **마16:28** 다시 말해 십자가에 죽으시고 부활 승천하시어 하늘과 땅의 모든 권세를 가지시고 만왕의 왕으로 만주의 주로 지금 내 안에 나와 함께하시는 그 예수를 믿는 것입니다. 하나님 나라의 왕으로 오신 그 예수를 믿는 것입니다. **고후13:5**

　오늘날 왜 수많은 성도들과 주의 종들이 불안 같은 두려움과 공황장애로 어려움을 겪습니까? 왜 그렇습니까? 그것은 하나입니다. 자신 안에 이미 천국이 이루어진 것을 인지하고 의식하고 누리지 못하여 날마다 심령 천국이 침노당해서 그렇습니다.

　왜 그렇습니까? 천국에는 죽음도 질병도 없지만 그러한 공황장애보다 더 큰 주님의 평안이 있기 때문입니다. 공황장애보다 주님의 평안이 더 크기 때문입니다. 심령 천국 안에서 누리는 평안이 공황장애보다 더 크기 때문에 그러한 두려움이나 우울증이나 공황장애는 나를 지배하지 못하는 것입니다.

　　요1서4:18 사랑 안에(심령천국) 두려움이 없고 온전한 사랑이 두려움을 내쫓나니 두려움에는 형벌이 있음이라 두려워하는 자는 사랑 안에서 온전히 이루지 못하였느니라
　　요14:27 평안을 너희에게 끼치노니 곧 나의 평안을 너희에게 주노라 내가 너희에게 주는 것은 세상이 주는 것과 같지 아니하니라 너희는 마음에 근심하지도 말고 두려워하지도 말라

그렇습니다. 2천 년 기독교 역사에서 종교개혁이 일어난 5백 년 전까지만 해도 당시 카톨릭이 정상적인 교회인 줄 알고 세상의 많은 그리스도인들은 그러한 신앙관을 믿고 따르며 지내왔습니다. 그러나 종교개혁이 일어나고 보니 그것이 이단 중에 이단이란 것을 알았습니다. 그리고 그 이단이 세상에서 그렇게 많은 날들을 성장할 동안 교회 머리 되신 주님은 인내하며 침묵하셨습니다.

그리고 사람들로부터 때론 정신병자 소릴 듣는 마틴 루터라는 사람을 통하여 세상의 교회를 참 교회와 거짓 교회로 나누는 작업이 있었습니다. 오늘날 교회도 마찬가지입니다. 오직 십자가 복음에만 함몰되어 유럽을 비롯한 세상의 수많은 교회들이 술집으로 클럽으로 카페로 문화 센터로 마약 소굴로 몰락하지만 그럼에도 교회 머리 되신 주님은 인내하며 침묵하십니다.

그래서 우리는 마치 십자가 복음이 복음의 전부인 줄 알고 오늘도 그렇게만 믿고 살아갑니다. 그렇습니다. 저를 비롯한 세상 그 누구도 종교의 영에 눈이 가려지면 진리가 보이질 않습니다. 종교의 허상에 눈이 가려지면 참 진리는 안 보이는 것입니다. 그러므로 종교개혁은 5백 년 전에 끝난 것이 아니라, 주님 오시는 그날까지 끊임없이 일어나고 또 일어나야 합니다.

5백 년 전에는 외적인 교리적인 부분에서 종교개혁이 일어났다면 이제는 우리 안에서 끊임없는 내적인 종교개혁이 일어나야 합니다. 저를 비롯한 우리 모두는 일생을 종교와 신앙 사이를 두고 오락가락합니다. 종교와 신앙 사이는 엄청난 차이가 아니라 얇은 종이 한 장 차이입니다. 오늘의 신앙이 내일은 종교가 되기도 하고, 오늘의 종교가 내일은 신앙이 되기도 합니다.

그래서 우리 모두는 날마다 시마다 때마다 진리의 거울 안에서 종교의 허상을 과감히 벗어 버려야 합니다. 종교의 허상을 벗어 버리기 전에는 그 누구도 참된 진리를 알지 못합니다. 종교의 허상을 벗어 버리기 전에는 그 누구도 성경의 산에서 이미 이 땅에 임한 하나님 나라 천국이라는 숲은 보지 못하고 십자가 나무만 바라봅니다. 그래서 자신 안에 있는 종교성을 위로하고 쓰다듬는 일로 평생을 그렇게 보냅니다.

그렇습니다. 성도들의 최종 종착지인 새 하늘 새 땅 영원 천국과 성도들이 완전하게 누리는 모든 복락은 "이미"와 "아직" 사이에 있습니다. 무슨 말입니까? 예수 그리스도의 구속과 함께 하나님의 나라가 "이미" 시작되었으나 원수마귀가 "아직" 활동하고 있는 기간 속에 살고 있다는 것입니다. **엡6:12**

그래서 우리가 이미 영혼의 구원은 받았지만 아직 완전한 몸의 구원인 부활까지는 받지 않았습니다. 영의 구원은 받았지만 아직 육의 구원은 받지 않았습니다. 또한 영생은 이미 받았지만 아직 육체의 죽음이 없는 완전한 영생은 이루어지지 않았습니다.

뿐만 아니라 이미 천국 백성은 되었지만 아직 새 하늘 새 땅 영원 천국 백성의 삶은 이루어지지 않았습니다. 이미 하나님의 자녀가 되었지만 그러나 아직 이 땅에 마귀와 죄가 있는 한, 또는 우리 안의 죄성이 모두 사라지기 전에는 완전한 하나님의 거룩한 자녀로서의 삶을 살수 없습니다. 그래서 아직 죄를 짓고 삽니다. **요1서1:8** 그러므로 "'아직" 그러하지 않음도 맞는 말이지만 "이미" 그러함도 맞는 말입니다.

(나의 글인지 아닌지, 희미한 기억에서 "이미"와 "아직"의 글은 오래전에 옮겨둔 저자를 알 수 없는 글이라 양해를 미처 구하지 못했습니다.)

그럼 여기 "이미"와 "아직" 사이에서 우리의 믿음이란 과연 무엇입니까? 아직 예수 안에서 하늘의 복락들이 이 땅에서 이루어지지 않은 것으로 믿고 받아들이고 그렇게 사는 것이 믿음입니까? 아니면 없는 것을 마치 있는 것처럼 부리시는 하나님의 자녀답게 이미 예수 안에서 영적인 세계에서 일어난 모든 일들이 물리적 세계에서도 곧 이루어진다는 것을 믿고 기도하며 사는 것이 믿음입니까? **롬4:17**

믿음이란, 전지전능하신 하나님 아버지의 뜻이 하늘에서와 같이 땅에서도 이루어진다는 것을 믿음으로 기도하고 받아들이는 것이 믿음입니다. 그래서 전자가 아니라 후자가 믿음입니다. 전자는 신앙 초보의 믿음입니다. 성도는 자신의 연약한 믿음으로 사는 자가 아니라 날마다 말씀과 찬송과 기도로 주님과 풍성한 생명의 교제 가운데서 나오는 예수의 큰 믿음으로 사는 자가 성도입니다. 죽은 자들이 무슨 믿음이 있습니까? **갈2:20**

그래서 몸이 머리의 믿음으로 사는 것이 믿음입니다. 만물보다 심히 부패한 나의 연약한 마음에서 나오는 나의 믿음이 아니라 예수의 큰 믿음으로 사는 것이 성도의 믿음입니다. 그래서 이 믿음이 하나님이 기뻐하시는 믿음입니다. 히11:6 우리의 그 무엇도 하나님은 기뻐하실 수 없습니다. 그러므로 천국 복음 없는 십자가 복음은 거짓이며 반대로 십자가 복음 없는 천국 복음 역시도 거짓입니다.

계1:5-6 5. …우리를 사랑하사 그의 피로 우리 죄에서 우리를 해방하시고 6. 그의 아버지 하나님을 위하여 우리를 나라와 제사장으로 삼으신 그에게 영광과 능력이 세세토록 있기를 원하노라 아멘

천국 복음을 전하라 3

> **눅4:43** 예수께서 이르시되 내가 다른 동네들에서도 하나님의 나라 복음
> 을 전하여야 하리니 나는 이 일을 위해 보내심을 받았노라 하시고
> **마13:11** …천국의 비밀을 아는 것이 너희에게는 허락되었으나 그들에게
> 는 아니되었나니…

하나님의 전지전능에 대하여 추상적으로 생각하는 분들이 많습니다. 하나님의 전지전능이란 하나님이 시작하시려는 모든 생각은 곧 그 생각 자체가 이미 마침이라는 것입니다. 행동하시기 전도 아니며 말씀하시기 전도 아니요 그것이 무엇이 되었든지 그 생각 자체만으로도 그것이 곧 이루어짐을 말씀합니다. 한 나라의 왕의 말이 곧 법이듯이 처음과 나중 되시며 시작과 끝이 되시는 전지전능하신 창조주 하나님의 시작은 곧 끝을 말합니다. 하나님을 영원하신 하나님이라 부를 때 영원 안에는 모든 피조 세계의 시작과 끝이 들어 있습니다. 그래서 그 어떤 피조물도 하나님의 영원을 중단하거나 막을 수 없습니다.

그래서 하나님 안에는 모든 피조 세계의 시작과 끝이 동시에 존재합니다. 마치 한권의 책 안에 시작과 끝이 모두 나오고 과거 현재 미래가 한권의 책안에 모두 있듯이 지금 하나님의 손 안에는 인류의 모든 과거 현재

미래가 완전한 현재 안에서 존재합니다. 그래서 아직도 이루어지지 않은 미래의 일들을 사도 요한이 이미 2천 년 전에 성령으로 환상 가운데서 미리 보고 기록한 것이 요한 계시록입니다.

그럼 장차 일어날 일들을 당시 사도 요한은 알고 하나님은 모르실 수 있습니까? 아닙니다. 충분히 하나님도 아십니다. 하나님이 먼저 아십니다. 그래서 사도 요한은 성령 하나님 안에서 미래를 본 것입니다. **계1:10** 그럼 하나님은 창세전에 창세후에덴의 죄악을 모르실 수 있습니까? 아닙니다. 그 또한 충분히 아셨습니다. 그래서 창세전에 그리스도를 구세주로 먼저 택하시고 그리스도 안에서 자기 백성들을 택하신 것입니다. **엡1:4**

그래서 인류사의 과거와 현재 미래를 모두 아시는 하나님은 모든 일을 합력하여 선을 이루시는 분입니다. **롬8:28** 모르시면 절대로 합력하여 선을 이룰 수가 없습니다. 심지어 우리는 예고 없이 하나님을 깜짝 놀래키는 서프라이즈조차도 하지 못합니다. 하나님은 그마저도 이미 아십니다.

그러나 인간은 완전한 현재를 누릴 수 없습니다. 인간은 "현재"라는 단어를 말할 때 "현" 자를 먼저 말하고 이어서 "재"라는 단어를 말을 할 때 이미 "현" 자는 과거가 되어 있기 때문입니다. 그래서 아인슈타인은 "인간이 빛의 속도로 여행하면 완전한 현재를 누릴 수 있다."고 말한 것입니다.

그러므로 빛 되신 하나님은 피조 세계의 모든 과거와 현재와 미래를 항상 완전한 현재 안에서 바라 바라보십니다. 이를 흔히 4차원이라고 하지만

그러나 그 4차원조차도 창조주 하나님이 만드신 세계입니다. **창1:1, 골1:16**

그러므로 하늘과 땅에서 일어나는 모든 일들은 하나님의 주권과 섭리 안에서 허용된 범위 안에서만 일어나는 것입니다. 주님으로부터 세상 신이라 불렸던 사단도 세상 사람들에 대하여 제한된 범위 안에서만 권세를 가지고 있었습니다. 그러므로 하늘과 땅에서 일어나는 무슨 일이든 하나님의 주권과 섭리의 뜻을 벗어날 수 없습니다.

만약에 창조주 하나님의 주권과 섭리를 벗어나는 것이 가능하다면 하나님은 하늘과 땅을 창1:2 이전으로 완전히 소멸하셨을 것입니다. 마치 사람이 어떤 물건을 만들고 자기 뜻대로 움직이지 않으면 다시 폐기하듯이 말입니다. 그래서 창세전에 영생주시기로 택하신 성도들의 구원이 안전하다는 것입니다.

그래서 성경을 해석할 때 하나님의 전지전능을 어떤 물리적 세계에 나타나는 능력으로만 한정적으로 생각하고 성경을 해석하면 큰 착오를 일으킵니다. 그러므로 인류 역사를 요약하자면 하늘 하나님의 말씀인 성경 말씀이 하늘과 땅을 통일 이루신 그리스도 안에서 이 땅에 이루어지는 역사입니다. **마5:18** 그래서 그렇게 되기를 기도하라는 것이 바로 주기도문입니다.

아버지의 나라와(**천국**) 뜻이(**계시된 말씀**) 하늘(**성경 말씀**)에서와 같이(**엡 1:10의 그리스도 안에서**) 땅에서도 이루어지는 것입니다. **마6:10** 그래서 해 아래 땅에는 새 것이 없습니다. 모든 것은 해위 하늘에서 출발한 것입니다. 전1:9 결국 요1:1의 태초에서 창1:1의 태초가 비롯된 것이며 창1:1이 하늘과 땅이 결국 계시록 21:1-5의 새 하늘 새 땅으로 만물이 새롭게 되는 역사입니다.

그러므로 하나님은 스스로 성경 말씀을 거스르지도 않으시며 거스를 수도 없습니다. 이는 하나님 스스로를 창조주 되심을 부인하는 것이 되기 때문입니다. 하나님은 성자 예수 안에서만 자신을 계시하셨고, 성자 예수는 오직 성경 말씀 안에서만 자신을 계시하셨기 때문에, 하나님이 성경을 거스르신다면 이는 하나님 존재 자체를 부정하는 것이 되기 때문입니다. 눅24:44, 요5:39

그래서 성경에 기록된 전지전능하신 하나님의 창조 섭리와 질서는 조금도 변하지 않습니다. 둘째 아담 예수께서 부활의 몸으로 장차 새 하늘 새 땅에서 사시려고 계시는 한, 하나님은 땅을 포기하지 않으십니다. 하나님이 만약에 이 땅을 포기하셨다면 처음부터 독생자 예수를 이 땅에 보내지 않으셨습니다.

그래서 하나님이 사람을 통하여 이 땅을 다스리시기로 하신 대리인이 아담이었습니다. 아담을 하나님의 형상으로 지으셨습니다. 하나님의 영광으로 지으셨다는 것입니다. 하나님은 아담의 아버지이셨습니다. 그래서 아버지의 그러하심같이 아들도 그러하도록 지으셨습니다. 창1:26, 사43:7, 눅3:38, 마5:48

그러나 모두가 동의하는 대로 아담의 반역으로 하나님은 독생자 예수를 참 사람의 둘째 아담으로 하늘에서 이 땅에 보내시어 첫 아담 안에서 죄 인된 자기 백성을 죄에서 구원하여 그들을 통하여 다시 하늘에서 땅을 다스리시므로 하나님 창조 섭리의 영원한 작정이 성취되는 것입니다.

고전15:45 기록된 바 첫 사람 아담은 생령이 되었다 함과 같이 마지막 아담은(예수 그리스도) 살려 주는 영이 되었나니

그러므로 교회란 머리되신 예수 그리스도의 몸을 세워 가는 곳입니다. 예수 그리스도의 몸 된 지체로 부름 받은 성도들이 하나로 모여 각자 받은 달란트로 서로 봉사하고 헌신하여 그리스도의 몸을 세워 가며 기도로써 교회 머리 되신 예수 그리스도의 다스림으로 하나님의 뜻을 이 땅에 이루어 가는 곳입니다. **엡4:11-13**

그리고 하늘의 하나님이 예수 그리스도 안에서 이 땅 그의 몸 된 교회를 통하여 세상을 다스리고 이루시고자 하는 것은 세상의 부와 번영이 아니라, 아담과 노아에게 명하신 창1:28과 창9:1을 이루어 가시는 것입니다. 그들에게 명하신, 생육하고 번성하여 땅에 충만하게 하시는 것입니다.

아브라함에게 하신 약속을 하나님이 예수 안에서 그의 몸 된 교회를 통하여 하나님의 신실하심으로 이루어 가시는 것입니다.

창22:17 내가 네게 큰 복을 주고 네 씨가 크게 번성하여 하늘의 별과 같

그리스도의 형상으로 재창조된 하나님의 자녀들로 온 땅을 충만하게 하여 머리 되신 그리스도를 통하여 다스리시는 것입니다. 이 땅에 아담이 세우려다 반역의 죄악으로 세우지 못한 주님의 왕국을 세우는 것입니다. 그래서 자기 백성들을 죄에서 구원하신 것입니다. 이 땅에 그의 몸 된 하와들을 통하여 천국 복음으로 생육하고 번성하여 주님이 왕이 되시는 왕국을 건설하는 것입니다.

온 땅을 하나님께 순종의 삶으로 예배하는 성소를 만드는 것입니다. 그래서 모든 성도들이 왕 같은 제사장이 된 것입니다. **벧전1:9** 그러므로 땅에서 난 첫 사람 아담에게 명하신 사명을, 하나님은 지금 하늘로 난 둘째 사람, 둘째 아담 예수 안에서 그의 몸 된 지체들을 통하여 하나님이 직접 예수 안에서 창1:28과 9:1과 22:17을 이루어 가시는 것입니다.

> **빌2:13** 너희 안에서 행하시는 이는 하나님이시니 자기의 기쁘신 뜻을 위하여 너희에게 소원을 두고 행하게 하시나니
> **빌1:6** 너희 안에서 착한 일을 시작하신 이가(하나님) 그리스도 예수의 날까지 이루실 줄을 우리는 확신하노라

왜 그렇습니까? 새 하늘 새 땅 영원 천국에서는 시집가고 장가가지 않기 때문입니다. **마22:30** 그래서 이 땅에서 생육하고 번성해야 합니다. 이것이 선교와 복음 전도의 이유입니다. 허다한 무리의 천국 백성들을 이

땅에서 모두 성령으로 거듭난 사람들로 채워야 하기 때문에 이 땅에서 영혼 구원이 이루어져야 합니다.

아담이 하와의 몸을 빌려 생물학적으로 생육하고 번성해야 했듯이, 둘째 아담 예수 역시도 자신의 몸으로 이룬 십자가의 도를 통하여 둘째 하와인 교회의 몸을(전도) 통하여 지금도 생육하고 번성하여 온 땅에 충만하게 하고 있습니다. 그래서 그리스도를 닮은 허다한 무리들로 온 땅을 충만하게 하십니다.

> 고전4:15 그리스도 안에서 일만 스승이 있으되 아버지는 많지 아니하니 그리스도 예수 안에서 내가 복음으로써 너희를 낳았음이라
>
> 약1:18 그가 그 피조물 중에 우리로 한 첫 열매가 되게 하시려고 자기의 뜻을 따라 진리의 말씀으로 우리를 낳으셨느니라
>
> 계19:1 이 일 후에 내가 들으니 하늘에 허다한 무리의 큰 음성 같은 것이 있어 이르되 할렐루야 구원과 영광과 능력이 우리 하나님께 있도다

그래서 이 땅 모든 교회들의 선교와 복음 전도와 영혼 구원과 양육의 중요한 목적이 바로 이것입니다. 하나님이 둘째 아담 예수 안에서 둘째 하와 교회를 통하여 예수를 닮은 많은 아들들로 창1:28을 이루어 가시는 것입니다. 진리의 말씀으로 생육하고 번성하여 그리스도를 닮은 허다한 무리들로 온 땅을 충만하게 하는 것입니다. 이것이 전도와 선교의 목적입니다.

히2:10 그러므로 만물이 그를 위하고 또한 그로 말미암은 이가 많은 아들들을 이끌어 영광에 들어가게 하시는 일에 그들의 구원의 창시자를 고난을 통하여 온전하게 하심이 합당하도다

그러므로 견해가 다를 수 있지만 십자가 복음과 천국 복음과 성경의 모든 주제는 결국 창1:26-28의 문화명령을 하나님의 신실하심으로 둘째 아담 예수를 통하여 하나님이 이루어 가시는 과정입니다. 그래서 결론은 둘째 아담 예수와 둘째 하와 성도들이 새 하늘 새 땅에서 부활의 몸으로 예수와 함께 다시 새 출발하는 것입니다. 이것이 성도들의 마지막 종착지이자 이 땅에 이루어지는 영원 천국입니다.

영원 천국에 대한 다른 견해가 있는데, 물론 그것도 존중되어야하고 저역시도 존중합니다. 그러나 그것은 앞서 말한 대로 하나님의 전지전능을 잘 몰라서 그렇습니다. 사랑이 하나님의 본질이라면 하나님은 절대로 땅을 포기하지 않으십니다. 사랑은 하나를 이루는 본질이기 때문입니다. 하나님이 이 땅을 포기하셨다면 처음부터 독생자 예수를 이 땅에 보내지 않으셨습니다. 그래서 이것은 하나님이 땅을 포기하지 않으시고 오히려 예수 안에서 세상을 사랑하신다는 시그널입니다. 요3:16 그래서 영원 천국은 그 어디가 아니라, 우리가 사는 바로 이 땅입니다. 이 땅이 그날에 영원 천국으로 다시 새롭게 리셋 되는 것입니다.

그래서 새 하늘 새 땅 새 에덴에서 둘째 아담과(예수) 둘째 하와가(성도) 새 출발합니다. 그래서 만물을 새롭게 하신다는 것입니다. 계21:5 지금 우

리가 사는 이 땅에서 죄의 원흉인 사단마귀와 그를 따르는 세력들과 예수의 왕 되심을 거부하는 불신자들을 모두 제거하면 이 땅이 바로 그날에 새 하늘 새 땅의 영원 천국이 되는 것입니다.

우리는 천국에 대한 잘못된 환상을 버려야 합니다. 사람들은 천국을 금은보화 같은 온갖 보석들로 가득하고 심지어 모든 길은 황금 길이며 우리는 손 하나 까딱 안 해도 입에 밥 들어오고 천국은 날마다 모여서 찬양하고 예배드리며 지내는 줄 압니다.

그러나 견해가 다를 수도 있지만 지금 세상의 각 나라마다 수도가 있듯이 천국의 도성을 중심으로 어느 특정 지역은 그렇게 화려할 수 있지만 그러나 수억 명이(**에덴에서부터 지금까지 그리고 앞으로 구원 얻을 자들의 저의 생각**) 함께 사는 영원 천국은 가시덤불과 엉겅퀴가 전혀 없고 환경오염이 전혀 없는 상태의 지구와 큰 차이가 없는 줄 압니다. **창3:18**

천국의 본질은 예수 안에서 하나님과 영원한 교제가운데 함께 동행하며 사랑과 공평과 정의라는 천국의 질서 안에서 참 평안과 희락과 의가 있는 하나님 나라가 천국의 본질이지 온갖 보석으로 꾸민 화려함이 천국의 본질은 아닙니다. 천국은 저마다 받은 달란트로 하나님 아버지의 영광으로 사는 곳입니다.

롬14:17 하나님의 나라는 먹는 것과 마시는 것이 아니요 오직 성령 안에 있는 의와 평강과 희락이라

미6:8 사람아 주께서 선한 것이 무엇임을 네게 보이셨나니 여호와께서 네게 구하시는 것은 오직 정의를 행하며 인자를 사랑하며 겸손하게 네 하나님과 함께 행하는 것이 아니냐

그래서 성경을 조금 깊게 보시면 우리가 장차 부활의 몸으로 사는 영원 천국에서는 노동도 하며(일) 농사짓고 **창2:15** 생산하며 건설업도 한다는 것을 알 수 있습니다. **사65:17-25** 천국에서 건설업을 한다면 그로인하여 많은 관련된 사업들도 동시에 이루어지는 곳입니다. 그리고 길이 온통 황금 길이면 결국 발바닥만 아플 뿐입니다.

그래서 신앙이란 외적인 화려함이 우선이 아니라 진실한 마음의 믿음에서 나오는 내적인 관계라는 것입니다. 춤추고 노래하고 박수 치는 외적인 것이 본질이 아니라 먼저 진실한 믿음에서 나오는 주님과의 깊은 관계가 신앙의 본질이라는 것입니다. 그래서 신앙은 행위가 먼저가 아니라 관계가 먼저입니다.

그러므로 예수님이 주님으로서 다스리시는 천국 복음이 땅 끝까지 전파되면 예수님은 반드시 오시어 세상을 심판하십니다. 심판이란, 예수님이 왕으로 주님으로 다스리신다는 천국 복음을 듣고서도 예수님의 다스림을 거부하며, 스스로 살겠다는 죄인들과 예수를 주님으로 섬기는 의인들을 분리하는 것입니다.

마24:14 이 천국 복음이 모든 민족에게 증언되기 위하여 온 세상에 전

영원한 복음 천국 복음

그러므로 창조와 새 창조는 하나님의 전문 분야입니다. 고기도 먹어본 사람이 잘 먹듯이 처음 만드실 때보다 두 번째가 훨씬 더 수월합니다. 하나님은 본질상 공평과 정의를 이루심보다 불법과 불의를 행하심이 더 힘드시며, 사랑하는 것보다 미워하시는 것이 더 힘드시며, 복 주시는 것보다 저주하시는 것이 더 힘드시며, 용서하시는 것보다 원수 갚는 것이 더 힘드시며, 만물을 새롭게 하시는 것보다 만물을 파괴하는 것이 더 힘드시고 어려워하시는 분이십니다.

그래서 하나님은 장차 새 하늘 새 땅을 우리가 상상할 수 없을 정도로 훨씬 더 풍성하고 아름답게 만드실 것입니다. 하나님의 창조 섭리에 원수마귀는 방해는 할 수 있어도 창조 섭리의 원뜻은 거역할 수 없습니다. 그러므로 하나님은 종말에 세상을 파괴하시는 것이 아니라 세상을 구원하시는 것입니다. 만물을 새롭게 회복하시는 것입니다. 요3:17, 12:47, 계 21:5 우리를 세상으로부터 구원하시는 것이 아니라 세상을 구원하시는 것입니다.

세상에 사는 원수마귀와 그를 따르는 세력들을 심판하시는 것입니다. 죄인들과 의인들을 분리하는 것입니다. 창1장의 "처음 하늘과 땅"은 사단의 방해가 있던 세상이었으나 이제 하나님께서 사단과 어둠의 세력들을 완전히 심판하심으로써 하나님의 창조 세계가 사단의 영향력으로부터 완전히 벗어나서 하나님의 완전한 다스림이 회복된 곳이 바로 "새 하늘

새 땅" 영원 천국입니다. 계21:1-5

그래서 이 땅이 결국 새 하늘 새 땅 새 에덴으로 재창조되며, 또한 이 땅에서 우리 부활의 육체가 나옵니다. 땅은 정직합니다. 콩 심은 데서 콩 나고, 팥 심은 데서 팥이 납니다. 먼저 육체의 죽음으로 썩어질 육체로 땅에 심으면 그날에 썩지 아니하는 영원한 육체로 납니다. 고전15:53-54

그래서 에덴의 하와가 아담과 함께 공동으로 에덴동산을 다스림같이 둘째 하와인 성도들 역시도 둘째 아담 예수와 함께 새 에덴동산을 함께 공동으로 다스립니다. 그러므로 성도들의 구원의 완성은 몸의 부활까지입니다. 백 년도 살지 못하는 이 몸으로는 영원히 살지 못하기 때문입니다. 그래서 여기까지가 예수님의 사명입니다. 요6:40, 빌3:21

그렇습니다. 복음이란? 한마디로 정의하면 에덴의 죄악으로 하나님의 다스림이 단절된 것이 둘째 아담 예수 안에서 그 다스림이 회복되는 것입니다. 이것이 이 땅에 임한 천국 복음이며 예수님이 전하신 복음도 바로 이것을 전하신 것입니다. 그래서 예수님이 하늘과 땅 만왕의 왕, 만주의 주 되심을 선포하는 것이 바로 천국 복음입니다. 찬송가 38장

그러므로 천국은 소망하는 것이 아니라 먼저 선언하고 선포하는 것입니다. 이미 내 안에 예수 안에서 이루어졌기 때문입니다. 예수 안에서 하늘과 땅이 이미 통일을 이루었기 때문에 천국은 소망하는 것이 아니라 먼저 선언하고 선포하는 것입니다.

영원한 복음 천국 복음

하늘은 육체가 없으므로 발설하지 않는 말씀의 세계입니다. 그러나 땅은 육체를 입었으므로 발설하는 말씀의 세계입니다. 태초에 하늘에 발설하지 않는 하나님지혜의 말씀이 이 땅에 발설하는 말씀으로 오시려고 육신을 입으신 분이 예수 그리스도이십니다. 요1:1, 14, 창1:3

그래서 하늘의 발설하지 않는 말씀을 땅에 발설함으로 또한 그렇게 이루어짐으로 하늘과 땅을 통일 이루셨습니다. 그래서 복음서에 예수님은 그냥 침묵만으로도 바람을 잠재울 수 있었습니다. 막4:39 그러나 제자들이 듣도록 입술을 열어 말씀으로, 눈도 귀도 영혼도 없는 바람을 꾸짖었습니다. 영혼 없는 질병도 꾸짖었습니다. 예수님이 이 땅에서 하신 모든 언행은 하나님을 그대로 나타내시고 보여 주신 것입니다. 요5:19, 8:28, 14:10

사람의 영혼은 하늘의 요소로 지은 바 되고, 입술이 달린 육체는 땅의 요소로 지은 바 되었습니다. 그래서 영혼의 심령 천국을 육체의 입술로 말씀으로 이 땅에 선언하고 선포하는 것입니다.

> 롬10:10 사람이 마음으로 믿어 의에 이르고 입으로 시인하여 구원에 이르느니라

우리가 영적 존재인 원수마귀가 떠나기를 그냥 마음으로 생각만 하고 있다면 떠납니까? 아닙니다. 우리가 성령 안에서 입술을 열어 예수 이름의 권세로 명할 때 떠나는 것입니다.

마12:28 그러나 내가 하나님의 성령을 힘입어 귀신을 쫓아내는 것이면 하나님의 나라가 "이미" 너희에게 임하였느니라

그러므로 우리가 육체를 입고 있는 한, 하늘에서 이루어진 일들을 이 땅에 이루려면 그냥 마음으로 소망하는 것이 아니라 반드시 입술을 열어 소리로 선포해야만 합니다. 그것이 기도입니다.

그럴 때 심령 천국이 육체에 천국화되어 가는 것입니다. 먼저 누룩처럼 내적으로 그리고 작은 겨자씨처럼 외적으로 확장되어갑니다. 마13:31-33 그래서 사람이 마음으로(영적 하늘) 믿어 의에 이르고 입으로(물리적 땅) 시인하여 구원에 이른다는 것입니다. 롬10:10

날마다 진리 안에서 예수와 하나 됨으로 심령 천국을 마음으로 확신하고 입술로 선포할 때 먼저 내 영혼에 의와 희락과 평강으로 반응하며 그로 인하여 나의 육체로 전인격이 천국에 반응하는 것입니다. 이것이 주님이 우리에게 하나님 나라 기쁨과 평강을 주시는 방법입니다.

예수만 믿고 그냥 꿀 먹은 벙어리처럼 가만있어도 기쁘고 평안한 것이 아니라 입술로 심령 천국을 선포할 때 나의 영혼이 의와 평강과 기쁨으로 반응하며 그 기쁨과 평강이 나의 전인격을 사로잡는 것입니다.

롬14:17 하나님의 나라는 먹는 것과 마시는 것이 아니요 오직 성령 안에 있는 의와 평강과 희락이라

> 요15:11 내가 이것을 너희에게 이름은 내 기쁨이 너희 안에 있어 너희 기
> 쁨을 충만하게 하려 함이라
> 요14:27 평안을 너희에게 끼치노니 곧 나의 평안을 너희에게 주노라 내
> 가 너희에게 주는 것은 세상이 주는(천국의 것이므로) 것과 같지 아니하니
> 라 너희는 마음에 근심하지도 말고 두려워하지도 말라

　마음에 근심하지 않고 두려워하지 않으려면 세상의 것이 아닌 천국의 것을 붙들라는 것입니다. 그래야만 항상 기뻐하고 기도하고 감사하는 하나님이 원하시는 성도의 삶이 이루어지는 것입니다. **살전5:16-18** 그러므로 이러한 성도의 삶이 이루어지지 않는다면 성도는 여전히 하늘이 아닌 땅만, 천국이 아닌 세상만, 사후대책이 아닌 노후대책에만, 그의 나라와 그의 의가 먼저 아닌, 먹고 마시고 입는 것만 구하는 것에 열을 올리며 살아가게 될 것입니다.

　예전에 손기철 장로님의 책을 접하고 메모해 둔 왕의 선포기도입니다. (**"왕의 기도"를 적극 추천합니다.**)

> "내가 예수 그리스도의 이름으로, 이곳을 주의 보혈로 덮노라."
> "내가 예수 그리스도의 이름으로, 여기에 하나님의 영광이 임하였음을 선포하노라."
> "내가 예수 그리스도의 이름으로 이곳에 하나님의 나라가 도래하였음을 선포하노라."
> "주의 말씀이 선포될 때에 주의 역사가 일어날 것을 선포하노라"

그래서 저는 설교 전에 항상 이렇게 선포합니다. 이것은 이렇게 해 본 사람만이 압니다.

사랑과 은혜가 풍성하신 아버지 하나님! 이 시간도 예배 가운데 진리의 말씀을 풍성히 나누기를 원합니다. 이 시간도 종이 많이 무지하고 부족하고 연약하고 허물 많은 가운데 섰습니다. 이 시간 예수 보혈의 피로 종의 머리부터 발끝까지 깨끗하고 정결하게 씻어 주시옵소서. 오직 아버지의 뜻하신 바 따라 섰사오니 이 시간도 진리의 종으로 복음의 종으로 하나님 나라, 종으로 성령 충만함으로 붙들고 주장하여 주시옵소서.

보혜사 성령님! 진리의 성령님! 모셔드립니다. 환영합니다. 의지합니다. 더욱 신뢰합니다. 이 시간 종의 입술의 혀를 붙들고 주장하시어 진리의 말씀을 선포하시고 하나님 나라를 선포하시고 예수의 영광을 밝히 드러내시옵소서. 종의 힘이 아니라, 오직 성령의 권세와 능력으로써 말씀이 선포되고 증거되게 하여 주시옵소서.

"내가 예수 그리스도의 이름으로, 이곳을 주의 보혈로 덮노라."
"내가 예수 그리스도의 이름으로, 이곳에 하나님의 영광이 임하였음을 선포하노라."
"내가 예수 그리스도의 이름으로, 이곳에 하나님 나라 천국이 임하였음을 선포하노라."

영원한 복음 천국 복음

"이 시간 예수그리스도의 이름으로, 말씀이 선포될 때 이곳에 놀라운 주의 역사가 일어날 것을 선포하노라." 아멘!

한 심령도 거저 왔다 거저 가게 하지 마시고, 말씀을 전하는 자 듣는 자, 모두 한 성령 안에서 한마음 한뜻으로 하나 되게 하여 주시옵소서. 악한 원수마귀 틈 못 타게 하시오며 거룩하신 우리 구주 예수님의 이름으로 기도드립니다. 아멘!

그렇습니다. 우리가 사는 물리적 세계는 영의 세계를 반영하는 세계입니다. 그래서 땅은 하늘을 반영하는 세계입니다. 땅의 사람은 하늘 하나님을 반영하는 존재입니다. 그래서 영광이자 형상입니다. 그럴 때 영적인 것과 물리적인 것, 하늘과 땅이 하나로 통일을 이루는 것입니다. 마치 영혼의 기쁨과 슬픔을 얼굴이 웃음과 눈물로 반응하여 마음과 몸이 하나를 이루는 이치입니다.

그러므로 먼저 영의 세계에서 이루어진 모든 일들은 입술의 말로 그리고 행동으로 선포하는 것입니다. 그래서 날마다 천국의 실제 되신 예수그리스도 이름으로 내 안에 천국이 임하였음을 선포하는 자기선언이 반드시 있어야 합니다. 그래서 사람이 마음으로 믿어 의에 이르고 입으로 시인하여 구원에 이른다는 것입니다. **롬10:10**

이것을 가볍게 여기면 안 됩니다. 날마다 천국이 임한 자기선언이 있고 그 심령 천국을 의식하고 자각하며 사는 성도에게는 마귀가 만지지 못합니다. **요1서5:11** 왜 그렇습니까? 천국에는 죽음도 질병도 가난도 저주도 마귀도 죄악도 없기 때문입니다. 특히 마귀는 천국에 존재할 수도 존재해서도 존재할 가치도 없는 존재입니다. 그래서 이것이 마귀를 대적하는 또 다른 방법입니다.

> **약4:7** 그런즉 너희는 하나님께 복종할지어다 마귀를 대적하라 그리하면 너희를 피하리라

그래서 창조주 예수 이름의 권세로 천국이 이루어졌음을 선언하는 자기선언을 하면 마귀가 얼씬하지 못합니다. 이것이 영적 세계의 질서입니다. 하나님도 성경을 거스를 수 없지만 마귀도 성경을 거스를 수 없습니다. 문제는 성도들이 그것을 몰라서 마귀가 미혹하는 것입니다.

링컨의 노예해방선언 후에도 시골에서 그 소식을 모르는 흑인들이 여전히 백인의 종 노릇 하듯이 말입니다. 그러므로 성경에 기록된 말씀에 근거하여 마귀를 대적하면 마귀는 반드시 우리를 피합니다. **약4:7-8** 우리가 투명인간을 어떻게 이깁니까? 영적 존재인 원수마귀를 어떻게 이깁니까? 오직 성경에 기록된 하나님의 말씀으로 대적함으로 선포하여 이기는 것입니다.

주님은 이 땅에서 삼중직 즉 선지자, 제사장, 왕직으로 사역하셨습니다. 그래서 설교자는 선지자처럼 죄를 저주하고 고발하며 회개를 선포하고 지옥을 말하는 것이며, 제사장직으로는 중보하고 하나님의 사랑으로

위로하고 격려하며 용기 주고, 사랑과 봉사와 섬김을 말하며, 왕직으로는 하나님의 권세와 능력으로 마귀의 일을 멸하며 이 땅에 임한 하나님 나라인 천국을 선포하는 것입니다. 요1:12, 행1:8

여기서 천국 백성들의 3가지 기도유형이 나오는 것입니다. 먼저는 선지자처럼 세계 선교와 하나님 나라와 그의 의를 위하여 기도하고, 제사장처럼 모든 이들을 위하여 중보기도를 하고 왕처럼 마귀 일을 멸하고 하나님 나라가 임함을 선포하는 기도입니다.

왕의 기도는 요1:12과 행1:8에 근거하여 왕의 권세와 능력으로 이미 완료형으로 하는 선포기도입니다. 하늘은 발설하지 않은 말씀이고 땅은 발설하는 말씀입니다. 땅은 하늘을 선포하고 선언해야 합니다. 그래서 주님은 시작과 끝입니다. 그러므로 성도들의 선포기도는 왕의 권세와 능력으로 이미 완료형으로 그렇게 선언하고 선포하는 것입니다. 왕의 자리는 부탁하는 자리가 아닙니다. 선언하고 선포하는 자리입니다.

베드로 사도는, 우리가 왕 같은 제사장이라 완료형으로 말하고 요한계시록은 왕 노릇 한다고 미래형으로 말합니다. 계20:4, 6 그럼 왕 노릇이 무엇입니까? 전자의 왕 노릇은 이처럼 왕의 권세를 가지고 천국을 선포하며 마귀의 일을 멸함으로써 이루어지는 것입니다. 그럼 후자의 미래형의 왕 노릇은 무엇입니까?

많은 성도들이 왕 노릇 한다고 하면 마치 천국에서 천사들을 자신의 종

부리듯 하는 것으로 착각합니다. 그러나 성도가 장차 왕 노릇 한다는 것은 에덴을 하와가 아담과 함께 다스림같이 둘째 하와인 교회들 역시도 왕이신 예수님처럼 새 하늘 새 땅 새 에덴을 함께 다스리는 것을 말합니다. 죄가 없는 의에 나라인 천국에서 누가 누구를 다스립니까?

그래서 천국의 다스림은 섬김을 말하는 것입니다. 에덴에서 하와가 아담을 섬기고 아담이 하와를 자신의 몸처럼 아끼고 섬김같이 천국 역시도 섬김 그 자체가 바로 다스림입니다. 섬김이 왕 노릇입니다. 그래서 만왕의 왕이신 예수님은 섬김의 왕으로 오신 것입니다. **마20:28**

그러므로 천국에 구호가 하나 있다면 그것은 "하나는 전체를 위하고 전체는 하나를 위하여"란 구호가 맞을 것입니다. 한 분 예수 그리스도는 전체 교회를 위해서 존재하며 전체 교회는 한 분 예수 그리스도를 위하여 존재합니다. 머리는 몸을 위하여 존재하고 몸은 머리를 위하여 존재합니다.

고전6:13 …몸은 음란을 위하여 있지 않고 오직 주를 위하여 있으며 주는 몸을 위하여 계시느니라

천국은 나를 통하여 나를 보는 것이 아니라 너를 통하여 나를 보는 곳입니다. 너의 눈 속에서 나를 보는 곳이 천국입니다. 내가 있으므로 너가 있는 것이 아니라, 너가 있으므로 내가 존재하는 곳입니다. 그래서 주님이 가르쳐 주신 주기도문의 주어는 나도 아니고 너도 아니고 "우리"입니다. 우리가 6번 들어갑니다. 그런 의미에서 주기도문은 중보기도이지 개

인기도가 아닙니다. 천국에는 개인주의가 있을 수가 없습니다.

그러므로 하나님 나라인 천국은 사랑의 나라입니다. 사랑이란 단어는 혼자서는 성립될 수 없는 단어입니다. 그래서 나의 사랑을 너에게 반영하여 너를 통하여 나를 보므로 우리가 이루어지는 곳입니다. 천국의 사랑은 자신의 유익을 구하지 않습니다. **고전13:5** 어느 노래 가사처럼 당신의 눈 속에 내가 있고 내 눈 속에 당신이 있을 때 그것이 바로 천국 백성의 사랑입니다.

그러므로 에덴의 하와가 아담의 돕는 배필이라 함은 하와가 밥하고 빨래하고 아이 낳고 살림하는 돕는 배필이 먼저가 아니라, 먼저는 하나님의 형상으로 지음 받은 아담 안에 있는 사랑을 하와에게 반영하여 하와를 통하여 아담 자신을 보는 것입니다. 그러므로 주님은 바로 이러한 범주 안에서 천국 백성들의 삶을 가르치셨습니다. 그래서 성경에서 천국과 지옥을 가장 많이 언급하신 분도 바로 예수님이십니다.

그런데 여기서 중요한 것은 앞에서 말한 선지자적 설교도, 제사장직 설교도, 결국의 종착지는 하나님 나라인 천국입니다. 오늘날 한국 교회의 위험한 것이 바로 이것입니다. 죄를 저주하고 고발하며 회개를 선포하는 선지자적 설교와 마귀의 일을 멸하며 이 땅에 임한 천국을 선포하는 왕 같은 설교는 온데간데없고 오직 십자가와 제사장 설교에만 함몰되어 좋은 게 좋다는 식으로 전하며 천국은 죽어서 가는 곳으로만 가르칩니다.

그래서 그런 설교를 들은 성도들이 하늘이 아니라 결국 땅만 바라보고 소망하며 사는 것입니다. 들은 대로 반응하는 것입니다. 그러므로 천국 복음 없는 십자가 복음은 결국 성도를 율법주의로 인도합니다. 천국 복음은 주님이 나를 통하여 사랑의 새 계명을 이루어 가지만 십자가 복음은 내가 스스로 율법이 요구하는 사랑을 이루며 살아가는 율법주의로 인도합니다. 이것이 십자가 복음의 한계입니다.

그래서 천국 복음은 항상 주님의 다스림으로 바른 관계를 중시하지만 십자가 복음은 내가 죄를 지었는지 안 지었는지 또는 내가 죄 사함 받았는지 나를 중시합니다. 오늘날 한국 교회가 유럽 교회의 몰락을 보고 그 심각성을 깨닫고 회개하자 말씀으로 돌아가자 온갖 구호를 외치지만 그러나 십자가로 이룬 천국 복음으로 돌아가기 전에는 공허한 메아리일 뿐입니다.

제 아무리 성경으로 백 번 돌아가도 천국 복음으로 돌아가기 전에는 교회 개혁이 안 됩니다. 왜 그렇습니까. 앞에서 말했듯이 십자가 복음을 받은 사람들의 한계 때문입니다. 십자가 복음으로 구원을 받아도 그들의 생각은 하늘이 아니라 여전히 땅에 머무를 수밖에 없기 때문입니다. 골3:2

문제는 성도들이 땅이 아니라 하늘을 소망하게 만들어야 하는데 십자가 복음은 우리를 땅에만 머무르게 하기 때문입니다. 그래서 성도들이 사후대책이 아닌 노후대책에만 열을 올리고 땅만 바라보고 사는 것입니다. 천국 백성에 대한 자의식이 없는데 어떻게 세상 사람과 구분된 삶이

영원한 복음 천국 복음

나오겠습니까? 그래서 오늘날 교회가 신앙인들을 길러내지 못하고 종교인들만 양산하고 있습니다.

그러므로 복음 전도자들은 세례 요한과 주님의 공생애 첫 외침인 "회개하라 천국이 가까이 왔느니라."에서 회개하라고만 전할 것이 아니라, 회개함으로 우리 안에 천국이 임한 것을 가르쳐야 합니다. 그래서 십자가에 달려 죽으신 예수만 바라보게 할 것이 아니라, 부활 승천하시어 하늘과 땅 모든 권세를 가지고 성령으로 지금 우리 안에 오시어 날마다 나와 교제 가운데서 나를 다스리기 원하시는 왕 되신 예수를 바라보게 해야 합니다. 그리고 이러한 상태가 바로 천국이란 것을 가르쳐야합니다. 그래서 그 천국을 날마다 선언하고 이루고 누리며 침노당하지 않고 사수하도록 가르치는 것이 주의 종들의 사명입니다. **마28:20**

그러므로 천국 복음이란? 십자가 복음에서 무엇을 더하고 빼는 것이 아니라 예수 십자가로 이루신 우리 안의 심령 천국을 날마다 선언하고 의식하며 그 심령 천국을 어떻게 날마다 이루고, 누리고, 전하고, 침노당하지 않고 사수하는지가 천국 복음의 핵심 관건입니다. 여기서 성도의 성화와 믿음의 선한 열매와 날마다 승리의 삶이 결정되는 것입니다. 그러므로 천국 복음 없는 십자가 복음은 거짓이며 반대로 십자가 복음 없는 천국 복음 역시도 거짓입니다.

계1:5-6 5. …우리를 사랑하사 그의 피로 우리 죄에서 우리를 해방하시고
6. 그의 아버지 하나님을 위하여 우리를 나라와 제사장으로 삼으신 그에

게 영광과 능력이 세세토록 있기를 원하노라 아멘

찬송가 38장 예수 우리 왕이여 이곳에 오셔서 우리가 왕께 드리는 영광을 받아주소서…예수 우리 주시여 이곳에 오셔서 우리가 주께 드리는 찬양을 받아주소서… **찾아서 끝까지 불러 보시기 바랍니다.**

천국 됨, 천국 이룸, 천국 침노, 천국 누림

눅17:20-21 20. …예수께서 대답하여 이르시되 하나님의 나라는 볼 수 있게 임하는 것이 아니요 21. 또 여기 있다 저기 있다고도 못하리니 <u>하나님의 나라는 "너희 안에" 있느니라</u>

마12:28 그러나 내가 하나님의 성령을 힘입어 <u>귀신을 쫓아내는 것이면 하나님의 나라가 "이미" 너희에게 임하였느니라</u>

눅11:20 그러나 내가 만일 하나님의 손을 힘입어 <u>귀신을 쫓아낸다면 하나님의 나라가 "이미" 너희에게 임하였느니라</u>

먼저 성경에서 천국을 다섯 가지 개념으로 말하고 있습니다.

1. 이 땅에 육신의 몸을 입고 오신 예수님 자신이 천국입니다. **마4:17**
2. 오순절 날 성령과 함께 영으로 오신 예수님이 천국입니다. **마16:28, 요 14:20, 고후13:5**
3. 성령 안에서 예수와 함께 사는 성도의 심령이 천국입니다. **눅17:21, 마 12:28, 눅11:20**
4. 천년왕국이 천국입니다. **계20:4-6**
5. 새 하늘 새 땅 영원한 하나님 아버지 집이 천국입니다. **계21:1-7**

이처럼 성경에서 천국은 다섯 가지 의미로 말씀하고 있습니다. 그런데 다섯 가지 천국의 공통점은 모두 하나같이 예수와 함께하는 것, 곧 예수 안에서 하나님과 함께하는 것이 바로 천국임을 알 수 있습니다. 그래서 결론적으로 복음에서 정말 중요한 진리는 다른 외부의 그 무엇이 아닌 예수님 자신이 구원이고 임마누엘이며 영생이고 천국이라는 것입니다. 그래서 날마다 예수께 집중하여 예수와 생명의 교제를 갖는 그 자체가 바로 구원이고 임마누엘이며 영생이고 천국이며 다스림이자 순종이며 이는 곧 예배라는 것입니다. 그러므로 먼저 이 땅에서 예수님은 성령 안에서 하나님 아버지와 함께하시므로 천국 되시고 천국의 삶을 사셨습니다.

그래서 먼저 육신의 몸을 입고 오신 예수님 자신이 천국입니다. 마4:17 "회개하라 천국이 가까이 왔느니라." 하심은 예수님 자신이 천국으로 오셨다는 선언입니다. 그래서 사복음서는 육으로 오신 예수님에 대한 말씀입니다. 그리고 부활의 몸으로는 하나님 보좌 우편에 거하시며 영으로는 성령으로 이 땅 성도 안으로 오신 예수님이 천국입니다. 그래서 서신서는 대부분은 영으로 오신 예수님에 대한 말씀입니다.

그러므로 물과 성령으로 거듭나 예수와 하나 된 성도가 천국입니다. 요3:5 천국 되신 예수께서 성령으로 내주하심으로 성령으로 거듭나 예수와 함께 사는 심령이 곧 천국입니다. 그래서 초막이나 궁궐이나 내주 예수 모신 곳이 그 어디나 하늘나라 천국입니다. 찬송가 438 이처럼 천국은 주님과 관계 안에서 임하고 날마다 그 관계 안에서 천국을 이루고 누리는 것입니다.

하나님 나라는 창조주의 나라이므로 전 우주를 포함한 모든 피조 세계가 창조주의 나라이기에 아직은 이 땅에서의 천국이란 성령으로 관계 안에서 통치와 다스림의 의미입니다. 그래서 먼저 천국을 이룬다는 것은 날마다 주님과 관계 속에서 천국의 실제이신 예수 주님의 다스림을 받는 것입니다. 저는 찬송가 38장과 516장을 좋아해서 많이 부릅니다. 38장은 이미 임한 천국이며 516장은 장차 이 땅에 완전하게 임할 주 예수의 나라인 천국을 말하기 때문입니다.

<u>먼저 천국 됨이란?</u> 예수 그리스도 십자가의 도를 믿음으로 회개를 통하여 예수를 영접함으로 성령으로 거듭나 성령 안에서 천국의 실제 되신 예수와 하나 됨이 천국 되는 것입니다. 회개를 통한 우리 심령에 성자 예수의 피 뿌림으로 성령 안에서 하나님의 영광이 임하며, 그 영광이 임한 곳에 천국의 실제 되시는 삼위일체 하나님의 천국이 임하는 것입니다. 눅 **17:20-21**

이것을 쉽게 이야기하면 성경은 구원을 세 가지 의미로 말씀합니다. 먼저 과거형의 구원받았다, 현재형의 구원을 이루라, 미래형의 구원하시리니, 여기서 "구원받았다"는 것은 과거 완료형으로 천국 됨을 말합니다. 성령으로 예수 안에서 하나님의 자녀로서 이미 천국 백성 됨을 말합니다. **엡2:8-9**

그리고 두렵고 떨림으로 너희 "구원을 이루라"는 말은 현재 명령(**진행**)형으로 날마다 성령으로 예수 안에서 하나를 이루는 천국을 이루라는 의미입니다. 세상과 구별된 천국 백성다운 삶을 날마다 유지하라는 것입니다. **빌2:13** 또한 "구원하시리니"는 미래형으로 부활의 몸으로 영원 천국에 들어가서 실제적인 천국을 누린다는 의미입니다. **딤후4:18**

그러므로 천국의 실제 되시는 예수와 성령으로 예수 안에서 하나님과 함께하는 임마누엘 천국 백성의 삶은 죽어서가 아니라 지금 이 땅에서 예수를 믿음으로 성령으로 거듭날 때부터 이미 시작된 것이므로 천국 백성의 삶은 죽어서가 아니라 지금 이 세상에서부터 시작되어야 하는 것입니다.

천국을 이룬다는 것이란? 앞서 말한 천국 됨이란 우리의 그 어떠함이 아니라 오직 하나님의 은혜로 믿음으로 천국 됨이 이루어지는 것입니다. 그러나 하나님 은혜로 우리 안에 천국 됨에서 날마다 천국을 이루고 누리는 것은 전적인 우리 의지에 달린 것입니다. 은혜는 값없이 주시지만 은혜받는 자리까지 나가는 것은 우리 의지라는 것입니다. 그러므로 날마다 천국을 이룬다는 것은 말 그대로 우리 안을 날마다 천국을 이룬다는 것입니다.

여기서 우리의 심령에 천국이 임했다 사라지다를 반복하는 것이 아니라 날마다 자고 나면 우리의 죄성으로 우리 안에 심령 천국이 땅의 것들로 기울어지고 채워져 예수 중심에서 세상 중심, 물질 중심, 자기중심 육의 본성으로 다시 리셋되기 때문입니다. 물론 사람마다 다르게 나타날 수도 있습니다.

영원한 복음 천국 복음

그래서 날마다 하루를 시작하기에 앞서 말씀과 찬송과 기도로써 천국의 실제 되신 예수와 풍성한 생명의 교제를 갖으며 심령에 천국이 임한 것을 의식하고 선포하고 사수해 나가야 하는 것입니다. 여기서 성도의 성화와 승리의 삶이 나오는 것입니다. 성도의 하루는 아침에 주님과 교제 가운데서 그날의 하루가 결정되는 것입니다. 하루의 승리가 심령 천국을 사수하는 데서 결정되는 것입니다. 그러므로 날마다 주님과의 교제를 거부하는 것은 곧 주님의 다스림을 거부하는 것이며 이는 결과적으로 하나님 나라 천국을 거부하는 것이나 마찬가지입니다. 그래서 이것이 성도들의 죄입니다.

잠4:23 모든 지킬만한 것 중에 더욱 네 마음을 지키라 생명의 근원이 이에서 남이니라

오늘은 뜨겁게 예수와 하나를 이루었지만 자고 나면 다시 물질 사랑, 자기 사랑 육의 본성으로 다시 리셋되는 것입니다. 딤후3:2 그래서 하루를 시작하는 아침에 리셋된 것에서 다시 주님과 교제하므로 예수 중심으로 나의 나 됨을 주님께 돌려드리는 것입니다. 이것이 성도가 하는 일 중에 가장 위대한 일입니다.

나의 나 됨을 부인하고 나를 천국의 실제 되신 예수께 돌려드리는 것, 이것이 예수를 나의 주님으로 왕으로 인정하고 모셔드리는 것입니다. 그래서 성도는 하나님 나라 천국 백성답게 하나님 나라의 왕에 대한 인식과 "나의 왕 나의 주 예수님"이란 고백이 날마다 아침마다 반드시 있어

야 합니다. 날마다 내 안에 주님의 왕국을 가장 먼저 세워야 합니다. 그래서 저는 아침마다 찬송가 93장 "예수는 나의 힘이요 내 생명 되시니"를 "예수는 나의 왕이요 내 주님 되시니…" 1~4절 모두를 부릅니다.

그래서 천국을 이룬다는 것을 구체적으로 말하면 먼저 우리 안을 날마다 "천국화"하라는 말입니다. 먼저 우리 안에 천국에는 없으나 그러나 우리 안에 더럽고 음란하고 악하고 부정한 것들이 들어올 때는 주저 말고 선포기도로 저주하고 쫓아내라는 것입니다. 그럼 천국에는 없는데 우리 안에 있는 것이 무엇이 있습니까? 천국에는 죄와 저주와 죽음과 질병과 가난도 없습니다.

그래서 먼저 우리가 이러한 것들은 성령 안에서 이미 받았습니다. 우리는 예수를 믿음으로 구원을 받았고(**죄와 저주에서 구원**) 영생을 받았고(**죽음에서 승리**) 부활을 받았으며(**질병에서 승리**) 하나님 자녀로 천국의 상속자가 됨으로(**가난에서 승리**) 모든 죄와 저주와 죽음과 질병과 가난에서 구원받았습니다.

뿐만 아니라 천국에는 불순종, 교만, 죄, 불법, 불의, 폭력, 자기 사랑과 물질 사랑, 투기와 거짓말, 미움, 다툼, 시기, 질투, 분냄, 증오와 저주, 음란, 탐욕, 육체의 정욕 같은 것들이 전혀 없습니다. 그러므로 우리 안에 이러한 것들이 들어왔을 때 없애 달라고 기도를 하는 것도 중요하지만 그러나 우리 안에 천국이 이루어진 이상, 예수 이름으로 선포하므로 저주하고 쫓아내라는 것입니다. 우리가 천국 백성으로서 그냥 죄를 안 지으려는 것은 소극적인 대처이고 그러나 죄가 나타날 때 적극적인 대처는 죄의 자리를 멀리 떠나고 죄를 저주하고 경멸해야 하는 것입니다.

"내가 예수 이름으로 명하노니 내 안에 더럽고 추한 음란한 것들은 떠나갈지어다." "내가 예수 이름으로 명하노니 천국에는 죽음도 질병도 가난도 저주도 물질의 채무도 없음을 선포하노니 나를 짓누르는 이 가난의 저주야! 물질의 채무야! 이 더러운 질병아! 천국 된 내게서 썩 떠나갈지어다!" 하고 예수의 큰 믿음으로 나에게 해당되는 것들을 적극적으로 저주하고 선포하라는 것입니다. 그래서 천국에는 없는 것들인데 이러한 것들이 내 안에 들어오거나 있다면 믿음으로 선포하고 쫓아내라는 것입니다. 마치 예수님이 영혼도 눈도 귀도 없는 바람을 말씀으로 꾸짖듯이 우리도 말씀으로 꾸짖어 내 안에서 쫓아내라는 것입니다. 죄 자체는 영혼이 없지만 그러나 죄 뒤에는 항상 어둠의 영의 역사가 있기 때문입니다.

> 마12:28 그러나 내가 하나님의 성령을 힘입어 귀신을 쫓아내는 것이면 하나님의 나라가 "이미" 너희에게 임하였느니라
> 눅11:20 그러나 내가 만일 하나님의 손을 힘입어 귀신을 쫓아낸다면 하나님의 나라가 "이미" 너희에게 임하였느니라

말씀처럼 귀신을 단순히 귀신 하나로만 보지 마시고 그 어둠의 영으로 인하여 우리 안에 들어온 어둡고 우울하고 더럽고 음란하고 추한 것들 역시도 창조주 예수 이름의 권세로 쫓아내라는 것입니다. 또한 날마다 천국을 이룸에서 중요한 것은 말씀의 순종과 불순종입니다. 에덴 천국이

불순종으로 저주를 받은 것처럼 우리 안에도 말씀 순종이 천국을 이루는 것이며, 또한 말씀에 불순종하는 것이 천국을 침노당하는 것입니다. 그러므로 말씀의 순종과 불순종은 내 안에 천국을 이루는 데 참으로 중요한 요소입니다.

하나님 나라는 사랑과 공평과 정의 가운데 세워진 나라입니다. 그래서 천국의 보좌 두 기둥은 공평과 정의입니다. 그러므로 하나님의 말씀인 성경에서 성도들에게 요구하는 모든 것은 하나님의 성품이자 곧 사랑과 공평과 정의입니다. 그래서 율법이 요구하는 것은 사랑과 공평과 정의입니다. 그러므로 하나님이 하지 말라는 것을 하는 것도 불순종이지만 그러나 하라는 것을 하지 않는 것도 불순종입니다.

그래서 말씀 순종은 내 안에 천국을 이루는 가장 중요한 요소입니다. 천국에는 불순종이 없기 때문입니다. 하나님 앞에서는 불순종 자체가 죄입니다. 아담의 선악과는 하나님 앞에 불순종 그 자체였습니다. 불순종이 죄입니다. 죄는 우리와 천국의 실제 되신 하나님 사이를 가로막는 가장 큰 장애물입니다. **사59:1-2**

그리고 반대로는 천국에는 있으나 그러나 내 안에는 없거나 부족한 선한 것들은 기도와 간구로 성령 안에서 예수를 향유하고 소유하라는 것입니다. 사랑과 희락과 화평과 오래 참음과 자비와 양선과 충성과 온유와 절제 같은 성령의 9가지 열매를 비롯하여 순종과 믿음과 섬김 같은 우리 안에 없는 선한 것들을 적극적으로 기도하고 구하라는 것입니다. 그럴

때 성령 주시기를 기뻐하시는 하나님께서 우리가 사용할 것을 넉넉히 채워 주십니다. 마6:33

> **고후9:8** 하나님이 능히 모든 은혜를 너희에게 넘치게 하시나니 이는 너희로 모든 일에 항상 모든 것이 넉넉하여 모든 착한 일을 넘치게 하게 하려 하심이라

하나님 나라의 모든 선한 은사는 성령 하나님의 뜻을 따라 나누어 주십니다. 하나님은 그리스도의 몸 된 교회를 섬기는 데 필요한 모든 선한 은사들을 후히 주시기를 기뻐하십니다. 문제는 우리가 구하지 않아서 받지 못하고 누리지 못하는 것입니다. 구하시면 하나님은 주시기를 기뻐하십니다.

> **고전12:11** 이 모든 일은 같은 한 성령이 행하사 그의 뜻대로 각 사람에게 나누어 주시는 것이니라

이처럼 나의 심령이 예수 안에서 천국 됨에서, 날마다 천국을 이루는 것은 이와 같은 것입니다. 날마다 말씀과 찬송과 기도로 주님과 풍성한 생명의 교제 가운데서 내 안에 심령 천국을 이루는 것입니다. 그리고 그 천국을 날마다 의식하고 선포하고 전하는 것입니다. 그래서 날마다 그 천국을 전하며 살 때 우리 안에 심령 천국은 더욱 구체화될 것입니다. 이렇게 딱 3일만 살아 보시면 이것이 거짓인지 참인지는 스스로 아실 것입니다.

<u>천국 침노란?</u> 천국은 침노하는 자의 것입니다. 먼저 예수 안에 천국 됨에서 날마다 천국을 이루지 못하고 예전 방식 그대로 세상중심 자기중심으로 산다면 그것은 천국이 아닌 천국을 침노당하는 것입니다. 그래서 살아 있으나 실상은 죽은 자라는 것입니다.

> **계3:16** 네가 이같이 미지근하여 <u>뜨겁지도 아니하고 차지도</u> 아니하니 내 입에서 너를 토하여 버리리라
>
> **계3:3** 내가 네 행위를 아노니 네가 <u>살았다 하는 이름은 가졌으나 죽은 자로다</u>

위의 말씀은 예수를 안 믿는 불신자들에게 하신 말씀이 절대 아닙니다. 예수를 믿는다는 그래서 예수의 이름을 가진 사데 교회 성도들에게 하신 말씀입니다. 그들이 살았다 하는 이름인 예수의 이름을 가졌으나 그들의 행위로는 실상은 죽은 자라는 것입니다. 그래서 그들 역시도 외적으로는 천국 백성된 것처럼 보이나 그러나 저들의 심령은 천국이 침노당한 채로 살아간 것입니다. 문제는 이러한 심각한 것을 성도들 본인 스스로도 모른다는 것입니다.

> **마11:12** 세례 요한의 때부터 지금까지 <u>천국은 침노를 당하나니 침노하는 자는 빼앗느니라</u>

그래서 넓은 의미에서 천국이 침노하는 자의 것이란, 하나님의 은혜로 이루어 주신 심령 천국을 우리의 적극적인 의지로 날마다 천국을 이루는

것이 천국을 침노하는 것이며, 또한 그래서 주님은 너희는 먼저 그의 나라와(천국) 그의 의를 구하라고 하신 것입니다. 마6:33 그래서 날마다 예수와 하나를 이루며 천국을 침노당하지 않도록 사수해 나가야 합니다.

잠4:23 모든 지킬만한 것 중에 더욱 네 마음을 지키라 생명의 근원이 이에서 남이니라

이것은 솔로몬이 혼자 하는 독백이 아니라 하나님의 명령입니다. 여기서 마음을 지킨다는 것이 무엇입니까? 어떻게 하는 것이 마음을 지키는 것입니까? 그냥 교회만 잘 다니면 마음이 자동으로 지켜집니까? 아닙니다. 우리 심령에 주님이 이루어 주신 천국을 날마다 의지적으로 지키고 사수하라는 것입니다.

거듭 말하지만 천국을 사수한다는 것은, 우리 심령에 천국이 임했다 사라지다를 반복한다는 것이 아니라, 날마다 자고 나면 우리의 죄성으로 천국이 임한 나의 심령이 세상 것들에 기울어져 세상 중심, 물질 중심, 자기 중심으로 다시 리셋되기 때문입니다.

내 안에 주님이 이루어 주신 천국은 누가 남이 대신 지켜 주는 것이 아닙니다. 오직 나만이 예수 안에서 지킬 수가 있는 것입니다. 그래서 그렇게 사수한 심령 천국에서 날마다 생명과 평안과 기쁨과 주를 향한 뜨거운 열정이 샘솟으며 만남의 복과 형통의 복이 나오는 것입니다. 그러므로 성도는 항상 땅의 것보다 하늘의 것을 바라고 소망하며 살아가야 합

니다. 골3:1-3

오늘날 한국 교회가 왜 세상의 근심거리가 되었습니까? 신자와 불신자가 구분이 안 되는 이유가 무엇입니까? 답은 하나입니다. 그것은 구원받은 성도들이 하늘이 아니라 땅을, 천국이 아니라 세상만 바라보고 살기 때문입니다. 천국은 죽어서만 가는 곳으로 잘못 생각하고 영생의 삶을 외면한 채, 자기 사랑, 물질 사랑으로 육신의 정욕만 채우는 삶에 몰두한 나머지 한국 교회는 세상의 비난을 받습니다.

그래서 CS 루이스는 "오늘날 그리스도인들이 이토록 무기력해진 이유는 그들이 내세에(천국) 대한 생각을 중단했기 때문이라고 말씀했습니다. 그러므로 천국 백성인 성도는 날마다 하루의 시작에 항상 말씀과 찬송과 기도로써 천국의 실제가 되시는 주님과 풍성한 생명의 교제를 가지며 심령에 천국이 임한 것을 의식하고 선포하고 사수해 나가야 합니다. 날마다 하루 시작에 가장 먼저 내 안에 예수의 왕국, 주님의 왕국을 세워가는 것입니다.

"예수 그리스도의 이름으로 나의 몸 머리부터 발끝까지 주의 보혈로 덮노라."
"예수 그리스도의 이름으로, 내 안에 하나님의 영광이 임하였음을 선포하노라."
"예수 그리스도의 이름으로 내 안에 하나님 나라, 천국이 임하였음을 선포하노라."

영원한 복음 천국 복음

"오늘 예수 이름의 기도 가운데 내 안에 놀라운 주의 역사가 일어날 것을 선포하노라."

바로 여기에서 성화와 승리의 삶이 나오는 것입니다. 그래서 성도는 날마다 예수 안에서 이 땅에 임한 하나님의 다스림인 천국을 의식하고 선포하는 가운데 날마다 천국을 사수하는 승리의 삶을 살아야 합니다. 그래서 교회는 행복이나 성공이 아니라 오직 승리입니다. 요한계시록 1-3장에 나오는 일곱 교회의 공통점이 무엇입니까? 하나같이 이기는 자들에게 무엇을 어떻게 해 주신다는 것입니다. 계2:7, 11, 17, 26, 3:5, 12, 21 결국 이기는 자에게 하나님은 그들의 하나님 아버지가 되어 주신다는 것입니다. 그래서 이것은 오늘날 모든 교회들에게 교회 머리 되신 주님께서 하시는 말씀입니다.

계21:7 이기는 자는 이것들을 상속으로 받으리라 나는 그의 하나님이 되고 그는 내 아들이 되리라

그럼 우리가 어떻게 이기고 승리합니까? 무슨 재주로 보이지 않는 죄와 영적 존재를 이길 수 있습니까? 그냥 가만히 지금처럼 지내면 승리가 보장됩니까? 목사님이 장로님이 또는 교회 교리가 나의 승리를 보장합니까? 아닙니다. 그러한 분들은 내 몸 하나도 천국으로 인도하지 못합니다. 그래서 세상을 이기고 승리하신 예수와 날마다 하나를 이루어야 합니다. 그럴 때 머리의 승리가 곧 몸의 승리가 되는 것입니다. 예수 승리가 그와 하나 된 나의 승리가 되는 것입니다. 그래서 이것 말고는 신앙에 정말 답

이 없습니다. 하늘과 땅의 모든 권세를 가지시고 지금 내 안에 나와 함께 하시는 승리하신 예수와 날마다 하나를 이루지 못하면 우리의 승리는 그 누구도 장담하지 못합니다.

요16:33 …세상에서는 너희가 환난을 당하나 담대하라 내가 세상을 이기었노라

롬8:37 그러나 이 모든 일에 우리를 사랑하시는 이로 말미암아 우리가 넉넉히 이기느니라

빌1:6 너희 안에서 착한 일을 시작하신 이가 그리스도 예수의 날까지 이루실 줄을 우리는 확신하노라

그러므로 우리가 날마다 천국을 의식하고 선포하는 것은 원수마귀 앞에서 나의 신분과 내 안에 예수 이름의 권세와 능력이 있음을 선포하는 것입니다. 원수마귀 앞에서 예수 안에서의 나의 신분과 영역을 표시하는 것입니다. 이 땅 세상 나라에서 천국 백성 된 나의 신분과 정체성을 확립하는 것입니다. 사단의 권세를 박살낸 예수께서 하늘과 땅의 모든 권세를 가지고 지금 내 안에 왕으로 오시어 나와 하나 되었음을 선포하는 것입니다. 그럴 때 하나님 공의 앞에서 원수마귀는 심령 천국에 얼씬하지 못합니다.

원수마귀는 자신의 정체와 실체를 아는 자들에게는 한없이 약하고, 반대로 자신의 정체와 실체를 모르는 자들에게는 한없이 강합니다. 그래서 "지피지기면 백전백승" 하는 것처럼 원수마귀의 실체와 지금 그의 처한

영원한 복음 천국 복음

상황을 바로 알고 예수 안에서의 우리의 신분을 선포해야 합니다. 그럴 때 그는 믿는 자들의 몸에 손도 대지를 못합니다. **요1서5:18**

그래서 성도의 하루는 아침에 주님과 교제 가운데 심령 천국을 이루는 데서 하루가 결정되는 것입니다. 하루의 승리가 심령 천국 여기에서 결정되는 것입니다. 그러므로 천국의 실제 되는 예수 안에서 예수의 것으로 **(진리, 권세, 능력, 이름, 영, 기도)** 지금 이 세상에서 다시 찾아야 합니다. 그것도 적극적으로 내 안에 마귀의 것들과 세상의 것들과 싸우고 싸워서 다시 찾아야 한다는 것입니다.

왜 그렇습니까? 천국은 처음부터 우리의 것이었기 때문입니다. 아담 안에서 천국의 모든 것은 실제로는 처음부터 우리의 것이었습니다. 그것을 아담의 불순종으로 잃어버리고 빼앗긴 것입니다. 그래서 다시 찾아야 하는 것입니다. 그러므로 이 세상에서의 천국은 먼저 하나님 앞에서 예수님의 순종으로 예수 안에서 예수를 믿는 우리 심령에 먼저 천국이 이루어진 것입니다. **롬5:19**

그래서 먼저 내 안에 죄와 더럽고 추한 것들이 자리 잡지 못하도록 날마다 말씀과 찬송으로 채우고 기도로써 주님과 생명의 교제 가운데 천국을 이루고 유지하라는 것입니다. 날마다 먼저 내 안을 천국화하라는 것입니다. 이것이 성도들의 영적 전쟁입니다. **(앞글 영과 진의 예배를 잘 드리려면… 참고)**

오순절 이전까지 직간접적으로 사람의 육체를 공격하던 원수마귀는 하나님께서 사람의 몸을 당신의 성전 삼으신 오순절 이후부터는 그도 전술을 바꾸어 사람의 육체가 아닌 이젠 사람의 생각에 온갖 더럽고 추하고 부정하고 음란한 생각을 불어넣어 하나님의 형상 스스로가 죄를 짓도록 만듭니다.

그래서 하나님이 내가 거룩하니 너희도 거룩하라 하신 말씀을 무력화 시키고 거룩하신 하나님의 본성에 그의 자녀들을 통하여 온갖 더러운 것으로 죄를 짓도록 미혹하는 것입니다. 그래서 성도는 세상 것들 가운데 보고 듣고 말하는 모든 것을 항상 조심해야 합니다. 날마다 세상 문화에 중독적으로 빠져 사는 성도는 죽는 날까지 천국을 이루지도 누리지도 못하고 죽는다는 것을 아셔야 합니다.

그래서 무엇보다도 날마다 천국을 사수하려면, 가장 먼저 스마트폰을 신체의 또 다른 장기처럼 여기며 늘 손에 들고 사는 삶을 내려놓아야 합니다. 아무리 날마다 말씀과 찬송과 기도로 주님 안에서 천국을 이루며 살아도 항상 손에 스마트폰을 들고 세상 온갖 문화와 소통하면서 동시에 심령 천국을 사수한다는 것은 불가능하기 때문입니다.

어느 분의 비유인지는 모르지만 기억을 더듬으면 우리 안에 '흰 개'와 '검은 개'가 살고 있습니다. 혹시 어떤 개가 더 힘이 센 줄 아십니까? 우리 안에 있는 흰 개와 검은 개 중에 누가 힘이 더 셀 것 같습니까? 이렇게 질문을 하면 어떤 사람은 흰 개가 힘이 세다 말하고 또 어떤 사람은 당연히 검은 개가 힘이 세다고 말합니다. 그러나 답은 너무도 단순합니다.

분명한 것은 주인이 먹이를 많이 주는 개가 힘이 세다는 것입니다. 주인이 흰 개에게 먹이를 많이 주면 흰 개는 검은 개보다 힘이 세집니다. 반면에 검은 개에게 먹이를 많이 주면 검은 개가 흰 개보다 힘이 강해집니다. 영적인 세계도 이와 마찬가지입니다. 우리 안에 영적인 세계는 시이소 원리입니다. 내가 강하면 주님이 약해집니다. 반대로 내가 약하면 주님이 강해집니다. 내가 날마다 말씀과 찬송과 기도로써 주님과 생명의 교제가운데 살아간다면 주님이 우리 안에서 강해지십니다. 그래서 내가 성령 충만합니다. 그러나 내가 어둠의 세력이 좋아하는 검증되지 않은 세상 온갖 것들을 접하고 살아간다면, 어둠의 세력은 결국 이런 먹이를 먹으며 점점 더 강해집니다. 우리 안에 더러운 것들은 항상 우리가 보고 듣는 시청각을 통하여 우리 안으로 들어옵니다. 그래서 결국 귀신의 놀이터가 되는 것입니다.

그래서 에덴동산의 작은 뱀이 인간의 죄의 지배력으로 결국 계시록에서 큰 용이 되어 나타나는 이치입니다. 어둠의 영들이 바로 이러한 쓰레기들을 통해 우리 안으로 들어와 숨어서 우리의 생각이나 감정이나 육신을 서서히 지배해 나갑니다. 숨어서 마귀의 궤계로 우리를 속이고 괴롭히는 것입니다. 그래서 암 덩어리가 처음에는 작지만 그냥 두면 커져 사람을 죽이 듯이 결국 어둠의 영들의 지배도 이와 같습니다. 그래서 성경은 마귀에게 틈을 주지 말라고 합니다. **엡4:27 (위의 비유는 오래전에 인터넷에서 읽고 너무 귀하여 옮겨둔 글인데 저자를 알 수 없습니다. 저가 나름대로 수정하여 실**

었습니다.)

그러므로 내 손에 검증되고 구별되지 못한 세상의 온갖 문화는, 주님과의 교제를 소멸시켜 천국사수를 무력화시키려는 원수마귀가 심어놓은 유심칩 같은 것입니다. 그래서 우리 안에 심령 천국은 그러한 세상의 것들로 인하여 침노당하고 무력화되는 것입니다.

우리 안에 아무리 심령 천국이 이루어지면 무엇합니까? 그것을 누려야 하는 것입니다. 누리려면 천국을 침노하고 무력화하는 것들을 멀리해야 합니다. 그래서 하나님이 내가 거룩하니 너희도 <u>나만큼</u> 거룩하라는 것이 아니라, 너희도 <u>나처럼</u> 거룩하라 하신 것입니다.

거룩하신 하나님의 자녀로서 세상과 구별된 삶으로 도덕적으로나 윤리적으로 깨끗하게 살라는 것입니다. 사람 앞에서나 하나님 앞에서 항상 떳떳하게 살라는 것입니다. 윤동주 님의 시처럼 날마다 하늘 우러러 한 점 부끄럼 없이 살기를 소망하라는 것입니다. 그러므로 천국은 침노하는 자의 것이란, 내 안에 마귀와 세상의 것들에 빼앗긴 것에서 다시 침노하여 찾는 것입니다.

그래서 천국은 침노 즉 빼앗는 것입니다. 내 안에 마귀가 심어 놓은 저주받은 세상의 더러운 것들에서 선포기도와 간구하는 것으로 다시 찾는 것입니다. 다시 침노하여 빼앗는 것입니다. 그래서 내 안에 평정심을 유지하라는 말처럼 내 안에 항상 말씀과 찬송과 기도로써 주님과 교제 가운데서 천국을 이루고 유지하라는 것입니다.

> **눅11:20** 그러나 내가 만일 하나님의 손을 힘입어 <u>귀신을 쫓아낸다면</u> 하
> <u>나님의 나라가 이미 너희에게 임하였느니라</u>

마귀에게 틈을 주지도 말고 **엡4:27** 심령 천국에서 죄 가운데 행함으로 빼앗긴 것이 있다면 즉시 선포기도와 간구로 다시 찾으라는 것입니다. 예를 들어 내 안에 심령 천국을 이루었다가 육신의 연약함으로 죄를 지었다면 천국을 침노당한 것입니다. 죄를 짓는 순간 내 마음은 이미 귀신의 놀이터가 된 것입니다.

> **사59:2** 오직 너희 죄악이 너희와 너희 하나님 사이를 갈라놓았고 너희
> <u>죄가 그의 얼굴을 가리어서 너희에게서 듣지 않으시게 함이니라</u>

원수마귀로부터 내 안에 천국이 침노당한 것입니다. 그래서 주님은 너희는 먼저 그의 나라와 그의 의를 구하라는 것입니다. 그냥 넋 나간 사람처럼 무방비 상태로 지내지 말고 열 번이고 스무 번이고 다시 회개하고 선포기도하고 간구기도를 해서 내 안을 다시 천국을 이루고 회복하라는 것입니다.

항상 명심할 것은 우리가 진실한 마음과 애통한 마음으로 예수 보혈의 공로를 힘입어 회개하면 반드시 예수 피 뿌림으로 죄 사함이 이루어지며, 또한 예수 피 뿌림이 있는 곳에는 하나님의 영광이 임하고, 그 영광이 임

하는 곳에는 천국이 임하는 것입니다. 구약 성막의 지성소가 이것의 그림자입니다.

마4:17 1) 회개하라 2) 천국이 가까이 왔느니라

여기서 천국이 임한다는 것은 범죄함으로 끊겼던 하나님의 다스림이 예수 보혈의 공로로 회복된다는 것입니다. 하나님 나라의 의와 평강과 희락이 회복된다는 것입니다. **롬14:17** 천국의 삶 가운데서 나의 범죄와 회개하지 아니함으로 단수되었던 하늘나라 생명의 물줄기가 다시 연결된다는 것입니다. 그러므로 십자가 복음의 사실에 입각하여 기죽지 말고 천국을 회복하고 찾으라는 것입니다.

잠시 범죄함으로 세상과 마귀에게 빼앗긴 심령 천국을 다시 찾아 회복하라는 것입니다. 10번이고 20번이고 실망하지 말고, 주눅 들지 말고, 영원 천국 가는 그날까지 천만 번이라도 내 안에 천국을 잃은 것에서 다시 찾으라는 것입니다.

문제는 우리의 믿음과 나약함입니다. 인내를 갖고 다시 선포하고 기도와 간구로 내 안에 앞서 말한 천국의 것들로 충만하게 하라는 것입니다. 내 안에 천국의 것들로 충만하려면 먼저 내 안에 천국에 없는 더러운 것들은 예수 이름의 선포기도로 쫓아내고 또한 내 안에 천국에 없는 선한 것들은 기도와 간구로 구하라는 것입니다.

영원한 복음 천국 복음

그러므로 성도가 평소에 알아야 할 것은 천국에 존재하는 것과 존재하지 않는 것들을 잘 알아야 합니다. 그래야 날마다 내 안에 천국에 있는 것과 없는 것들을 선포와 간구함으로 천국을 이룰 수가 있는 것입니다. 그러므로 성도들의 신앙에서 해야 할 일과, 하지 말아야 할 모든 일들은 날마다 천국을 이루는 것에 이미 신앙의 모든 답이 있습니다.

근심하지 말라, 걱정하지 말라, 사랑하라, 기뻐하라, 감사하라, 기도하라, 섬겨라, 봉사하라, 순종하라, 충성하라 등의 선한 모든 행함은 바로 이러한 천국을 이루는 데 이미 포함된 것입니다. 반대도 마찬가지입니다. 죄짓고 더럽고 추하고 음란하고 불법, 불의, 분냄, 시기, 질투, 미움, 증오, 나태, 게으름 등, 멀리하고 내 안에서 추방해야 하는 것 역시도 날마다 천국을 이루는 데 이미 모두 포함된 것입니다.

그러므로 성도가 들어야 할 말씀은 일일이 이거 해라 저거 해라 이거 하지 말라 저거 하지 말라는 율법이 아니라 어떻게 날마다 내 안에 천국을 이루고 날마다 순간마다 사수할 것인가에 모든 신앙의 총력을 기울이라는 것입니다. 그래서 나의 연약함으로 순간 죄를 짓더라도 바로 예수 보혈의 공로를 힘입어 회개하고 곧바로 정상의 자리 천국의 자리로 돌아오라는 것입니다.

그러므로 항상 내 안에 이루어진 심령 천국을 세상의 더러운 것과 죄악으로 또는 마귀에게 빼앗기지 않고 날마다 사수한다는 생각과 마음으로 사시기 바랍니다. 그래서 내 안에 천국에 없는 것이 들어오면 예수 이름으로 선포하고 그러나 내 안에 천국에 있는 것 중에 부족함이 있으면 간구하심으로 얻어 천국화를 이루며 날마다 승리의 삶을 살라는 것입니다. 그래서 성도는 항상 위의(천국) 것을 생각하고 살아가야 합니다.

> **골3:1-2** 1. …너희가 그리스도와 함께 다시 살리심을 받았으면 위의 것을 찾으라 거기는 그리스도께서 하나님 우편에 앉아 계시느니라 2. 위의 것을 생각하고 땅의 것을 생각하지 말라

<u>천국을 누린다는 것이란?</u> 천국 누림이란 앞의 "향유" 글에서 말한 것처럼 천국의 실제 되신 예수의 모든 것을 우리가 향유하고 누리는 것입니다. 이것이 요1서1:1-3이 말씀하는 것입니다. 우리의 구원은 성령 안에서 예수를 믿음으로 성자 예수 안에서 성부 하나님 즉 삼위일체 하나님 그 신성의 영광에 참여하는 것입니다. **사43:7** 이것이 구원이고 영생이고 천국입니다.

성령으로 성자 예수와 연합하여 천국의 실제이신 성자의 모든 것을 우리가 성자의 몸 된 위치에서 함께 향유하고 누리는 것입니다. 이것이 하늘이 복락입니다. 이것을 예수로 옷 입는다는 것입니다. 그래서 먼저 예수의 옷을 입으려면 우리의 누더기 옷은 벗어야 합니다. 옷을 두개 껴입을 수는 없습니다. 그래서 우리의 자아가 부인되어야 예수의 모든 것을 누릴 수가 있습니다.

나의 것을 부인하거나 벗어 버리지 못하면 아무리 예수의 영원한 것이

라도 우리는 누릴 수 없습니다. 성부의 모든 것이 성령으로 성자에게, 성자의 모든 것이 성령으로 성도에게, 그러므로 성부의 모든 복락을 성령 안에서 성자 예수가 향유하고 누리고, 이제 다시 성자의 모든 복락을 성령 안에서 성도들이 향유하고 누리는 것입니다. **(앞글 향유 참고)**

요6:57 살아 계신 아버지께서 나를 보내시매 내가 아버지로 말미암아 사는 것 같이 나를 먹는 그 사람도 나로 말미암아 살리라

그런데 성도로서 예수의 많은 부분을 향유하고 살면서도 우리가 그동안 무지함으로 모르고 산 것입니다. 그러므로 천국의 실제 되신 예수 안에서 우리도 천국 되어 천국의 실제 되신 예수와 함께 날마다 말씀과 찬송과 기도 가운데 풍성한 생명의 교제로 천국을 이루고 예수와 함께 예수의 모든 것, 즉 천국을 향유하고 누리는 것입니다.

이 모든 것이 성령 안에서만이 가능한 것이므로 그래서 이것이 궁극적인 생명의 성령의 법으로 죄와 사망의 법인 율법을 이루며 사는 것입니다. 이것이 바로 성령 충만의 삶인 것입니다. 그래서 먼저 진리 안에서 내적 충만이 외적 충만을 불러오는 것입니다. 진리 충만이 성령 충만이며, 성령 충만이 예수 충만이고, 예수 충만이 하나님 충만입니다. 또한 성도로서 성령 안에서 예수 충만이 바로 천국 충만인 것입니다. **엡1:22-23**

그러므로 성령 충만, 예수 충만, 천국 충만의 가장 근본에는 항상 진리의 말씀과 찬송과 기도가 함께하는 것입니다. 이것이 날마다 생명나무

열매를 먹는 것입니다. 창3:22 원수마귀가 우리에게 제공하는 것은 열악한 환경만이 아닙니다. 편하고 나태한 환경입니다. 그래서 기도하지 못하게 하고 하나님의 말씀과 멀어지게 합니다.

그러므로 말씀과 찬송과 기도 중에 어느 한쪽으로만 기울어지는 것은 위험한 신앙이자 이는 곧 심령 천국을 침노당하고 무력화시키는 결과를 초래합니다. 그래서 세상 사람이나 성도들이 어느 한쪽에만 치우친다면 이는 그 안에 이미 마귀 역사가 비롯된 것이기에 항상 말씀과 찬송과 기도로 신앙의 균형을 잡으라는 것입니다.

마귀의 역사는 어느 한쪽으로만 바라보고 치우치게 하여 반대편에 있는 쪽은 견해가 다른 것이 아니라 틀린 것으로 보게 만들어 서로 적으로 대적하게 만듭니다. 그래서 마귀의 이름인 디아 볼로스는 "나누고 죽인다."는 이름입니다. 그래서 먼저 나누려면 뜻이 달라야 하고 바라보는 쪽이 달라야 하기 때문에 마귀의 시작은 균형을 잃게 만들어 편을 가르는 것입니다.

그래서 서로가 서로를 대적하게 만들어 결국 둘 다 죽게 만드는 것입니다. 요10:10 진리와 멀어져 사는 것이 곧 영적 죽음입니다. 요1:4 진리가 영적인 것입니다. 그래서 마귀는 성도들이 기도보다 말씀을 멀리하고 사는 것을 가장 좋아합니다. 말씀 위에 바로 서지 못한 기도는 결국 이방인의 기도로 흘러가기 때문입니다. 그래서 하나님은 우리를 진리 되신 예수와 함께 교제하게 하시려고 우리를 부르신 것입니다. 고전1:9

　　　　　　　　　　　　　　　　　영원한 복음 천국 복음

예수는 우리와 깨든지 자든지 영원히 항상 함께하시려고 세상에 오신 분이십니다. 살5:10, 마28:20 둘째 아담으로서 둘째 하와인 성도들을 죄악에서 구원하여 날마다 우리와 함께함으로 하나 되어 하나님의 형상으로 다시 재창조하시려고 오신 것입니다. 롬8:29, 엡2:22, 4:24 이것이 교회 머리 되신 예수님의 궁극적인 사명입니다.

그러므로 우리가 예수와 하나 되고, 예수 안에서 천국 되고, 예수께서 나의 구세주 되시고, 우리가 예수 안에서 구원받는 것은 전적으로 하나님의 크신 사랑과 은혜로만 이루어진 것입니다. 여기까지 우리가 한 일이라고는 하나님이 우리 마음을 격동시키시어 불가항력적 은혜에 소극적으로 반응하여 우리의 몸이 복음의 자리에 따라간 것밖에는 없습니다.

그러나 이제 예수와 하나 됨에서 날마다 하나를 이루고, 예수 안에서 날마다 천국을 이루고 누리고, 예수가 나의 구세주에서 나의 왕과 주님 되시고, 우리가 받은 구원에서 날마다 구원을 이루는 것은 적극적인 우리 의지가 반영되어야 하는 것입니다. 빌2:11-13 그것은 에덴의 인류 조상 아담이 자신의 적극적인 의지로 하나님이 금하신 것을 지키지 않았기 때문입니다.

삼위일체 하나님에 의하여 하나님이 만들어 주신 에덴 천국에서 하나님이 금하신 것을 적극적으로 지키고 순종하지 않았기 때문에 에덴 천국을 잃어버린 것처럼, 예수 안에서 구원받은 지금 우리들 역시도 이와 동일한 조건 속에서 살아갑니다. 하나님이 우리에게 예수 안에서 천국 되게 해 주셨습니다. 그리고 날마다 천국을 이루고 누리며 살아가는 것은 바로 우리 의지가 적극적으로 함께 이루어야 하는 것입니다. 여기까지가 영원한 복음, 천국 복음, 완전한 복음입니다.

그렇습니다. 오늘날 세상에 기독교 이단이 왜 이렇게 많이 나오고 기독교가 왜 이렇게 말이 많으며 세상의 근심거리로 전락했습니까? 그것은 예수님이 전하신 완전한 천국 복음을 끝까지 전하지 않고 반쪽짜리 복음인 십자가 복음만 열을 다해 전했기 때문에 십자가로 죄 사함 받은 성도들이 앞으로 세상에서 어떻게 살아갈지를 방향을 잃어 버렸기 때문입니다. 천국 백성에 대한 자의식이 없는데 어떻게 세상 사람과 구분된 삶이 나오겠습니까?

그래서 주님 말씀대로 먼저 그의 나라와 그의 의를 구하지 않고, 오히려 무엇을 먹고 마시고 입는 것만 구하고 열심을 내어 살다 결국 세상 종교인들과 다름없이 된 것입니다. 그래서 하나님 나라가 아니라 세상 나라를 사후대책이 아니라 노후대책에만 몰두하며 열을 올리고 살아가는 것입니다.

그래서 성도는 물론이고 아직도 이러한 천국 복음을 모르는 많은 주의 종들조차도 구원의 확신은 있는지 없는지 천국이 정말 있는지 없는지를 두고 갈팡질팡하는 것입니다. 날마다 내 안에 천국을 이루며 사는 성도가 구원을 걱정하는 것은 재벌이 다음날 먹을 양식을 걱정하는 것만큼 어리석은 짓입니다.

그러므로 다수의 한국 교회는 그동안 예수님의 공생애 첫 외침인 회개하라 천국이 가까이 왔느니라. 하신 말씀에서 "회개하라"고만 전하고, 뒤에 "천국이 가까이 왔느니라."는 말씀은, 회개하고 예수 믿고 착하게 살다 죽으면 천국에 가는 것으로 잘못 가르친 것입니다. 회개함으로 먼저 이 땅, 예수 안에서 맞이하는 천국이 아니라 죽어서 가는 천국으로 잘못 가르친 것입니다. 그래서 성도들이 하늘이 아니라 땅만 바라보고 영의 것이 아닌 육의 것만 바라보고 사는 것입니다.

그렇습니다. 백 번, 천 번 말해도 지나치지 않는 말씀, 성도로서 날마다 예수 안에서 천국을 이루고 누리며 선포하고 사는 것보다 더 중요한 것이 있습니다. 그것은 천국 백성 삶의 매뉴얼대로 사는 것입니다. 이것은 앞에서 말한 대로 하나님이 이미 창세전에 그리스도 안에서 예정하신 답정너 같은 것입니다. **엡1:4**

우리를 창세전에 그리스도 안에서 예정하셨다는 것은, 천국의 실제 되신 그리스도께서 세상에서 사신 삶의 방식 그대로가 바로 천국 백성의 삶의 매뉴얼이란 것입니다. 그것은 날마다 성령 안에서 말씀과 찬송과 기도로써 예수와 하나 되어 생명의 성령의 법으로 죄와 사망의 법인 율법을 이루며 사는 것입니다. 율법은**(십계명)** 예수 안에서 폐기된 것이 아니라 반드시 이루어야 하는 것입니다. **마5:17-20, 롬3:31**

율법은 하나님의 성품이기 때문입니다. 그래서 율법이 요구하는 것은 사랑입니다. 하나님 역시도 사랑이십니다. 그러므로 날마다 예수와 하나를 이루어 예수 안에 있는 하나님 생명의 성령의 법으로 율법을 이루며 살아갈 때 예수 안에서 하나님의 성품으로 성화되어 가는 것입니다.

엡4:24 하나님을 따라 의와(예수 안에서의 의) 진리의(예수의 말씀) 거룩함으로(예수 안에서 하나님의 거룩함에 참여) 지으심을 받은 새 사람을 입으라

그래서 성도는 나의 제한된 자원으로 사는 사람이 아닙니다. 성도는 나의 이기적인 사랑으로 새 계명의 이타적 사랑을 이루며 사는 사람도 아닙니다. 성도는 나의 자원이 아니라, 나의 사랑이 아니라 성령 안에서 주님의 무한한 자원으로 주님의 이타적 사랑으로 새 계명의 이타적 사랑을 이루며 사는 사람입니다. 요13:34

아담 안에서 난 모든 인류 가운데 보편적 질병이 하나 있다면 그것은 하나님 사랑의 부재, 즉 아버지 사랑의 결핍입니다. 그래서 우리의 제한된 자원으로는 하나님이 율법의 새 계명으로 요구하시는 이타적 사랑의 삶을 이룰 수가 없습니다. 요15:5 그래서 먼저 성령으로 주님과 교제 가운데서 아버지의 무한한 사랑을 부음 받아야 합니다.

롬5:5 소망이 우리를 부끄럽게 하지 아니함은 우리에게 주신 성령으로 말미암아 하나님의 사랑이 우리 마음에 부은 바 됨이니

그러므로 거듭 강조되는, 하나님이 허락하신 이 땅 천국 백성들의 삶의 매뉴얼이란, 날마다 하루 시작에서 말씀과 찬송과 기도로 천국의 실제 되

신 주님과 풍성한 생명의 교제 가운데서 날마다 천국을 이루고 선포하고 사수하고 누리고 전하며 사는 것입니다. 천국은 승리하는 자의 것입니다. 그리고 그 승리는 오직 예수 그리스도 안에서만 가능하기 때문입니다.

요16:33 …세상에서는 너희가 환난을 당하나 담대하라 내가 세상을 이기었노라

계21:7 이기는 자는 이것들을 상속으로 받으리라 나는 그의 하나님이 되고 그는 내 아들이 되리라

고전16:22 만일 누구든지 주를 사랑하지(사랑의 본질인 날마다 예수와 하나되지) 아니하면 저주를 받을 지어다…

주님 이곳에 임하옵소서. 주님 제단에 좌정하소서.
주님 영광을 받아주시고 주님 저들을 다스리소서.
위대하신 주 전능하신 주 거룩하신 주 신실하신 주
나의 구원자 나의 인도자 나의 창조자 어린양 예수
경배합니다. 찬양합니다. 온 마음 다해 사랑합니다.
– 김승준–

벧전1:16 내가 거룩하니 너희도 거룩하라

거룩하신 아버지 하나님! 오늘도 저들에게 내가 거룩하니 너희도 거룩하라! 하심 같이, 사랑과 공평과 정의로 세상과 구별된 거룩의 삶을 살기를 원합니다. 그러나 나의 힘으로는 이러한 삶을 전혀 살 수 없사오니, 오늘도 아버지께서 진리의 성령으로 저의 생각과 마음을 원수마귀로부터, 세상의 부정하고 더럽고 음란한 것으로부터, 내 안에 주님께서 이루어 주신 심령 천국이 침노당하지 않도록 지키시고 보호하시어, 오늘도 예수 그리스도 안에서 영생을 맛보며 천국을 누리고 전하는 승리의 삶을 살게 도와주시옵소서. 감사드리오며 우리를 죄악에서 구원하신 거룩하신 우리 구주 예수님 이름으로 기도드립니다. 아멘!

모든 설교 시작 전에 오프닝으로 항상 나누는 말씀입니다.
이러한 아이디어는 임덕규 목사님 저서에서 얻은 아이디어입니다.

예수는 그리스도이시며, 지금도 살아 역사하시는 하나님의 아들이십니다. 예수께서 하나님의 아들, 그리스도란 증거로 성경대로 우리 죄를 대신해서 피 흘려 죽으시고 장사 지낸 바 되셨다가 성경대로 죽은 자들 가운데서 부활하셨으며 바로 이 예수 그리스도의 죽음과 부활의 복음으로 우리 인간의 영원한 죄 문제와 사망의 문제가 하나님 즉, 창조주 하나

님 앞에서 완전하고 깨끗하게 해결함 받는 것입니다. **(항상 창조주 하나님을 강조하라)**

그러므로 오직 예수 그리스도만이 우리의 구세주 되시며 예수 그리스도만이 우리의 주님이시자 왕이 되십니다. 이 시간 하나님의 어린양 되신 예수 십자가 보혈의 은혜가 우리의 모든 죄를 씻으시고 우리를 정결하고 흠이 없게 하여 이 시간 우리를 하나님 앞에 예배자로 세우시며 또한 그 어린양 보혈의 능력이, 우리를 보호하고 치유하며 마귀의 모든 권세를 몰아내는 것입니다.

뿐만 아니라 우리의 심령, 어린양 보혈이 뿌려진 곳에 하나님의 영광이 임하며 그 영광이 임한 곳에 하나님 나라 천국이 임하는 것입니다. 예수님은 하나님 나라 천국 복음을 전하기 위하여 이 땅에 오신 것입니다. 눅 4:43 뿐만 아니라 천국 복음이 땅 끝까지 전파될 때 주님이 다시 오신다고 하십니다. 마24:14

그러므로 우리는 지금 십자가에 죽으신 예수만을 믿는 것이 아니라 부활 승천하시어 하늘과 땅의 모든 권세를 가지시고 왕으로 주님으로 성령으로 지금 우리 안에 내주하시어 날마다 나와 함께하심으로 나를 다스리시고 인도하시는 그 예수님을 믿는 것입니다. 이것이 천국 복음입니다. 마16:28

그러므로 여러분 모두에게 예수 십자가로 이루신 천국 복음이 날마다 성령 안에서 깨달아지고 믿어져서 이 복음에 깊은 뿌리를 내려 예수 안에서 천국의 실제가 되시는 참 하나님을 만나 여러분 모두에게 구원의 복과 영생의 복과 천국의 복과 더 나아가서 무슨 일을 만나든지 만사형통의 복이 임하시기를 그리스도 예수의 이름으로 축원합니다. 아멘!

강단 현수막에 기록하여 성도들이 항상 보게 합니다.

하나님 나라란, 말씀대로 하나님이 다스리시는 나라입니다. 하나님의 나라는 하나님이 세상을 직접 다스리시지 않으시고 예수 그리스도 안에서 예수를 통하여 세상을 다스리시는 나라입니다. 그러므로 하나님 나라, 천국이란 예수께서 자기 백성을 죄에서 구원한 구세주에서 하늘과 땅의 모든 권세를 가지신 주님으로 왕으로서 자기 백성을 사랑과 공평과 정의로 다스리시는 예수의 나라가 이 땅에 임한 하나님 나라, 천국입니다. 예수님만이 만왕의 왕, 만주의 주님이십니다.

그러므로 예수의 나라, 주님의 다스림은 날마다 말씀과 찬송과 기도로 주님과 풍성한 생명의 교제 가운데서 주님께서 나를 통하여 그분의 일을 하시는 것으로서 이루어지는 것입니다. 그래서 신앙이란 행위보다 관계가 먼저인 것이며 항상 기도로써 목자이신 주님을 앞장세우는 것입니다. 그러므로 복음이란 죄에서 구원받아 예수의 나라 주님의 다스림 안에서 영생을 누리며 천국 백성이 되는 것입니다. 그래서 우리의 신앙과 구원의 완성은 천국의 실제이신 예수님을 나의 구세주에서 나의 왕으로 주님으로 영접하여 날마다 말씀과 찬송과 기도로써 주님과 생명의 교제 가운데 하나를 이루며 순종의 삶으로 이 땅에서 심령 천국을 누리며 살다 그 날에 부활의 몸으로 새 하늘 새 땅, 영원 천국에 들어가 주님과 함께 영원히 사는 것입니다.

주보 뒷면에 항상 기록하여 성도들이 보게 합니다.

<u>회개하라 천국이 가까이 왔느니라.</u> 복음은 하나님 나라 예수님의 주님 되심입니다. 하나님 나라 중심 주제는 예수 십자가의 도이며, 예수는 그리스도이시며, 지금도 살아 역사하시는 하나님의 아들이십니다.

예수께서 하나님의 아들 그리스도라는 증거로, 성경대로 십자가에서 우리 죄를 대신해서 피 흘려 죽으시고 장사 지낸 바 되셨다가 성경대로 죽은 자 가운데서 부활하셨으며 바로 이 예수 그리스도의 죽음과 부활의 복음으로 우리의 영원한 죄 문제와 사망의 문제가 해결 받는 것이며, 또한 이 죽음과 부활의 복음이 성령으로 믿어져 회개하고 물과 성령으로 거듭나는 것이 십자가의 도입니다.

회개는 의의 나라인 천국에 들어가기 위한 출발점입니다. 회개하는 자에게만이 하나님의 나라가 임하는 것입니다. 하나님 나라는 하나님이 예수 그리스도 안에서 우리의 주님이 되시어 진리의 성령으로 그의 백성들을 사랑과 공평과 정의로 다스리시고 그의 말씀에 우리의 순종함으로 다스리시는 것이며 이것이 이 땅에 임한 천국입니다.

그래서 하나님 나라는 "이미"와 "아직" 사이에서 주님의 다스림이 우리 삶의 작은 영역에서부터 시작하여. 점진적으로 우리 삶의 모든 영역으로 확장되어 가는 것입니다. 그럴 때 우리는 점진적으로 우리를 향하신 하나님의 뜻인 예수를 닮아갑니다. 그러므로 참 신앙이란 <u>구원의 하나님 그 자체를 사랑하며</u>, 즐거워하고, 말씀에 순종하며, 인격적으로 교제하는 것입니다. 기독교의 위대함은 하나님과 교제하는 데 있습니다.

그래서 신앙이란 행위가 먼저가 아니라, 관계가 먼저인 것이며 항상 기도로써 목자인 주님을 앞장세우는 것이며 관계 안에서 주님의 때를 기다리며 인내하는 것입니다. 또한 주님과의 관계는 항상 말씀과 찬송과 기도로써 쌍방이 함께하는 인격적인 교제이며, 이것이 날마다 주님과 동행하는 삶이자 영생의 삶인 것입니다.

성령 안에서 성자 예수로 말미암아 삼위일체 하나님 그 신성의 영광에 참여하여(**복음**) 날마다 신령한 복락을(**예수의 모든 것**) 향유하고 누리며 나를 통하여 예수를 세상에 나타내는 것입니다.(**신앙**) 그러므로 성령으로 예수 안에서 하나님과 임마누엘 함께하는 교제는 날마다 말씀과 찬송과 기도를 통한 순종의 삶으로 항상 인내하며 반응하는 것입니다.

그러므로 예수를 믿는 것으로 끝나거나 만족하지 말고 날마다 예수와 풍성한 생명의 교제 가운데서 심령 천국을 이루고 누리며 전하고 사수하는 가운데 살아가시기 바랍니다. 예수를 믿는 그 믿음은 우리가 날마다 예수와 함께 하나 되어 교제 가운데 살기 위한 하나의 수단이고 도구인

영원한 복음 천국 복음

것입니다. 먼저 예수를 믿어야 예수와 하나 되어 함께 살 수 있기 때문입니다. 그래서 하나님은 우리를 독생자 예수와 교제하게 하시려고 우리를 교회로 부르는 것입니다. **고전1:9, 살전5:10, 계3:20**

아쉬움에 공평과 정의에 대하여…

암5:24 오직 정의를 물 같이, 공의를 마르지 않는 강 같이 흐르게 할지
어다

이 나라의 1천만 성도가 세상에 사랑과 공평과 정의만 온전히 흘려보
냈어도 나라의 부동산 문제나 저출산 문제 같은 사회 공동체의 모든 문제
는 해결되어 교회가 세상을 오래전에 변화시켰을 것입니다. 또한 이 땅의
모든 교회들에게 사랑과 공평과 정의와 날마다 주님과의 관계 안에서 그
분의 다스림을 가장 우선시하는 천국 복음이 바로 들어갔다면 아마도 이
땅의 모든 교회는 세상 사람들로부터 존경을 한 몸에 받았을 것입니다.

그러나 그동안 천국 복음을 외면한 결과가 바로 오늘날 교회의 온갖 부
패와 타락과 세속화를 불러왔습니다. 사랑과 공평과 정의를 상실한 것은
결국 천국 복음을 상실한 결과입니다. 천국이란 하나님 나라는 공평과
정의가 보좌 두 기둥이기 때문입니다. 그래서 천국은 공평과 정의이고,
공평과 정의는 곧 천국입니다. 이 둘은 하나입니다. 하나님은 예수 안에
서 당신의 백성들을 사랑과 공평과 정의로 다스리십니다.

그래서 천국 백성은 사랑과 공평과 정의를 삶에 가장 우선순위에 두고

살아가야 합니다. 그러므로 이 땅의 주의 종들은 도덕과 윤리만을 강조할 것이 아니라, 이스라엘 역사 이야기만 가르칠 것이 아니라 무엇이 성경이 말하는 사랑이고 공평이며 정의인지를 제대로 공부해서 이 땅 천국 백성들에게 가르쳐야 합니다. 많은 성도들은 사랑과 공평과 정의는 죽어 천국 가서 지키며 사는 줄 압니다. 그러나 아닙니다. 지금 이 땅에서 우리 안에 천국이 임한 이상 우리는 사랑과 공평과 정의를 행하며 살아가야만 합니다. 성경을 단 한 번이라도 좋으니 사랑과 공평과 정의의 관점에서 읽어 보시기 바랍니다. 하나님이 구약에서부터 얼마나 강조하신 말씀인지를 아실 것입니다. 몇 군데만 봅니다.

사9:7 그 정사와 평강의 더함이 무궁하며 또 다윗의 왕좌와 그의 나라에 군림하여 그 나라를 굳게 세우고 지금 이후로 영원히 정의와 공의로 그것을 보존하실 것이라 만군의 여호와의 열심이 이를 이루시리라

렘9:24 자랑하는 자는 이것으로 자랑할지니 곧 명철하여 나를 아는 것과 나 여호와는 사랑과 정의와 공의를 땅에 행하는 자인 줄 깨닫는 것이라 나는 이 일을 기뻐하노라 여호와의 말씀이니라

시편89:14 의와 공의가 주의 보좌의 기초라…

시편97:2 …의와 공평이 그의 보좌의 기초로다

그래서 하나님이 이 땅 천국 백성들에게 원하시는 것은 이것입니다.

미6:8 …여호와께서 네게 구하시는 것은 오직 정의를 행하며 인자를 사랑하며 겸손하게 네 하나님과 함께 행하는 것이 아니냐

잠21:3 공의와 정의를 행하는 것은 제사 드리는 것보다 여호와께서 기쁘게 여기시느니라

겔33:16 그가 본래 범한 모든 죄가 기억되지 아니하리니 그가 반드시 살리라 이는 정의와 공의를 행하였음이라 하라

그러나 공평과 정의를 상실한 결과는 교회가 세상에 정복당했습니다. 예수의 피로 하나 된 천국 백성들이 서로 정치 성향이 다르다는 이유로 편이 갈라지고 서로 원수가 되어 버린 것입니다. 하나님은 교회가 세상 정치에 참여하여 세상을 변화시키려는 것이 아니라, 사랑과 공평과 정의를 흘려보냄으로 세상을 변화시켜 세상에 천국 복음이 들어가기를 원하셨습니다. 그러나 지금 결과는 정반대로 나타났습니다. 그것은 날마다 깨어서 말씀과 찬송과 기도로써 주님과 관계 안에서 다스림을 받으며 살아가는 천국 복음이 아닌 엉뚱한 복음만을 전한 결과입니다.

오직 나의 죄 사함의 구원만 생각나게 하는 십자가 복음에만 함몰되어 반쪽짜리 복음만을 전한 결과입니다. 신앙은 예수 안에서 관계가 먼저인데 관계를 무시하고 예수 앞에서 지키지도 못할 행위만 강조한 결과입니다. 기독교는 2천 년 전 십자가에 피 흘려 죽으신 예수만을 믿는 것이 아니라, 그 예수님이 부활 승천하시어 성령으로 하늘과 땅의 모든 권세를 가지고 지금 우리 안에 왕으로 오시어 나와 함께 날마다 교제함으로 다스리시며 나와 더불어 사시는 그 예수님을 믿는 것입니다. 마16:28

다시 말해 십자가에 죽으시고 부활 승천하시어 하늘과 땅의 모든 권세

를 가지시고 만왕의 왕으로 만주의 주로 지금 내 안에 나와 함께하시는 그 예수를 믿는 것입니다. 하나님 나라의 왕으로 오신 그 예수를 믿는 것입니다. 그래서 예수님은 우리의 왕, 자기 백성들의 왕이 되어 주시려고 십자가에 죽으신 것입니다. 우리의 주님이 되시려고 우리의 구세주가 되셨다는 것입니다. 요18:37, 빌2:5-11

하나님 역시도 마찬가지입니다. 기독교가 믿는 하나님은 구약의 백성들처럼 몸 밖의 하나님이 아니라, 성령으로 예수 안에서 나와 함께 임마누엘하시는 삼위일체 하나님, 성령으로 예수 안에서 나를 다스리시는 삼위일체 그 하나님을 믿는 것이 기독교입니다. 빌1:6, 2:13

그래서 구원이란 에덴의 조상들이 창조주로부터 찬탈한 우리의 주권을 다시 성령 안에서 성자로 말미암아 창조주 하나님께 돌려드리는 것, 이것이 구원이고 영생이고 임마누엘이고 다스림이고 순종이고 예배이고 천국인 것입니다. 그래서 외부의 그 무엇이 아닌, 하나님 나라 왕으로 오신 예수님 자신이 곧 구원이고 영생이고 임마누엘이고 부활이며 천국인 것입니다. 그래서 우리의 신앙이 날마다 예수께 집중해야 하는 것이며, 집중하려면 날마다 말씀과 찬송과 기도 같은 은혜의 수단으로 그분과 생명의 교제 가운데 살아가야 하는 것입니다. 그럴 때 그분 안에서 하나님 아버지 생명의 성령의 법으로 율법이 요구하는 사랑의 삶을 이루는 것입니다. 롬8:1-4

그런데 많은 성도들과 주의 종들이 이것을 모르거나 외면하고 삽니다.

죄인의 구세주로 오신 십자가의 예수는 알지만 왕으로 오신 예수는 모르거나 외면하거나 무시하고 삽니다. 그래서 많은 성도들이 오직 십자가에 죽은 예수만을 믿습니다. 날마다 죄 사함 받고 안 받고를 따지며 오직 예수 피에 함몰되어 살아갑니다. 다시 율법주의로 돌아가 죄지음과 세상 온갖 것들에 눌리고 매여서 살아갑니다. 그래서 그들의 찬양이란 오직 회개와 죄와 피와 눈물과 슬픔과 한숨 섞인 찬양들로 가득합니다.

그러나 성경이 말하는 예수는 십자가에 죽으시고 장사되시고 부활 승천하시어 하늘과 땅의 모든 권세를 가지시고 만왕의 왕 만주의 주로 지금 내 안에 오신 예수를 말씀합니다. 그래서 우리를 이 땅에서부터 왕으로 주님으로 다스리십니다. 이러한 하나님 나라 천국의 왕 되시는 예수님의 다스림, 이것이 천국 복음입니다. 그래서 사도바울이 예수 그리스도께서 너희 안에 계신 줄을 너희가 스스로 알지 못하면 버림받은 자라는 것입니다. 지옥 갈 자, 멸망당할 자라는 것입니다. **고후13:5**

그러므로 그분은 이미 우리의 왕으로 주님으로 오셨습니다. 그래서 이 땅에서 하나님 나라의 왕 되신 그분의 다스림이 천국입니다. 그러므로 우리의 삶이 날마다 예수께 집중해야 하며, 집중하려면 날마다 말씀과 찬송과 기도로써 그분과 생명의 교제 가운데 살아가야 합니다. 그래서 날마다 교제 없는 삶은 다스림을 거부하는 것이고 다스림을 거부하는 것은 결과적으로 천국을 거부하는 것이기에 날마다 주님과의 교제 없이는 그 날에 아무도 주를 보지 못한다는 것입니다. 주님과의 교제 그 자체가 성경이 말하는 구원이고 영생이고 천국인 것입니다. 그래서 예수 믿고 날

영원한 복음 천국 복음

마다 주님과 생명의 교제하는 삶을 부업 정도로 생각하면 그것은 무서운 착각입니다. 해도 되고 안 해도 되는 부업이 아니라 반드시 날마다 해야 하는 본업 중에서도 본업입니다.

그러므로 우리가 어떻게 하면 죄에서 구원받는가는(이신득의) 좋은 소식의 복음은 맞지만 그러나 성경이 궁극적으로 말하는 복음은 아닙니다. 성경이 말하는 복음은 예수 믿고 죄 사함 받은 나에게 예수 안에서 하나님이 나의 아버지와 하나님이 되어 주시고 영생 주시어 나를 하나님 자녀답게, 천국 백성답게 살도록 다스려 주시고(생명 성령의 법) 통치하신다는 하나님 나라 천국 복음이 성경 전체가 말하는 궁극적 복음입니다.

천국 백성들의 세상 정치 참여에 대하여… 한번 냉정하게 생각해 봅시다.

앞서 말한 대로 사랑과 공평과 정의를 상실한 결과, 교회는 세상에 정복당했습니다. 예수님의 피로 하나 된 천국 백성들이 서로 정치 성향이 다르다는 이유로 편이 갈라지고 서로 미워하고 저주하고 원수가 되어 버린 것입니다. 그래서 오늘날 정치에 편향된 많은 주의 종들이 성도들을 날마다 생명의 길이 아닌 멸망의 길로, 천국이 아닌 지옥으로 끌고 가고 또한 성도들은 거기에 세뇌당하여 자신의 영혼은 날마다 죽는 줄도 모른 채 따라갑니다.

그러나 성도로서 정치 참여란, 상대방 진영의 사람들을 그럼에도 서로 사랑하고 존중해 줄 자신이 있으면 하되, 그러나 없다면 투표와 기도로 참여하는 것 외에는 그 어떤 일이 있어도 정치에 참여하면 안 되는 것입니다. 우리 모두는 날마다 말씀과 찬송과 기도로 예수와 뜨겁게 하나를 이루기 전에는, 본질상 상대방을 존중하고 축복하고 사랑하기보다는 시기하고 미워하고 저주하고 증오하는 쪽으로 마음이 모아지게 되어 있습니다. 이것은 누구도 부인할 수 없는 죄성으로 인한 우리의 본질입니다.

그래서 하나님이 이 땅 천국 백성들에게 허락하신 정치참여는 오직 투표와 기도 두 가지뿐입니다. **딤전2:1-2** 거듭 말하지만 하나님은 교회를 세상 정치에 참여시켜 세상을 바꾸려는 것이 아니라, 그리스도 안에 있는 생명의 성령의 법으로 교회를 통하여 사랑과 공평과 정의를 흘려보냄으로 세상을 변화시키려는 것입니다. 그래서 성도로서 세상을 변화시키려면 정치 참여가 아니라 먼저 투표를 바르게 하고 더욱 기도하는 가운데 사랑과 공평과 정의의 삶을 추구하라는 것입니다.

하나님이 그리스도 안에서 교회들의 기도를 통하여 세상을 다스림같이, 교회들 역시도 정치인을 위해 기도하고, 하나님이 이루시므로 세상 나라를 하나님이 변화시켜 가는 것입니다. 이것이 성도로서 세상 정치에 참여하여 세상을 변화시켜 가는 영적 질서입니다. 그래서 이것이 하늘과 땅에서 일어나는 모든 일들로 하나님께 모든 영광을 돌리는 경로입니다.

먼저 하늘과 땅에서 하나님이 모든 영광을 받으시려면 하나님이 모든 일을 이루어야 하시고, 하나님이 모든 일을 이루시려면 모든 일마다 성자 예수의 이름의 기도가 있어야 하고, 예수 이름의 기도가 이루어지려면 모

영원한 복음 천국 복음

든 일마다 예수의 마음을 품어야 하고 예수의 마음을 품으려면 미움, 증오, 저주가 없어야 하며 또한 이 같은 것이 없으려면 본질상 편향된 사고로 정치에 참여하지 말고 정당한 투표와 기도로 정치에 참여하는 것이 되어야 합니다.

그가 아무리 성령받은 자라도 예수의 마음이 아닌 상대방을 미워하고 저주하고 증오하는 입술에서 나오는 기도는 천 년이 지나도 응답이 없으며 설령 있다면 그것은 하나님이 아닌 마귀의 역사입니다. 요15:5, 빌2:5 하나님은 성자 예수와 하나 된 자들의 예수의 이름이 아닌 그 누구의 기도를 들으셔야 할 이유도, 들어주셔야 할 이유도 전혀 없으시며, 심지어 성자 예수와 하나 되지 않은 그 누구도 사랑해 할 이유도 명분도 전혀 없으신 분이십니다. 그래서 날마다 성자 예수와 하나 된 자들에서 나오는 예수 이름의 기도만 들으시고 또한 성자 예수 안에 거하는 자들만을 성자 예수처럼 사랑하시는 것입니다. 이것이 복음입니다.

거듭 말하지만 목숨이 음식보다 중하며 몸이 의복보다 중하듯이 세상의 정치가 날마다 예수와 하나를 이루어야 하는 우리의 심령 천국보다 중요하지 않습니다. 그래서 어떤 일이 있어도 그럼에도 상대방을 미움, 저주, 증오를 안 할 자신이 있으면 하되, 그렇지 않으면 하지 말라는 것입니다. 사소한 일에 목숨 걸지 말라는 것입니다. 세상 정치가 아무리 중요해도 영원한 생명보다는 중요하지 않습니다.

그러므로 무지한 주의 종들이 성도들 앞에서 정치를 논하는 것은 인간의 본질을 무시하고 지금 성도들에게 미움과 저주와 증오를 가르치는 어리석은 일이며, 이는 곧 마귀의 충성된 종노릇하는 것입니다. 이런 종들은 아직도 복음이 무엇인지 조차도 모르는 사람들입니다. 그래서 정치에 편향된 많은 종들이 성도들을 생명이 아닌 멸망으로 천국이 아닌 지옥으로 끌고 가고 또한 무지한 성도는 거기에 세뇌당하여 오늘도 그렇게 따라갑니다.

하나님의 입장에서 백번 양보해서, 여러분이 세상 정치를 통하여 얻으려는 것이 혹시 그들을 통하여 천국 복음이 땅 끝까지 전파되고, 온 국민이 서로 사랑으로 하나 되는 것입니까? 절대 아닙니다. 결국 정치를 통하여 얻으려는 것은 나라의 부흥과 번영입니다. 그러나 그러한 것은 하나님의 관심이 아닙니다. 결국 그러한 것은 교회들의 부패와 타락을 앞당기는 것들입니다. 지금 부유한 유럽의 교회들과 한국 교회들을 돌아보시기 바랍니다.

그래서 하나님이 이 땅 천국 백성들에게 허락된 정치 참여는 투표와 기도뿐입니다. 그리고 사랑과 공평과 정의를 흘려보내 세상에 천국 복음이 들어가게 하시는 것입니다.

암5:24 오직 정의를 물 같이, 공의를 마르지 않는 강 같이 흐르게 할지어다

그렇습니다. 하나님 앞에 매춘 행위는 세삼 나쁜 것이 아닙니다. 그것

영원한 복음 천국 복음

은 처음부터 나쁜 것이었습니다. 그들은 스스로 자신의 신분을 드러내고 매춘 행위를 합니다. 그러나 매춘보다 정말 더 나쁜 것은 자신을 현모양처로 요조숙녀로 드러내면서도 뒤로는 은밀하게 매춘 행위를 하는 자들입니다. 이것은 하나님 앞에 아주 사악한 것입니다. 오늘날 교회가 그렇습니다. 이단이 새삼 나쁠 것이 없습니다. 그들은 처음부터 나쁘고 잘못되었습니다. 그러나 이단보다 정말 더 나쁜 것은 자신은 스스로를 정통이라 주장하면서도 안에서는 온갖 이단 사상을 가르치는 교회들입니다. 그래서 그들은 세상 종교처럼 날마다 도덕과 윤리와 선행, 율법주의와 마귀 사상과 세상 정치를 가르치면서도 성경이 말하는 천국 복음 앞에서는 침묵하는 자들이 바로 오늘날 하나님 앞에 아주 사악한 자들입니다.

그래서 오늘날 이단은 교회 밖에 있는 것이 아니라 교회 안에 이단이 있습니다. 저와 여러분 안에 이단 사상이 있다는 것입니다. 착각하지 마시기 바랍니다. 가방이 크다고 공부 잘하는 것이 아니듯이, 교회가 크다고 모두 주님이 세우신 교회는 아니란 것을 명백히 알아야 합니다. 인간의 종교성 하나만으로도 그 안에 하나님 없이도 얼마든지 수십 수백만 명의 사람이 충분이 모일 수 있다는 것을 아셔야 합니다. 그래서 날마다 깨어 살지 않으면 일생을 정통 교회라는 건물 안에서 날마다 이단 사상으로 일생을 자신의 종교성만 위로하다 허무하게 끝나는 인생이 될 것입니다. 그래서 살았다 하는 예수의 이름은 가졌으나 실상은 하나님 앞에 죽은 자로 생을 마칠 수 있다는 것을 아셔야합니다. **계3:1**

그러므로 날마다 예수와 하나 되어 심령 천국을 이루고 내 안에 천국에 없는 더러운 것들은 선포기도로 저주하고 쫓아내고 또한 내 안에 천국에 있어야 하는 선한 것들은 기도와 간구의 사모함으로 날마다 채우며 주님 오시는 그날까지 심령 천국을 사수하고 누리는 가운데 제2, 제3의 세례 요한이 되어 회개와 천국을 선포함으로 주의 길을 예비하며 천국 백성으로서 날마다 승리의 삶을 살아가는 저와 여러분 모두 되시기를 예수 그리스도 이름으로 축원합니다.

> 히12:2 믿음의 주요 또 온전하게 하시는 이인 예수를 바라보자…
>
> 고전16:22 만일 누구든지 주를 사랑하지(사랑의 본질인 날마다 예수와 하나되지) 아니하면 저주를 받을지어다…

그렇습니다. 불완전한 인간이 완전한 책을 쓴다는 것은 처음부터 불가능한 일입니다. 그래서 세상에 현존하는 책 가운데 성경 말고 완전한 책은 어디에도 없습니다. 기독교 역시도 복음과 신앙이라는 두 가지 측면에서 볼 때 그 어떤 유명한 신학자가 쓴 책이라 할지라도 성경 말고는 책 전체가 완전한 책은 존재할 수도 없으며, 존재하지도 않습니다.

심지어 이것이 완전한 책이라고 정의 내릴 사람조차 없습니다. 만약에 그러한 사람이 있다면 그 사람은 사람이 아닌 신입니다. 그래서 공의하신 하나님 역시도 불완전한 인간에게 그러한 완전한 책을 기대하지도 않습니다. 아이를 낳지 못하는 여인에게 아이를 바라는 것은 하나님의 공의가 아닙니다.

그래서 저마다 구원의 진리와 삼위일체 하나님의 진리를 벗어나지 않는 범위 내에서, 또는 성경을 벗어나지 않는 범주 내에서 저마다 자신의 생각을 글로 책으로 기록함으로 완전함을 추구해 나갈 뿐입니다. 그래서 한국 교회의 교단이 각각의 위치에서 저마다 자신들의 이 말 저 말들을 하려고 하나 되지 못하고 수백 개의 교단으로 갈라진 것입니다.

　그런 의미에서 저 역시도 이 글이 계시록14:6이 말씀하는 영원한 복음, 완전한 복음이라고 정의하지 않습니다. 그러므로 누구든지 내용 중에 견해가 다른 부분이 있더라도 비판보다는 오히려 이 글을 참고하여 더 성경적으로 교리적으로 발전시켜 이 땅의 모든 천국 백성들이 표준으로 삼을 수 있는 그런 영원한 천국 복음을 기록해 주실 것을 부탁드려 봅니다. 저 역시 배우고자 하는 마음의 문은 늘 열어 두겠습니다.

　끝으로 거듭 말씀드리지만 여러 형편상 기독교 전문 편집부가 있는 기독출판사에서 출간하지 못하고 일반 출판사에서 한없이 부족한 저가 직접 편집하느라 글의 문장력이나 어휘력이 많이 부족하고, 또한 접속어 사용이 조금 무분별했습니다. 그럼에도 끝까지 읽어 주셔서 감사합니다. 주안에서 사랑합니다.

　8월의 동해안 태풍이 지나간 어느 자리에서…… -감사합니다.-

영원한 복음
천국 복음

ⓒ 김승준, 2023

초판 1쇄 발행 2023년 11월 1일

지은이   김승준
펴낸이   이기봉
편집   좋은땅 편집팀
펴낸곳   도서출판 좋은땅
주소   서울특별시 마포구 양화로12길 26 지월드빌딩 (서교동 395-7)
전화   02)374-8616~7
팩스   02)374-8614
이메일   gworldbook@naver.com
홈페이지   www.g-world.co.kr

ISBN   979-11-388-2440-8 (03230)